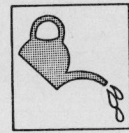 das richtige Gießen

 Empfehlung zum Düngen

 Vermehrung durch Tochterzwiebeln

 Stecklingsbewurzelung im Wasserglas

 Stecklingsbewurzelung in Torf-Sand-Gemisch

 Vermehrung durch Ableger

 Kakteen- bzw. Sukkulentensteckling

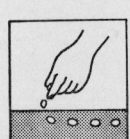 Vermehrung durch Aussaat

Die Symbolpaare geben Auskunft über:

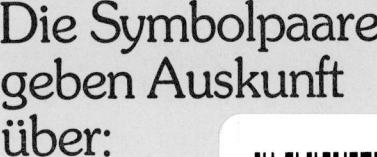
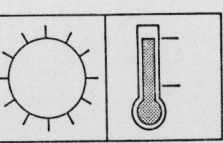 Lichtbedarf bzw. Standort und Temperatur im Sommer

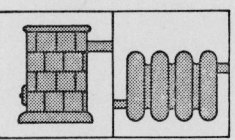 Raumqualität während der Heizperiode

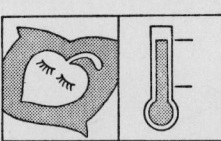 Standort und Behandlung während der Ruhezeit

 Kultursubstrat und Haltung in Hydrokultur

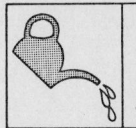 Gießen und Düngen

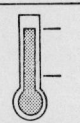 die beste Vermehrungsweise

Editha Thomas · Zimmerpflanzen

Editha Thomas

Zimmerpflanzen

Verlag für die Frau · Leipzig

Fotos: Anke, Editha und Dr. Hermann Thomas

Thomas, Editha:
Zimmerpflanzen/Editha Thomas
Fotos: Anke, Editha und Hermann Thomas
3. Auflage – Leipzig: Verlag für die Frau, 1987
248 Seiten, Ill. (farb.)
ISBN 3-7304-0103-3

Gesamtgestaltung: Peter Lohse
Einzelfotos (7) auf den Seiten 137, 177, 191, 193, 225:
Wolfgang Klaeber

ISBN 3-7304-0103-3

Inhalt

Von alters her . . .

Von alters her gehören Pflanzen und Blumen zur Zierde einer Wohnung. Solange die Menschen selbst noch unmittelbar in der Natur lebten, brauchten sie keinen solchen Schmuck, aber mit dem Errichten fester Häuser, spätestens mit der Städtegründung, nahm man sich ein Stück Natur mit in seine nächste Umgebung. Hierzulande galt es auch, die lange Winterszeit zu überdauern. Das lebendige Grün auf dem Fensterbrett zeugte von der Verbundenheit mit dem Leben und vielleicht sogar von der Hoffnung auf die Wiederbelebung der Natur nach der Wintersonnenwende: Der widrigen Natur zum Trotz bot man Tieren und auch Pflanzen eine Heimstatt unter einem gemeinsamen Dach. Der Beginn dieses Miteinanders liegt in unserer Heimat mehr als tausend Jahre zurück. Hier im Norden dienten die ältesten Zimmerpflanzen neben den schmückenden Aufgaben auch ganz praktischen Zwecken, denn die ältesten Einwanderer, Rosmarin und Meerzwiebel, wurden auch als Heilpflanzen verehrt und verwendet.

Von Rosmarin und Meerzwiebel

Rosmarin kam im 9. Jahrhundert über die Alpen in unsere Breiten. Das in den Pflanzen enthaltene Rosmarinöl gibt den Blättern den scharfen Geschmack, macht sie geeignet als Gewürz für Tunken und Braten, aber auch als Einreibung in der Krankenstube, als Antiseptikum zur Behandlung von Wunden und Ausschlägen. Man nahm den Rosmarin zum Räuchern gegen ansteckende Krankheiten bei Mensch und Tier. Nach mittelalterlichen Vorstellungen glaubte man sogar, daß der Rosmarinstock allein durch seine Anwesenheit gegen Gebrechen, Pestilenz und Hexerei wirksam sei.

Wen wundert es dann, daß dem Rosmarin beinahe übernatürliche Verehrung entgegengebracht wurde und die blühenden Rosmarintriebe auch als Schmuck für die Braut dienten?

Ebenfalls seit der Karolinger-Zeit wurde die Meerzwiebel als Hausmittel gegen Gicht und Wassersucht genommen. Die fast kindskopfgroßen Zwiebeln waren zerkleinert ein bewährtes Mittel zum Vergiften von Ratten und Mäusen. Die aus unserer Sicht bescheidenen Blüten der Meerzwiebel müssen unsere Vorfahren viel mehr beeindruckt haben als die mit leuchtenden Farben und auffälligen Blüten verwöhnten Nachfahren späterer Jahrhunderte. Gerade der Meerzwiebel galt damals das besondere Interesse. Sie war Sinnbild trutzigen Lebens und stiftete als Heilmittel zusätzlichen Nutzen.

Die Einwanderung von Zimmerpflanzen nach Nordeuropa bis ins 16. Jahrhundert (Auswahl)

Zeitpunkt	Pflanze	Herkunft Heimat
9. Jh.	Rosmarin, *Rosmarínus officinális* Meerzwiebel, *Urgínea marítima*	Mittelmeergebiet
Im Mittelalter	Granatbaum, *Púnica granátum* Nägeleinstock, *Diánthus caryophýllus* Myrte, *Mýrtus commúnis* Mottenkönig, *Plectránthus fruticósus*	Mittelmeergebiet
Ende 15. Jh.	Erste Ananasfrüchte und vielleicht erste Kakteen (Opuntien)	Mittelamerika
Um 1550	Tulpen, *Túlipa spp.* Hyazinthen, *Hyacínthus orientális*	Vorderasien
1582	Kapuzinerkresse, *Tropáeolum spp.*	Mittelamerika
1593	Jakobslilie, *Sprekélia formosíssima*	Mittelamerika

Naturgemäß stammten die ersten Zimmerpflanzen aus Gegenden, die nicht allzuweit von der eigenen Haustür entfernt waren. Für unsere Heimat waren das die Landstriche südlich der Alpen bis zum Mittelmeer. So kamen im Mittelalter noch der Granatbaum mit seinen leuchtend roten Blüten, der beliebte Nelkenstock, zu dem man damals Nägeleinstock sagte, die köstlich duftende Myrte, der allbekannte Oleander und der Mottenkönig in die Länder nördlich der Alpen. Auch der Mottenkönig vereinigt nochmals die dekorativen mit den praktischen Gegebenheiten, denn der starke Duft der Blätter sollte die Motten vertreiben, und ein Blattaufguß galt als krampfstillendes Mittel. Myrtenspitzen sollen übrigens 1583 zum ersten Mal in Augsburg bei einer Hochzeit im Hause der Fugger als Braut- und Tafelschmuck verwendet worden sein. Aber es dauerte danach noch mehr als 200 Jahre, bis sich die «neumodische» Sitte durchsetzen und die Myrte den im Volksbrauch tief verwurzelten Rosmarin ablösen konnte.

Die dürftigen Behausungen im Mittelalter boten auch den Pflanzen keine guten Existenzbedingungen. Weder in der stickigen Luft niedriger Bauernstuben mit viel zu kleinen Fenstern oder in engen Bürgerhäusern mit lichtlosen Hinterhöfen noch in den zugigen, kalten Burgen konnten sich Blütenreichtum und Blütenpracht, wie wir sie heute an Zimmerpflanzen gewöhnt sind, entfalten.

Im Zeitalter der Entdeckungen

Mit Kolumbus' wagemutiger Seefahrt beginnt das Zeitalter der Entdeckungsreisen. Europa schaute auf bis dahin nicht gekannte Dinge. Tabak, Kartoffeln und Mais kommen in die Alte Welt. Kakteen werden bestaunt, Berichte von Orchideen ungläubig angehört, die erste Ananasfrucht gelangte bis an den spanischen Hof, und die Seefahrer erreichten schließlich die Gestade der schon so lange gesuchten Gewürzländer.

Nicht nur das Gold der Inkas, sondern auch der lebendige Reichtum der Neuen Welt wird von den Zeitgenossen staunend entgegengenommen und nach und nach eingebürgert. Zunächst sind es Pflanzen, die dem europäischen Klima mit den strengen Wintern und den damaligen Wohnverhältnissen gewachsen sind.

So fassen Kakteen als erste Ankömmlinge aus der Neuen Welt im alten Europa Fuß. Bereits 1571 ist ein prächtiger Opuntienstock im Kräuterbuch des Matthiolus abgebildet. Interessant ist, daß im Amerika der vorkolumbianischen Zeit sechs Kakteenarten wegen ihrer Früchte kultiviert wurden und ein Blattkaktus sogar als Zierpflanze gehalten wurde. Es handelt sich dabei um den später in Europa als *Epiphyllum ackermännii* bezeichneten Phyllokaktus.

1582 gelangte auch die anspruchslose Kapuzinerkresse von Mexiko nach Europa. Da ihr Saft als «Wunderheilmittel» galt und sie durch Samen überall und von jedermann leicht zu vermehren war, ist ihre schnelle und weite Verbreitung nicht verwunderlich.

Von Jakobslilien
und weiteren Zwiebelgewächsen

1593 bringen Seefahrer die ersten Zwiebeln der Jakobslilie in den Nordseeraum. Die zarten Pflanzen mit den überaus anmutigen, samtroten, orchideenähnlichen, fremdländischen Blüten, die mit dem Kreuz der Ritter Sankt Jakobs von Calatrava verglichen wurden, gelten heute noch als Kostbarkeit in den Stuben von Pflanzenliebhabern, die Traditionen pflegen und die Zwiebeln zusammen mit dem Wissen über ihre Kultur von Generation zu Generation weitergeben.

Gleichgültig, aus welchen Gründen Zwiebelpflanzen eine Ruheperiode einschalten – sommerliche Hitze und Dürre stehen bei den Einwanderern aus dem Süden an erster Stelle –, sind sie gewissermaßen schon von Natur aus dem europäischen Klima mit ihrer Ruhezeit angepaßt. Zur Freude der Zimmerpflanzenfreunde blühen beispielsweise Ritterstern, Westwindblume oder Jakobslilie meist schon zum Winterausklang, so wie sie es in ihrer Heimat nach Beendigung der Ruhezeit auch tun würden.

Es sieht so aus, als wäre das ganze 17. Jahrhundert das der Zwiebelgewächse, denn genau im Jahre 1600 gelangen die Zwiebeln von Scilla nach England. Bald werden die Westwindblumen an den europäischen Küsten bekannt. Ihnen folgen die beliebten Rittersterne, die im Volksmund deshalb Amaryllis genannt werden, weil sie ursprünglich den wissenschaftlichen Namen Amaryllis beladonna erhalten hatten, und die Nerinen beenden schließlich als Amaryllis sarniensis das «Jahrhundert der Zwiebelgewächse».

Wenn man von Zwiebelpflanzen spricht, können Tulpen und Hyazinthen nicht unerwähnt bleiben. Die Blüten der Tulpen wurden von den Persern mit einem Turban (Dulbend bzw. Toliban) verglichen und seit alters her als Zierpflanzen geschätzt. Sie kamen über den Wiener Gesandten am Hofe von Konstantinopel im 16. Jahrhundert zunächst nach Wien, wurden aber schon bald in Europa so begehrt, daß Liebhaber die Zwiebeln mit purem Gold aufwiegen ließen. Zur gleichen Zeit gelangten auch die ersten Hyazinthenzwiebeln nach Europa. Aus den blaublütigen Wildformen mit nur wenigen Einzelblüten entstanden in der Hand der Gärtner schließlich die bis heute bekannten Kulturformen mit gelben, weißen, rosafarbenen, einfachen oder gefüllten, aber immer duftenden Blüten.

In unserer Betrachtung müssen jetzt zwei Vorgänge miteinander verknüpft werden, die zwar beide der Einfuhr und Kultur von Pflanzen dienen, zunächst aber unabhängig voneinander abliefen: Zum ersten betrifft es die sich mehr und mehr ausweitende und alle befahrbaren Meere der Erde ergreifende Seefahrt, die immer neue Pflanzen aus aller Herren Länder mit nach Europa brachte, zum anderen die Errichtung von Orangerien an den Fürstenhöfen nördlich der Alpen. Verfolgen wir zunächst die Ankunft weiterer Pflanzen in Europa: In den Stuben von Bürgern und Bauern treffen sich jetzt persische Alpenveilchen, Fuchsien von den

Vorgebirgen Santo Domingos, Passionsblumen aus Südamerika und Geranien von der Südspitze Afrikas.

Pomeranzenhäuser und Orangerien

Nun zu den Orangerien: So wie heute Wüstenrosen, Palmlilien, Madagaskar-Palmen und vielleicht schon wieder andere südländische Pflanzen modern sind, war es zur Zeit der Renaissance das erstrebenswerte Ziel begüterter Pflanzenliebhaber, die aus dem Mittelmeerraum stammenden Pomeranzen, Orangen, Zitronen, Lorbeerbäume, Granatäpfel und Oleander zu besitzen. Nördlich der Alpen benötigte man zur Überwinterung dieser Gewächse aber entsprechende Gewächshäuser. Deren Nutzen und Gebrauch wurden seit 1550 im Botanischen Garten der altehrwürdigen Universität zu Pisa geübt.

Durch Reisen und Begegnungen europäischer Fürsten und Fürstensöhne wurden solche Gewächshäuser in ganz Europa bekannt. Es wundert also nicht, wenn bereits um 1590 für die Kurfürstlich-sächsische Residenz Dresden der erste «Pomeranzengarten jenseits des Stadtgrabens» im dort seit 1576 bestehenden Schloßgarten angelegt wurde. Schon bald bürgerte sich der Name Orangerie für diese Gewächshäuser ein, die nun überall im nördlichen Europa

Pflanzeneinfuhr
im 17. Jahrhundert (Auswahl)

Jahr	Pflanze	Herkunft Heimat
1600	Falsche Meerzwiebel, *Ornithógalum umbellátum*	Vorderasien
1615	*Brassavóla nodósa* gelangt als erste Orchidee blühend nach Holland. Die Kultur von Orchideen gelingt erst im 19. Jahrhundert.	Mittelamerika
1623	Säulenkaktus, *Céreus peruviánus*	Mittelamerika
1629	Westwindblume, *Zephyránthes spp.*	Mittelamerika
1656	Alpenveilchen, *Cyclámen pérsicum*	Vorderasien
1677	Rittersstern, *Hippeástrum spp.*	Südamerika
1688	*Dísa uniflóra* kommt als zweite blühende Orchidee nach Europa	Südafrika
1690	Begonien, *Begónia spp.*	Antillen
1695	Fuchsien, *Fúchsia spp.*	Mittel- und
1699	Passionsblumen, *Pássiflora spp.*	Südamerika

errichtet wurden. Zum Schloß Versailles, das Ludwig XIV. während seiner Liaison mit der Herzogin Lavalliere ausbauen ließ, gehört seit 1661 eine Orangerie. Erneut tritt dann wieder Dresden in den Mittelpunkt dieser Betrachtung, als August der Starke, ein leidenschaftlicher Sammler nicht nur von Kunstschätzen aller Art, sondern auch Liebhaber südländischer Gewächse, im Jahre 1710 seinen berühmten Baumeister Pöppelmann beauftragte, auf dem Gelände des Zwingers Bogengalerien als Orangerien zu errichten. Sie wurden allerdings schon um 1730 nach Pillnitz verlegt; dort existieren sie noch heute. Die vielleicht noch bekannteren Anlagen von Sanssouci wurden dagegen erst viel später gebaut, nämlich um 1851. Zur gleichen Zeit (um 1845) läßt die österreichische Linie der Liechtensteiner auf ihrem Sitz im südmährischen Lednice eine der originellsten und sehenswertesten Orangerien errichten, deren Besuch dem interessierten Liebhaber gleichfalls empfohlen sei.

Das 18. Jahrhundert

Aber zurück ins 18. Jahrhundert. Wie schon im 17. Jahrhundert kommt eine Vielzahl von Pflanzen nach Europa. Viele finden wie bisher Aufnahme in den Bauern- und Bürgerhäusern. Während empfindlichere Gewächse früher in der Fremde meist zugrunde gehen mußten, war inzwischen eine Generation von Gärtnern herangewachsen, die sich darin geübt hatte, in den Orangerien Licht und Schatten zu dosieren, Gewächshäuser zu beheizen, Kulturerden zu bereiten und die zweckmäßigsten Verfahren des Düngens, Kultivierens, Treibens sowie andere gärtnerische Künste auszuprobieren. Letzten Endes reiften in den Orangerien der Fürstenhöfe und in den Gewächshäusern der ältesten Universitäten Wissen und Erfahrung der Pflanzenhaltung, wurde der Boden zur Haltung empfindlicher fremdländischer Gewächse bereitet. Diese Situation kommt vor allem den Bromeliaceen zugute, insgesamt aber allen tropischen Feuchtwaldbewohnern einschließlich der Orchideen und vieler anderer auch heute noch beliebter und bekannter Pflanzen, wie den Gloxinien, Grünlilien und dem Brutblatt, die alle schon zu Beginn dieses 18. Jahrhunderts bei uns einwandern. Ihnen folgen Rosengeranien und Kamellien noch in der ersten Hälfte, Schopflilien, Hortensien, Veltheimien und Judenbart zu Beginn der zweiten Hälfte. Die Zimmertannen entdeckt Cook während seiner Weltumsegelung im Jahre 1774, im gleichen Jahr brachten Seefahrer Valloten vom Kap der Guten Hoffnung und Blutblumen aus Natal nach Europa. Mit den bald folgenden Goldorangen oder Fleischerpalmen ist die Pflanzenaufstellung des 18. Jahrhunderts aber noch

Pflanzeneinfuhr
im 18. Jahrhundert (Auswahl)

Jahr	Pflanze	Herkunft Heimat
Um 1700	Erste Geranien, *Pelargónium spp.*	Südafrika
	Gloxinien, *Sinníngia spp.*	Südamerika
	Grünlilie, *Chlorophýtum comósum*	Südafrika
	Brutblatt, *Kalánchoe spp.*	Madagaskar
1724	Rosengeranie, *Pelargónium gravéolens*	Südafrika
1738	Kamellie, *Caméllia japónica*	Japan, Korea
1760	Schopflilie, *Eucomis punctáta*	Südafrika
1768	Veltheimie, *Veltheimia spp.*	Südafrika
1771	Judenbart, *Saxífraga stolonífera*	Japan, China
1774	Vallota, *Vallóta speciósa*	Südafrika
1774	Blutblumen, *Haemanthus spp.*	S.- u. W.-Afrika

nicht beendet, weil wir uns noch den Bromelien widmen wollen, deren Haupteinfuhr nach Europa bzw. das Meistern ihrer Kultur ebenfalls in dieses Jahrhundert fällt.

Ananas – wohlschmeckend und begehrt

Die Männer aus den Caravellen des Columbus erblickten als erste Europäer Bromelien, die Ananasgewächse. Columbus selbst hat spätestens während seiner zweiten Reise 1493 auf den Westindischen Inseln die Ananas kennengelernt. Die ersten Berichte über die wohlschmeckenden Früchte gelangten jedenfalls schon um 1500 nach Europa, und einige wenige Früchte kamen sogar bis an den spanischen Königshof. König Ferdinand verzehrte die einzige Ananas, die unter den vielen Früchten die lange Reise von Westindien nach Spanien unbeschadet überstanden hatte. Der Chronist beschreibt sie als schuppig, dem Aussehen nach ein Kiefernzapfen, dabei aber weich wie eine Gurkenmelone. An Wohlgeschmack soll sie jede Gartenfrucht übertreffen. Aber sie sei kein Baum, sondern ein Kraut, gliche eher einer Distel oder einer Artischocke. Der König gab ihr die Krone unter allen Früchten, der Chronist jedoch mußte bedauern, selbst nicht davon gekostet zu haben. Peter Marty gibt diese Schil-

derung in seinem vierbändigen Werk «De Orbe Novo» aus dem Jahre 1516.

Um 1690 wachsen die ersten Ananaspflanzen in Europa. Man bemüht sich in den Orangerien um ihr Gedeihen, und die Hofgärtner meistern schließlich sogar die Ananastreiberei.

Ihre Kunst steht in hohem Ansehen und kommt im 18. und 19. Jahrhundert zur größten Blüte.

Zusammen mit der Ananas wurde Bromelia pinguin mit ebenfalls eßbaren Früchten eingeführt. 1776 folgt Guzmania lingulata, die wegen ihrer dekorativen Blüten am längsten bekannte Bromeliacee. 1789 führte der berühmte Kewgarden zu London 6 verschiedene Bromelienarten, 1811 gar deren 16, 1864 schon 100.

«Orchideen- und Bromelienjäger» reisten nach Übersee und füllten die europäischen Gewächshäuser mit den schönsten Exemplaren aus der Neuen Welt. Um 1900 mögen in Europa etwa 500 Arten bekannt und auch vorhanden gewesen sein.

Tropische Pflanzen wurden um die Mitte des vergangenen Jahrhunderts Mode. Das Interesse galt aber gleichermaßen auch den Dieffenbachien, Strelitzien, Caladien und vielen anderen «Prachtzierpflanzen», deren Haltung jedoch immer noch auf Glashäuser und Wintergärten beschränkt blieb; denn Pflanzenvitrinen, wie wir sie kennen, sind erst eine Erfindung unseres Jahrhunderts.

Myrte, Monstera und Gummibaum

Wir haben in unserer Betrachtung das 19. Jahrhundert erreicht, das ebenso beginnt, wie das 18. endet, denn die Bürgerhäuser und Bauernstuben nehmen weitere «Ankömmlinge» auf: Schon 1800 die großblättrige Monstera, 1802 folgen die Wachsblume, 1815 der Gummibaum, 1821 Chinesenprimeln und 1822 der Glücksklee.

Zwei weitere Pflanzen, die miteinander gar nichts zu tun haben, bringen auffällige Bewegung in das Pflanzensortiment des aus unserer Sicht recht modern anmutenden 19. Jahrhunderts. Es beginnt damit, daß die schon lange bekannte Myrte mit ihren unscheinbaren, aber duftenden Blüten das traditionelle Rosmarin nun endgültig auch als Brautschmuck ablöst. Einesteils reagiert der Spott des Volkes mit dem Vers «Wer Myrte baut, wird niemals Braut» recht unfreundlich auf diese neue Mode, andererseits trägt der sich einbürgernde Brauch, einen Zweig aus dem Brautkranz bewurzeln zu lassen, sehr zur Verbreitung der Myrte bei, und der Rosmarin gerät statt dessen mehr und mehr in Vergessenheit.

Pflanzeneinfuhr
im 19. Jahrhundert (Auswahl)

Jahr	Pflanze	Herkunft Heimat
1800	Monstera, *Mónstera delicíosa*	Mittelamerika
1802	Wachsblume, *Hóya carnósa*	China, Australien
1815	Gummibaum, *Fícus elástica*	Nepal, Assam
1821	Chinesenprimel, *Prímula praénitens*	China
1830	Weihnachtsstern, *Euphórbia pulchérrima*	Mexiko
1840	Dieffenbachie, *Dieffenbáchia maculáta*	Brasilien
Um 1850	Zimmeraralie, *Fátsia japónica*	Japan
	Clivie, *Clívia miniáta*	Natal
	Agaven, *Agáve spp.*	Mittelamerika
1851	Buntnessel, *Cóleus spp.*	Borneo
1857	Kleine Flamingoblume, *Anthúrium scherzeránum*	Guatemala
1879	Becherprimel, *Prímula obcónica*	China
1880	Balsaminen, *Impátiens walleróna*	Ostafrika
1890	Zierspargel, *Aspáragus densiflórus*	Westafrika
1890	Usambaraveilchen, *Saintpáulia ionántha*	Tansania
19. Jh.	Die Mehrzahl der Orchideen wird in gärtnerische Kultur genommen	weltweit über Tropen und Subtropen verbreitet

Die zweite bemerkenswerte Pflanze ist der allbekannte Gummibaum. Seine Ausbreitung, ja seine seit mindestens 100 Jahren anhaltende Beliebtheit ist untrennbar mit der steigenden Wohnkultur in den Bürgerhäusern verbunden – denn die Wintertemperaturen in den Stuben erreichten allmählich Werte, die den steigenden Ansprüchen unserer Groß- und Urgroßeltern entsprechen. Die Folge aber ist, daß es den bisherigen Gästen in den Wohnstuben im Winter zu warm wird! Für Kakteen, Fuchsien, Geranien, Granatbäume und Oleander müssen kühlere Winterquartiere gesucht werden, wofür sich im günstigsten Falle die Veranda, aber auch Flure und Treppenhäuser oder zur Not sogar die Keller anbieten. Die ursprünglich ebenfalls in Töpfen gehaltenen Levkoien, Goldlack, Nelken und Jasmin müssen in den Garten auswandern!

Weitere Pflanzenimporte folgen dem Gummibaum nach Europa: Zuerst gelangten die Ausgangsformen der großblumigen Edelpelargonien nach England und mexikanische Weihnachtssterne nach Deutschland. Dieffenbachien, Zimmeraralien und Clivien schließen sich an. Für eine kurze Zeit steigt der Götterduft wegen seiner angenehm duftenden Blätter in der Beliebtheit empor. Aber gleich den ebenfalls «nur» duftenden Zitronen- und Rosengeranien unterliegt selbst der Götterduft später der Konkurrenz dekorativerer Blütenpflanzen. Alle weiteren Einwanderer des 19. Jahrhunderts sind dagegen heute noch bekannt: Agaven, Buntnesseln, Flamingoblumen, Rührmichnichtan, Zierspargel und Usambaraveilchen.

Von der Orangerie zum Palmengarten

So wie die «Erfindung» von Überwinterungshäusern für wärmeliebende Pflanzen aus dem Mittelmeergebiet schon einen großen Aufschwung der Pflanzenhaltung vor allem nördlich der Alpen bewirkte, bot der Einsatz von Eisen und von gewalzten Stahlprofilen anstelle des weniger tragfähigen und schneller verrottenden Holzes ab 1830 die Möglichkeit, größere und vor allem höhere Gewächshäuser zu bauen. Zur gleichen Zeit wurde die Warmwasserheizung erfunden und damit, wie erstmals in Nymphenburg bei Wien, auch die Voraussetzung zur Haltung von Tropenpflanzen geschaffen. Aus Orangerien wurden zunächst Palmenhäuser und bald darauf ganze Palmengärten, in denen die Vielfalt tropischer Formen und Blüten den staunenden Nordeuropäern vor Augen geführt wird. Palmen in allen Variationen der Natur, Bananen, Gummibäume, Epiphytenstämme in naturnaher Größe und Bepflanzung, aber auch die damals gerade beliebten Pflanzen aus Neuholland (Australien und Neuseeland), wie z. B. Eucalyptus, ja selbst Zypressen wurden in den neuen Palmenhäusern gehalten. Für eine Zimmerpflege waren alle diese Gewächse viel zu groß. Nur Jungpflanzen von Eucalyptus erfreuten sich vorübergehender Beliebtheit, und unter den Prachtzierpflanzen, wie man viele dieser Gewächse damals nannte, werden wohl nur noch Strelitzien in großen Gewächshäusern zur Schnittblumengewinnung, nicht aber als Zimmerpflanzen in normalen Wohnungen kultiviert.

Die Beherrschung aller technischen Details der Pflanzenhaltung hatte statt dessen andere Konsequenzen, denn die Gärtner gingen nach und nach dazu über, das ihren Händen anvertraute Material nach eigenen Vorstellungen zu formen. Sie kreuzten verschiedene, aber verwandte Ausgangsarten und selektierten unter den Sämlingen die jeweils dekorativsten Nachkommen. Das erste Produkt solcher Bemühungen sind 1850 die großblumigen Schiefteller (Achimenes-Hybriden).

Orchideen – Luftpflanzen oder Träume aus den Tropen?

Als letzte Steigerung gärtnerischen Vermögens wird im 19. Jahrhundert schließlich auch die bis dahin noch ausstehende Kultur von Orchideen gemeistert. Seit dem 16. Jahrhundert hatten sich Gärtner darum bemüht. Ananasgewächse, Prachtzierpflanzen, andere Einwanderer aus aller Herren Länder hatte man kultivieren gelernt, nur Orchideen schienen sich außerhalb ihrer Heimat nicht pflegen zu lassen. Aus der Beschreibung von Doktor Francisco Hernandez, dem berühmten Arzt Kaiser Phillips II., kannte man Vanille als erste Orchidee aus seinem Buch über die Pflanzen Neu-Spaniens mindestens seit 1651. Sie fiel ihm nicht nur durch die Schönheit der Blüte, sondern auch wegen ihres Duftes auf. Von den Eingeborenen wurden die Früchte zum Würzen von Getränken benutzt, die der Stärkung des Gehirns dienen sollten, gegen verschiedene Krankheiten angewandt und als Gegenmittel bei Bissen von Tieren verwendet. Ihr schwer aussprechbarer heimischer Name «Tlilxochitl» = Schwarze Blume bezeichnet genauer die schwarzen Vanillenfrüchte, die schon lange Zeit vor den Spaniern von den «Indianern» verwendet wurden.

Den Ansprüchen der Orchideen an eine naturgemäße Pflege stand man in Europa lange ratlos gegenüber. Gelegentlich hatten Wildpflanzen oder Bulben während der langen Schiffsreise Blütenschäfte getrieben und waren so wie *Brassavóla nodósa* 1615 und *Dísa uniflóra* 1688 blühend nach Europa gelangt. Im Jahre 1733 kam z. B. eine Bulbe von *Blétia verecúnda* nach England. Sie stammte von den Bahama-Inseln Westindiens, wurde nach monatelangem Transport in ein Warmbeet eingesteckt und blühte im darauffolgenden Jahr.

Das waren jedoch nur Zufallsereignisse, die allein den Wunsch nach Bewältigung der Orchideenkultur bekräftigen konnten. Erst als ein Reisender ein *Oncídium bifólium*, das er in seine Schiffskabine hängte, blühend und vital mit nach Europa brachte, schien das sprichwörtliche Licht aufgegangen zu sein. 1813 zog der Gärtner Fairbairn in Claremont erstmals Orchideen in hängenden Kästen, die er einige Male am Tage in das danebenstehende Wasserfaß tauchte. So kamen *Aerídes odorátum* und *Renánthera coccínea* zur Blüte. 1817 berichtete das Botanical Register über *Sarcánthus paniculátus*, daß diese «Luftpflanze» die Fähigkeit besäße, ein-

fach aufgehängt zu wachsen. Bis in die Mitte des 19. Jahrhunderts rang man dann immer noch um die besten Methoden, Orchideen in Gewächshäusern zu halten. Als sich allmählich erfolgreiche Pflegebedingungen herauskristallisiert hatten, setzte ein wahrer Orchideenrausch ein, der bis zur Wende zum 20. Jahrhundert anhielt.

Orchideen waren zunächst als Schnittblumen Modepflanzen geworden. Inzwischen haben sich die «härtesten» Orchideen die Fensterbretter begeisterter Liebhaber erobert, bzw. blühen in den Pflanzenvitrinen moderner Wohnungen. Aber anders als bei den Bromelien ist Orchideenpflege noch immer eine Sache einfühlsamer Liebhaber und Spezialisten geblieben, weil Temperatur und Feuchtigkeit allein, ohne Wissen und gärtnerische Erfahrung, keine Orchidee zum Blühen bringen werden.

Was bringt das 20. Jahrhundert?

Wir sind mit den Orchideen schließlich in unserem, dem 20. Jahrhundert angelangt. Die Verbesserung des Wohnklimas durch Vergrößerung der Fenster und vor allem durch das Anheben der Zimmertemperaturen während des Winters setzt sich fort, und weitere Pflanzen, wie Monstera, Dieffenbachien, Aglaonemen, Gloxinien, Palmen, Usambaraveilchen, profitierten von den günstigen Relationen zwischen Temperatur und Luftfeuchtigkeit in den Wohnungen und bereichern und prägen das Zimmerpflanzensortiment um die letzte Jahrhundertwende.

Angenehme Wärme, aber trockene Luft

Den ersten wirklich einschneidenden Akzent für die Pflanzenhaltung in Wohn- und Arbeitsräumen setzt unsere Zeit mit dem Aufkommen von Zentralheizungen. Damit führt der weitere Anstieg der Zimmertemperaturen nicht mehr zu einer Verbesserung der Lebensumstände für Zimmerpflanzen, weil jede höhere Innentemperatur im Gegensatz zur kalten Außenluft ein entsprechendes Abfallen des Feuchtigkeitsgehaltes der Luft bedingt. Bei Ofenheizung macht sich diese Erscheinung noch nicht störend bemerkbar, weil das brennende Feuer Frischluft verbraucht, wodurch ständig feuchtigkeitsgesättigte Luft in die Räume einströmt.

Bei der Zentralheizung entstehen aber ganz andere Verhältnisse:

Die im Durchschnitt zu 80 Prozent mit Feuchtigkeit gesättigte Luft über unserem winterlichen Europa wird an den Heizkörpern immer wieder erwärmt, kann das damit steigende Aufnahmevermögen für Wasserdampf jedoch nicht sättigen, so daß die Werte der relativen Feuchtigkeit in zentralgeheizten Wohn- und Arbeitsräumen abfallen:

70 % relative Luftfeuchtigkeit und darunter   bei 16 °C
40 % relative Luftfeuchtigkeit und darunter   bei 20 °C
30 % relative Luftfeuchtigkeit und darunter   bei 25 °C.

Die Werte der relativen Feuchte bei den unterschiedlichen Temperaturen entsprechen glücklicherweise meistens dem Behaglichkeitsempfinden der Menschen. Während 70 Prozent relative Feuchte auch sehr vielen Pflanzen ein gutes Gedeihen ermöglicht, sind 40 Prozent für Gewächse aus tropischen Feuchtgebieten auch bei günstiger Temperatur zu wenig. Mit der steigenden Temperatur bei gleichzeitig geringer Luftfeuchtigkeit werden in unserem modernen Wohnraumklima die Bedingungen für Zimmerpflanzen immer ungünstiger.

In der Tat: Alpenveilchen, Gloxinien, Hortensien, Efeu, Russischer Wein, Farne, Columnea, Begonien, Schönmalven und manche anderen Gewächse können unter diesen Bedingungen nicht mehr recht gedeihen. Den Alpenveilchen und den getriebenen Hyazinthen genügte zwar der Platz zwischen den Doppelfenstern, aber die anderen Pflanzen können nur noch im traditionellen Wohnraumklima fortkommen. Sie sind heute vornehmlich in ländlichen Bezirken, jedoch kaum in den Städten zu sehen.

Diese Situation verschärfte sich nochmals, als im modernen Wohnungsbau zur Fernheizung und zum Einbau von Verbundglasfenstern übergegangen wurde. Jetzt waren selbst Alpenveilchen von dieser Entwicklung betroffen, und die meisten traditionellen Zimmerpflanzen konnten unter den geringen Feuchtigkeitswerten der Zimmerluft, die immer mehr einem Wüstenklima entspricht, nicht mehr existieren. Daraus hat man den voreiligen Schluß gezogen, daß im modernen Wohn- und Arbeitsbereich kaum noch Zimmerpflanzen gehalten werden können. Aber auch jetzt ist, wie schon mehrfach in den vergangenen Jahrhunderten, eine Umschichtung innerhalb des Pflanzensortiments erfolgt, so daß wir Heutigen auf den Schmuck belebender Zimmerpflanzen nicht zu verzichten brauchen. Eine ganze Reihe von Umständen haben darüber hinaus zur Erhaltung bzw. Bereicherung des Pflanzensortiments auch in den modernen Wohnungen beigetragen:

Zum ersten liegt es an uns selbst, durch Öffnen oder Schließen der Heizkörperventile nicht etwa die Leistung der Heizkraftwerke maximal auszunutzen, sondern die Zimmer-

temperatur auf das allen Bewohnern einer Wohnung verträgliche Maß von 20 °C zu beschränken.

Zweitens wurde gleichsam zur rechten Zeit die Haltung von Pflanzen in Hydrogefäßen populär. Die optimale Wasserversorgung ermöglicht einer ganzen Reihe von Pflanzen wie Dieffenbachien, Anthurien, Philodendren und Dracaenen das Auskommen und sogar gutes Gedeihen in einem Zimmerklima, das eigentlich mit den klimatischen Verhältnissen der Sahara verglichen werden müßte. Vor allem Scindapsus und Syngonium sind gewissermaßen als «Pioniere im Hydrotopf» in die ferngeheizten Räume eingezogen. Ihnen folgten Monstera und Philodendron auf dem Fuße. Jede zusätzlich Wasser verdunstende Blattpflanze und das dazugehörige Hydrogefäß bereiten für sich selbst und für weitere, nun schon empfindlichere Pflanzen ein geeigneteres Klima.

Drittens haben die Züchter bei manchen Pflanzen trokkenheitsverträglichere Exemplare ausgelesen, so daß z. B. Usambaraveilchen neuerdings auch in den ferngeheizten Wohnungen grünen und in Hydrokultur dort sogar beinahe ganzjährig blühen können.

Außerdem brachte allein die Praxis den Beweis, daß eine ganze Reihe von Pflanzen durchaus trockenheitsverträglich ist, obwohl das nach ihrer Herkunft und Entwicklung gar nicht anzunehmen war. Dazu zählen Syngonium, Scindapsus, Monstera, aber auch viele Bromelien, die so überaus dekorativen Rittersterne, Valloten und Jacobslilien, Wachsblumen, Palmlilien und viele Philodendren.

Die Haltung von Pflanzen in großen Kübeln, Pflanzenkörben, Hydrobänken oder von vielen Pflanzen dicht nebeneinander auf einem Blumenständer erhöht wiederum den Feuchtigkeitsgehalt der Luft auch unter extremen Bedingungen und hilft, das Pflanzensortiment im modernen Zimmerklima zu erweitern.

Die Gegenwart bietet uns durch das Nebeneinander verschiedenster Bedingungen – vom traditionellen Bauernhaus über das ofenbeheizte Wohnzimmer mit Veranda oder Wintergarten bis hin zum ferngeheizten Neubauwohnungsblock oder den noch extremeren Verhältnissen in Büros und Arbeitsräumen – im Vergleich zu den vergangenen Jahrhunderten sogar die größte Vielfalt an Möglichkeiten zur Pflege von Zimmerpflanzen. Es geht nur darum, die jeweils geeigneten unter den assimilierenden pflanzlichen Mitbewohnern auszusuchen und zu den eigenen Verbündeten zu machen. Dieses Buch will dabei ein sachkundiger Ratgeber sein.

Hat jede Pflanze
ihren richtigen Namen?

Wir verfolgen unter dieser Überschrift zwei Ziele: Erstens bekanntzugeben, wie die Pflanzen in diesem Buch angeordnet sind, und danach zu begründen, weshalb es gar nicht anders geht, als die Vielzahl der Arten nach ihrer Verwandtschaft familienweise zusammenzufassen.

Damit ist das Wichtigste aber schon gesagt. Wir stellen die Pflanzen entsprechend ihrer Verwandtschaft als Gesneriengewächse, Ananasgewächse, Amaryllengewächse, Kakteen usw. vor. Das hat den Vorteil, daß in den allermeisten Fällen Pflanzen mit gleichen Lebensansprüchen und gleicher Pflege zusammengestellt, viele Wiederholungen vermieden und dadurch wiederum mehr Pflanzen beschrieben werden können. Für den Leser ergibt sich der scheinbare Nachteil, daß er nicht mehr nach dem Alphabet aufschlagen kann, um Oleander oder Fuchsie, Alpenveilchen oder Zinerarie zu finden. Aber mit Zinerarie beginnt schon die Problematik, denn ein Teil der Pflanzenkenner würden sie unter ihrem neuen wissenschaftlichen Namen Senecio suchen, andere unter dem Volksnamen Aschenpflanze und wieder andere unter Zineraria, aber mit C geschrieben. Weil die Mehrzahl aller Pflanzen nicht nur viele Volksnamen, sondern mittlerweile meist ebenso viele Namen der Wissenschaft besitzt, haben wir gar keine andere Wahl, als ein langes Inhaltsverzeichnis und ein sehr ausführliches Register zu machen, damit jedermann am schnellsten zu der Pflanze unter dem ihm bekannten Namen gelangt. Wenn wir dabei möglicherweise den einen oder anderen Namen übersehen haben sollten, dann sind die Liebhaber aufgerufen, dem Verlag oder dem Autor dieses Versäumnis anzuzeigen. Damit sind wir aber schon beim zweiten Teil dieses Kapitels, der Erörterung darüber angelangt, warum es so viele Namen für ein und dieselbe Pflanze gibt.

Als wir uns vor Jahren in einer biologischen Feldstation in der Lausitz einquartiert hatten, fanden wir im Gästebuch die Eintragung: «So was Dummes: Alle Pflanzen sind grün und hat doch jede einen anderen Namen!» Die Nöte eines künftigen Biologen oder angehenden Lehrers mit den einander so ähnlichen Pflanzen können wohl nicht treffender zum Ausdruck gebracht werden. Damit ist das Problem um das Ansprechen der Pflanzen mit ihren richtigen Namen aber noch gar nicht in seiner ganzen Tragweite erfaßt worden!

Gibt es doch für ein und dieselbe Pflanze in verschiedenen Landstrichen die unterschiedlichsten Namen. Schlagen wir z. B. im Alt-Kräuterbüchlein (3) unter Gichtwurz nach, dann lesen wir: «Gichtwurz nent man sonst auch Peonien blumen, Benedicten rosen, Benignen rosen, Pfingstrosen, Peonien rosen, Venedisch rosen, Künigßblum. Bey den Griechen würdt sie Glyciside geheyssen, auf Lateinisch Paeonia.» Marzell hat in seinem «Wörterbuch der deutschen Pflanzennamen», einem vielbändigen Werk, mit enormem Fleiß alle Volksnamen von Pflanzen zusammengetragen, um die Verständigung unter den Pflanzenliebhabern und Wissenschaftlern zu erleichtern.

Diesen zuweilen undurchdringlichen Dschungel verschiedenster Namen für ein und dieselbe Pflanze hatte seinerzeit Linné (1707 bis 1778) mit der wissenschaftlichen Namensgebung über Gattungs- und Artnamen umgehen wollen. Jede Pflanze sollte nur einen einzigen wissenschaftlichen Namen erhalten, und die Botaniker hatten an diese Namensgebung nur die Ergänzung geknüpft, daß der wissenschaftliche Name zugleich auch die Stellung der betreffenden Pflanze im wissenschaftlichen System, das heißt, ihre stammesgeschichtliche Position und ihre verwandtschaftlichen Beziehungen zu den nächstverwandten Arten zum Ausdruck bringen sollte. Im Anfang, als es nur wenige Botaniker gab und zugleich noch so viel wissenschaftliches Neuland zu erobern war, daß die Söhne der Botaniker noch nicht auf den Fährten ihrer Väter wandern mußten, ging diese Erwartung auch leidlich auf. Nur wurden leider häufig die gleichen Arten von verschiedenen Botanikern in verschiedenen Zeitschriften wissenschaftlich beschrieben: z. B. die Weihnachtssterne in Deutschland unter dem Namen Euphorbia, in England etwas später als Gattung Poinsettia. In solchen Fällen einigte man sich darauf, daß jeweils nur die älteste Beschreibung und damit der älteste wissenschaftliche Name gültig sein sollte.

Später kam hinzu, daß sich die Ansichten der Wissenschaftler über das richtige wissenschaftliche System der Pflanzen und ihre wahre Verwandtschaft änderten. Man begann, die Arten anders zu gruppieren, und in dem Maße, wie immer mehr Arten bekannt wurden, auch neue Gattungen aufzustellen. Das System der Namensgebung und der Einordnung von Arten in die systematischen Kategorien Art, Gattung, Familie, Ordnung, Klasse war damals zwangsläufig noch oberflächlich und subjektiv. Außerdem reichten diese Kategorien bald nicht mehr aus. Man unterschied deshalb auch Rassen und Unterarten, erkannte bzw. trennte von Gärtnern gezüchtete Formen als Cultivare von echten Arten und stellte Untergattungen, Unterfamilien und Unterordnungen auf. Weil die zur Beurteilung der tatsächlichen stammesgeschichtlichen Verwandtschaft herangezogenen Kriterien von den Wissenschaftlern nach Tradition und Erfahrung, auch wohl unter dem Eindruck der jeweils herrschenden Lehrmeinung erfolgte, war das Ergebnis dieser Bemühungen nicht in jedem Fall ein Baustein für die angestrebte Stabilität und Universalität wissenschaftlicher Namensgebung.

Umbenennungen und daraus folgend Umlernen wurden deshalb häufiger. *Cálla* überführte man in *Zantedéschia*, Azalee wurde zu Rhododendron gestellt, *Cinerária* mußte *Senécio* heißen, *Scindápsus* wurde zuerst in *Rhapidophóra* geändert, dann in *Epigrémnum,* bis sich herausstellte, daß der wahre Name *Epiprémnum* heißen müßte.

Die *Tillándsia leiboldiána* wurde zwar erst 1880 eingeführt, hat seitdem aber schon achtmal ihren Namen gewechselt (4). Den bekannten Osterkakteen erging es ähnlich (1). Sie behielten nur ihren deutschen Namen, änderten ihren wissenschaftlichen Namen von 1882 bis 1953 ebenfalls achtmal. Über die Kakteengattung *Rebútia* geben die Experten völlig unterschiedliche Auskünfte. Friedrich Ritter z. B.: «Die Rebutien sind Kakteen mit einer außerordentlich großen Aufsplitterung in echte Arten. Die Mehrzahl der Rebutienarten ist überhaupt noch nicht bekannt geworden.» Franz Buxbaum ist bei seinen Forschungen zu genau entgegengesetzten Erkenntnissen gekommen: «Es sind von dieser Gattung sehr viele ‹Arten› beschrieben worden, von denen nur wenige wenigstens den Charakter einer Varietät besitzen.» Auf der ständigen Suche nach Wahrheit nehmen die Wissenschaftler diese Schwierigkeiten in Kauf in der Hoffnung, daß das schon vor 280 Jahren gestellte Ziel, Stabilität und Universalität in die Namensgebung der Pflanzen zu bringen, doch noch erreicht wird.

Konkretisierte, spezifizierte und präzisierte neue Erkenntnisse gilt es zu berücksichtigen, was stets eine Revision des Vorhandenen, Althergebrachten mit sich bringt und letztendlich in der Einordnung und Namensgebung der Pflanzen beachtet werden muß. Nur die Vereinheitlichung der Namen, wie sie im Internationalen Code der Botanischen Nomenklatur angestrebt wird, macht es möglich, Pflanzen in allen Teilen der Welt eindeutig zu benennen und sich entsprechend zu verständigen.

Um die damit verbundenen Schwierigkeiten nicht nur für den Laien, sondern auch für die gärtnerische Praxis zu mildern, werden z. T. veraltete wissenschaftliche Pflanzennamen als Synonyme beibehalten. Berufsgärtner haben vorgeschlagen, daß zumindest die Namen der gärtnerisch bedeutsamen Pflanzen höchstens alle 50 oder gar nur 100 Jahre geändert werden dürfen. Einen Anfang zu dieser gärtnerischen «Selbsthilfe» hat Ende der sechziger Jahre die Internationale Staudenunion mit einer Liste stabiler Handelsnamen gemacht. Ähnliche Listen haben inzwischen Baumschulen in der BRD und in Frankreich aufgestellt. Sicherlich werden solche Übereinkünfte unter den Gärtnern auch für Zier- und Zimmerpflanzen folgen.

Wir haben deshalb die unter den Pflanzenliebhabern zum großen Teil schon seit Jahrhunderten bekannten und eingebürgerten Namen wieder als «Schlagworte» verwendet. Ihnen wurde der jetzt gültige wissenschaftliche Name gegenübergestellt, so wie er in der neuesten Auflage (1980) des «Zander – Handwörterbuch der Pflanzennamen» angegeben ist. Bei den erst in neuerer Zeit populär gewordenen Pflanzen haben wir berücksichtigt, daß die Pflanzenliebhaber unserer Tage auch bereit sind, die wissenschaftlichen Bezeichnungen zu lernen und z. B. die Gattungsnamen *Aspáragus, Mónstera, Philodéndron* und *Syngónium* zu benutzen.

Natürlich belasten die vielen Namen vor allem das Register. Es mußten ja alle Namen aufgenommen werden, damit jeder Pflanzenliebhaber den ihm bekannten, einen neu gehörten richtigen oder den inzwischen überholten Namen mit einer ganz bestimmten Pflanze in Zusammenhang bringen kann. Im Inhaltsverzeichnis oder im Register orientiere man sich über die Seiten, auf der die gesuchte Pflanze beschrieben ist. In unmittelbarer Nachbarschaft sind dann die nächstverwandten Arten angeordnet, unter denen ohnehin zuerst der Vergleich gesucht wird. Es stehen also alle Bromeliengewächse zusammen, ebenso alle Aronstabgewächse wie auch die Lilien- und Amaryllengewächse, die Wolfsmilchgewächse, die Kakteen usw. Wir hoffen, daß bei dieser Anordnung den Wünschen der Leser nach Übersichtlichkeit am besten entsprochen wird, weil in der Regel dann auch die Pflanzen mit den gleichen Pflegeansprüchen zusammen vorgestellt werden.

Zur Pflege
der Zimmerpflanzen

Mit dem Herrichten eines Stecklings, dem Dankeschön für eine geschenkte Pflanze oder dem Griff in den Geldbeutel in einem Blumenladen wird man schnell zum stolzen Besitzer einer pflanzlichen Schönheit. Aufgaben und Verpflichtungen, vielleicht sogar kleine Probleme ergeben sich erst im täglichen Umgang mit den Pfleglingen. Es beginnt mit der Frage, wo man den Neuling am besten hinstellt, und setzt sich fort mit dem irgendwann fälligen Umtopfen, der Wahl eines geeigneten Pflanzgefäßes, der Gießmenge, dem ständigen Gießen, dem Düngen während der Wachstumszeit und noch so manchen anderen Handgriffen, die nicht nur das Leben, sondern auch das dekorative Äußere der Pflanze erhalten sollen. Es reicht nicht aus, günstigste Bedingungen für das Pflanzenwachstum zu schaffen, es gilt auch einzugreifen, wenn die Pflanze z. B. unten verkahlt, zu sehr dem Topf entwächst, im Winter lang und staksig geworden ist, wenn Schädlinge zu bekämpfen sind oder ein notwendiges Verjüngen erforderlich wird.

Gehen wir also der Reihe nach vor!

Standort

Anders als in den Gewächshäusern der botanischen Gärten, den Orangerien der Schlösser oder den Anzuchthäusern der Gärtnereien, die alle den Bedürfnissen der Pflanzen Rechnung tragend gebaut und eingerichtet werden, müssen sich Zimmerpflanzen mit den Bedingungen abfinden, wie sie in unseren eigenen vier Wänden gegeben sind. Zwar kann man für besondere Lieblinge Vitrinen einrichten, Blumenfenster bauen, Veranden oder Wintergärten gestalten, aber die dazu nötigen oft hohen Aufwendungen lassen sich selbst bei gutem Willen und Können nicht überall verwirklichen. Wenn man den ständigen Wandel im Pflanzensortiment durch die Jahrhunderte verfolgt, dann wird man einsehen, daß sich nicht jede Pflanze in unserer Wohnung halten läßt. Damit muß man sich abfinden und Mißerfolge von vornherein einkalkulieren. Mit wachsender Erfahrung findet man das Sortiment heraus, das der eigenen Wohnung bei normalem Pflegeaufwand dennoch zu Individualität im Pflanzenschmuck und zu lebendiger Partnerschaft verhilft. Will man darüber hinaus besondere Lieblinge pflegen – etwa Maran-

ten in der ferngeheizten Wohnung –, dann ist dazu tägliches Bemühen erforderlich, das man sich im Getriebe des Alltags nicht immer leisten kann. Das sollte man bei der Pflanzenwahl bedenken.

Licht

Licht benötigen die Pflanzen zum Aufbau eigener Stoffe aus dem Kohlendioxid der Luft und den Nährstoffen des Bodens. Je nach der Herkunft der Zimmerpflanzen rücken wir sie unmittelbar ans Fenster, wenn sie so wie z. B. Kakteen aus offener, sonnendurchfluteter Landschaft stammen; oder wir geben ihnen einen Platz am Ost- bzw. Westfenster, wenn zarteren Pflanzen die heiße Mittagssonne schaden könnte. Zöglinge aus dem Dämmerlicht des Urwaldes fühlen sich im Inneren unserer Wohnräume am wohlsten, und andere mögen eine Mittelstellung in bezug auf ihr Lichtbedürfnis einnehmen. Die Pflanzenbeschreibungen enthalten die aus Herkunft und gärtnerischer Erfahrung gewonnene Empfehlung, welcher Platz jeweils der beste ist. Dennoch kann es nützlich sein, Anzeichen eines ungeeigneten, zumindest aber ungünstigen Standortes zu erkennen:

Bei Lichtmangel «vergeilen» die Pflanzen. Triebe und Stengel wachsen dann zu unnatürlicher Länge, verlieren ihre Stabilität und werden spillrig. Das intensive Grün verliert sich vor allem am Neutrieb. Er zeigt nur noch verbleichendes Gelbgrün und weist durch unnatürliches Längenwachstum zuerst darauf hin, daß dem Lichtbedürfnis der Pflanze nicht entsprochen wurde. Hier hilft nur ein hellerer Platz.

Zu hohe Lichtintensität verursacht ein «Verbrennen» der Pflanzen. Zuerst leiden wieder die jüngsten Triebe, die älteren Blätter trocknen von den Rändern her ein, weil zu starke Belichtung oder Besonnung letztlich auch Austrocknung mit sich bringt. Man räume Pflanzen, die bis dahin gleichmäßig wuchsen und auch durch gesunde, frischgrüne Färbung ihre Gesundheit offenbaren, nicht ohne Grund an einen helleren Platz oder gar an die Sonne. Maranten, Gummibäume, Monstera, Syngonium, Usambaraveilchen, Scindapsus oder Begonien fühlen sich im Halbschatten am wohlsten. Andere Pflanzen, obwohl sie aus besonnter Heimat stammen, wie Sansevierien, vertragen sogar tiefen Schatten, ohne Schaden zu nehmen, und wieder andere, etwa junge Palmen, sind des Lichtes so entwöhnt, daß man sie lieber am halbschattigen Standort lassen sollte, anstatt den riskanten Sommerstand im Freien auszuprobieren.

Gefäße

Seit alters her verwendet man als Pflanzgefäße für Zimmerpflanzen die jedermann bekannten porösen Tontöpfe. Heute werden sie nicht mehr als so ideal angesehen, weil sie neben guten Eigenschaften den Nachteil aufweisen, daß an der gesamten Außenfläche ständig Wasser verdunstet, Topf, Erde und Wurzeln auskühlen, die Nährstoffe zur Topfwand transportiert werden und die Erde dadurch ausgelaugt wird.

Daß sich Zimmerpflanzen nicht nur in Tontöpfen, sondern in allen nur denkbaren Gefäßen ebensogut pflegen lassen, beweisen die Erfolge der Pflanzenkultur in denjenigen Ländern, in denen die porösen Tontöpfe traditionell gar nicht verbreitet sind. Wenn anderswo Rittersterne in Emailleeimern, Usambaraveilchen in Blechbüchsen und Geranien in Einweckgläsern wachsen und gedeihen, dann kann man ihre Haltung wenigstens in den viel geschmackvolleren Übertöpfen, in glasierten, dicht gebrannten oder anderweitig wasserundurchlässigen Gefäßen versuchen.

Ein Vorteil bleibt den alten Töpfen aber unbestritten: das Loch im Boden. Es leitet den Wasserüberschuß ab, der sonst zu Wurzelfäulnis führen würde. Die modernen Plasttöpfe oder andere Gefäße mit Öffnungen im Boden vermeiden alle Nachteile der porösen Töpfe in der Zimmerpflanzenhaltung (in den Gärtnereien haben sie unschätzbare Vorzüge, die wir hier nicht zu besprechen brauchen) und nehmen uns die Verantwortung ab, jeden Tropfen Gießwasser vorausschauend zu berechnen. Verwendet man undurchlässige, allseitig geschlossene Gefäße ohne Bodenlöcher, erspart man sich die Kleckerei mit den Untersetzern völlig, muß aber dafür mit dem Gießen von Stund an so vorsichtig verfahren, daß kein stauendes Wasser die Pflanzen schädigen kann. Jetzt muß mit Verstand, zumindest mit dem Wissen gegossen werden, daß im Vergleich mit der Pflanzenhaltung in porösen Tontöpfen nur etwa ein Drittel des Wassers benötigt wird. Mit den Augen ist die Farbe der oberen Erdschicht oder mit den Fingern die Feuchtigkeit unter dieser oberen Krume zu prüfen. Vor allem ist beim Gießen nicht mehr nach der Devise «viel hilft viel» zu verfahren! Bestimmt bekommt man schon bald die Übung, die für das Gießen der Pflanzen in wasserundurchlässigen Gefäßen gebraucht wird, wobei im Zweifelsfalle weniger gießen besser ist als zu viel.

Das Substrat: die Erden

Unter natürlichen Bedingungen wachsen Pflanzen bis auf wenige Ausnahmen in Erde. Den Zimmerpflanzen entsprechend ihrem angestammten Lebensraum die richtige Erde anzubieten oder zu mischen, war durch ganze Jahrhunderte eine wesentliche Aufgabe gärtnerischer Kunst. Man unterschied mindestens Laub-, Rasen- und Gartenerde, Heide- und Moorerde, Kompost- und Misterde. Torf, Sand, Lehm und Kalk in wechselnden Verhältnissen waren Bestandteile der Erdmischungen, und natürliche Dünger, als da sind Guano, Taubendung oder zerriebene Kuhfladen, machten die frühere Gärtnerei auch geruchlich abwechslungsreich.

Wie es die Namen zum Ausdruck bringen, wurden diese Erden aus den entsprechenden Ausgangsmaterialien durch Verrotten gewonnen. Nehmen wir als Beispiel Lauberde: Laub, möglichst aus Buchenwäldern, wurde auf Haufen zusammengetragen und die einsetzende Verrottung durch regelmäßiges Umsetzen des Laubhaufens unterstützt. Im Verlauf von etwa zwei Jahren entsteht daraus Lauberde. Auf gleichem Wege gewinnt man Rasenerde aus Rasensoden, Komposterde aus Garten- und Küchenabfällen, Misterde zusammen mit Stroh aus Rinder- und Pferdedung. Heide- und Moorerde wird der Natur dagegen direkt entnommen, und auch Gartenerde kann als Produkt ständigen menschlichen Fleißes in vorbildlich bearbeiteten Gärten in geringer Menge geborgen werden.

Im günstigsten Zustand der Verrottung boten Gemische dieser Erden ein für die Topfkultur von Pflanzen optimales krümelig-brockiges Substrat, das gleichermaßen Luft und Feuchtigkeit enthielt, ein günstiges Wasserhaltevermögen besaß und durch die fortschreitende Verrottung auch weiterhin mineralisierte Nährstoffe freisetzte. Da aber jede Erde weiter «abbaut», die ursprünglich für das Pflanzenwachstum günstige krümelige Struktur verliert und der Vorrat im Topf ohnehin begrenzt ist, mußte ständig neue Erde allein für das Umtopfen bereitet werden. Vieles dieser alten Gärtnerkunst gehört inzwischen der Vergangenheit an, weil die Gärtnereien die notwendigen Mengen an Spezialerden beim Umfange neuzeitlicher Pflanzenanzucht gar nicht mehr beschaffen, geschweige denn selbst bereiten können. Seit langem gehen die Bemühungen deshalb dahin, eine Erde zu entwickeln, die als Grundsubstrat nur noch mit Sand, Lehm oder Torf den Bedürfnissen spezieller Pflanzen anzugleichen ist.

Einheitserde oder Torfkultursubstrat (TKS) sind nur zwei beispielhafte Namen für dieses Bemühen der Gegenwart. Das Prinzip besteht darin, ein Kultursubstrat anzubieten, das viel länger als die traditionellen Erdmischungen eine brokkig-krümelige Struktur behält und mit geruchfreier, leicht dosierbarer Nährsalzzufuhr über das Gießwasser den Nährstoffbedarf der Pflanzen sichern kann. Unsereiner kauft also seine «Blumenerde» im Blumenladen und hat dabei die Wahl zwischen «normaler» Blumenerde, die für die Mehrzahl der Zimmerpflanzen geeignet ist, und Kakteenerde, deren Name schon auf die besondere Verwendung hinweist. Wenn wir im weiteren Text das «normal» weglassen und nur noch von Blumen- oder von Kakteenerde sprechen bzw. schreiben, weiß man, was gemeint ist. Neben diesen beiden handelsüblichen Erden steht Sand, den man vor seiner Verwendung in der Zimmergärtnerei auswäscht, um die tonigen Bestandteile zu entfernen, überall zur Verfügung, und es ist empfehlenswert, auch einen Beutel Torf vorrätig zu halten. Mit diesen fünf Ausgangsstoffen (Blumen- bzw. Kakteenerde, Nährsalz, Sand und Torf) gelingt es auch uns, Erde zu mischen, wenn besondere Ansprüche von Spezialisten erfüllt werden müssen, so daß nur noch Orchideensubstrat oder Spezialerde für die sogenannten Moorbeetkulturen (wie für Azaleen und Erika) im Bedarfsfalle aus Spezialgärtnereien zu beschaffen sind.

In unseren Pflegeempfehlungen ist jeweils angegeben, wie man sich helfen kann, wenn die betreffende Pflanze mit der Blumenerde allein nicht auskommt. Man muß nur folgendes wissen:

Kakteenerde besteht aus Lehm, Laub- bzw. Heideerde, körnigem Flußsand und Ziegelsplit. Der Humus- und Nährstoffgehalt ist gering. Ihr Zusatz zu Blumenerde führt zu deren Abmagerung und schnellerer Wasserableitung. Sansevierien, Aloe und Euphorbien wachsen in einer solchen Mischung gut. Fügt man umgekehrt Blumenerde zu Kakteenerde hinzu, wird deren Wasserhaltung verbessert und der Humusgehalt erhöht.

Sand magert die Erde ab und erhöht die Wasserdurchlässigkeit. Zusammen mit fein gesiebter Blumenerde gewinnt man ein für die Stecklingsanzucht optimales Substrat.

Torf erhöht das Wasserhaltevermögen, garantiert lockerbrockige Struktur, wie sie vor allem Epiphyten und Urwaldpflanzen benötigen, speichert auch Nährstoffe und ist deshalb ein geradezu unentbehrliches Hilfsmittel des neuzeitlichen Zimmerpflanzengärtners.

Zimmerpflanzen in Hydrokultur

Das Prinzip der Hydrokultur besteht darin, daß anstelle von Erde ein chemisch stabiles, nicht abbauendes, biologisch steriles Haltesubstrat verwendet wird.

Nach wie vor werden die Pflanzen in ein blumentopfähnliches Gefäß gepflanzt, den Hydroinnentopf. Er hat mehrere Löcher im Boden, so daß es den Wurzeln möglich ist, in den Übertopf hineinzuwachsen, der die Nährstofflösung enthält. Als Haltesubstrat wurde ursprünglich nur Kies verwendet, später kam gebranntes Material mit einer dem Bimsstein ähnlichen Struktur hinzu; auch Kunststoffborsten werden verwendet.

Rezepte für Nährlösungen, z. B. Knopsche Lösung, waren schon lange bekannt. Pflanzenhaltung in Glasgefäßen mit in Nährlösung eintauchenden Wurzeln ohne Haltesubstrat (Hydroponik) sowie Hydrokultur mit Einsatz und Mantelgefäßen wurden zuerst von Botanikern und Pflanzenphysiologen für Untersuchungen zur Nährstoffaufnahme und Nährstoffverwertung benutzt. In dem Maße, wie in unserer Zeit die Beschaffung von Spezialerden auf immer größere Schwierigkeiten stieß, wurde als möglicher Ausweg nicht nur die Entwicklung von Einheitserde betrieben, sondern das bis dahin nur in den Labors der Botaniker bekannte Hydrokulturverfahren für die Zimmerpflanzenhaltung weiterentwickelt. Inzwischen gibt es eine Vielzahl von Gefäßen und Systemen sowie verschiedene Haltesubstrate, die man sich entsprechend der Größe des Hydrogefäßes und der jeweiligen Pflanze wählt. Da die Entwicklung ständig vorangeht, und da dieses Buch zuerst den Pflanzen gewidmet ist, läßt man sich die möglichen Varianten, Pflanzen in Hydrogefäßen zu halten, am besten im nächsten Blumenladen vorführen. Hier sei nur die Versicherung angebracht, daß man sich vor der noch vor einigen Jahren üblichen Kleckerei mit der Nährlösung und dem monatlichen Wechsel nicht mehr zu fürchten braucht, seit es Langzeitdünger gibt, die die günstigste Konzentration der Nährsalze selbständig regulieren.

Hier sind die «Wartungsfristen» auf Zeiträume zwischen 6 Monaten und einem Jahr angewachsen.

Die Vorteile der Hydrokultur von Pflanzen sind vor allem in den ferngeheizten Räumen nicht zu übersehen, denn die beständige und gleichmäßige Feuchtigkeit im Wurzelbereich bietet günstige Lebensbedingungen, mindestens für Philodendron, Syngonium und Scindapsus, Dieffenbachien, Aglaonema und Dracaena, ja selbst für Usambaraveilchen und Anthurien. Zum Umtopfen siehe Seite 24.

Eine Empfehlung möge der Pflanzenfreund jedoch bedenken. Die Gefäße für Hydrokultur werden auch ohne Pflanzen verkauft. Losgelöst von ihrer eigentlichen Funktion, den Pflanzen Existenzgrundlage zu bieten, werben sie zum Teil in auffallenden, ja sogar grellen Farben um Käufer. Am Ende überstrahlen sie, falls man seine Wahl zu schnell trifft, die Farben von Blättern und Blüten der eigentlichen

«Hauptperson», der Pflanze. Gefäße in der natürlichen Farbe gebrannten Tons, also braun, ocker, rotbraun, neben gedecktem Blaugrau bis hin zu dunklem Weinrot, passen am besten zum Grün des Laubes und lassen auch Blütenschmuck zur Geltung kommen. Man lasse sich nur vom eigenen Geschmack leiten, stelle sich beim Kauf neuer Gefäße vor, wie die Pflanzen darin wirken können, und kaufe nicht umgekehrt die Pflanzen nach womöglich ungeeigneten Töpfen.

Pflanzenfenster und Pflanzenvitrinen

Der ideale Platz für eine ganze Reihe von Zimmerpflanzen aus den tropischen Feuchtwäldern ist ein Pflanzenfenster. Wird es beim Bau eines Hauses gleich von Anfang an mit eingeplant, dann sind die Mehrkosten gering. Erheblich teurer wird es, wenn man das Fenster nachträglich einbauen lassen möchte. In der Regel versichert man sich der Hilfe von Fachleuten, wenn derartige Vorhaben zu verwirklichen sind. Spezialfirmen liefern auch das ganze Drum und Dran, von den Feuchtigkeitsreglern bis zur geeigneten Zusatzbeleuchtung, gleich mit, so daß sich der Auftrag auch wirklich lohnt. Trotzdem sollte man die wichtigsten Zusammenhänge als Bauherr selbst überschauen:

Pflanzenfenster werden in die Außenwand eingebaut. Entsprechend der Reichweite unserer Arme sollte die Tiefe höchstens 75 cm betragen. Schließlich müssen die Außenscheiben ab und zu geputzt werden. Vielleicht mißt man erst einmal nach, denn Anstrengung und Akrobatik wollen wir ja nicht gleich mit einbauen. Kann man nur von den Seiten in das Pflanzenfenster gelangen, dann sind 1,5 m aus dem gleichen Grunde als maximale Breite festgelegt.

Günstige Bedienung und Handhabung sind dann möglich, wenn durch Schiebefenster die Abgrenzung zum Innenraum variabel gestaltet ist. Die Trennscheiben zwischen dem Pflanzenfenster und dem Wohnraum sind ein notwendiges Übel, denn sie schmälern das Pflanzenerleben. Aber andererseits sind die Wohnräume für die Bewohner der Pflanzenfenster zu ungleich beheizt oder zu trocken, als daß heikle Tropenbewohner ohne diese Absicherung auf Dauer existieren könnten. Die Schiebefenster gewährleisten also das Eigenklima im Pflanzenfenster, lassen sich während des eigenen Aufenthaltes im Raum jedoch beiseite schieben.

Von beträchtlicher Auswirkung auf das Gedeihen bzw. auf die Ausstattung des Pflanzenfensters ist die Ausrichtung nach der Himmelsrichtung. Am ungünstigsten ist die reine Südlage. Die Helligkeits- und Temperaturdifferenzen sind während des Sommers nur durch intensive Belüftung (die Zugluft provozieren kann) und Beschattung auszugleichen. Viel besser ist eine Lage nach Osten oder Westen. Hat man die Wahl, dann entscheide man sich für die Ostseite. Nach Westen ist der Gewächshauseffekt der starken Aufheizung durch die heiße und vor allem unvermittelt einsetzende Nachmittagssonne ebenso wie nach Süden gegeben, während die Ostseite mit allmählich ansteigender Temperatur und Lichtintensität den natürlichen Bedingungen am nächsten kommt. Selbst die Nordseite ist noch gut geeignet, weil man durch Zusatzlicht ausgleichend eingreifen kann, alle anderen Bedingungen jedoch viel günstiger zu beeinflussen sind.

Im einzelnen prüfe man die Situation mit gesundem Menschenverstand. Schon ein Baum, der im Sommer die heiße Mittagssonne abfängt, im Winter den milden Strahlen aber kein Hindernis entgegensetzt, verändert die Situation zugunsten des Süd- oder Westfensters. Aber genug der grauen Theorie um Licht und Schatten, es ist Zeit, an die Pflanzenwanne, an den Wasserablauf, die Heizung, Beschattung, Regler für Boden- und Innentemperatur, Luftfeuchte und das Zusatzlicht zu denken. Bodenwanne und Wasserablauf gewähren eine optimale Feuchtigkeit im Substrat, verhindern andererseits ein Durchnässen des Mauerwerkes. Ob die Bodenwanne für Hydrokultur oder Erdkultur angelegt wird, ist unerheblich. Die Gewächse eines Pflanzenfensters gedeihen in der Regel in Erde besser, und ein Auffüllen der Bodenwanne mit Moos oder Torf verhindert auch das Einstellen von Hydrotöpfen nicht, zumal man die Pfleglinge, bis auf die kleineren Bodendecker, ohnehin nicht frei in der Bodenwanne auspflanzt.

Ohne eigene Wärmequelle geht es trotz der Raumheizung bei bestem Willen nicht. Die meisten Einwanderer aus den Tropen sind gegenüber einem kalten Stand in Perioden der Auskühlung besonders empfindlich. «Kalte und nasse Füße» sind dabei die erste und häufigste Ursache schnellen Pflanzentodes. Trotz aller sinnreichen Einrichtungen zum Ausnutzen der Raumwärme oder -heizung muß für den Fall der Fälle ein Heizkabel mit eigenem Thermostat vorhanden sein, das sich beim Absinken der Bodentemperatur unter 15 °C selbsttätig einschaltet. Eine Jalousie ist nur bei Süd- bis Westlage zur Schattierung notwendig. In kalten Winternächten hält sie aber auch die Kälte ab, so daß sich die Ausgaben zumindest auch bei Ostlage lohnen und nur nach Norden auf den ersten Blick nicht recht verständlich sind.

In der Regel stellt sich über der feuchten Bodenwanne eine optimale Luftfeuchte zwischen 65 und 75 Pozent ein, so daß auf besondere Anlagen zur Befeuchtung der Luft verzichtet werden kann, falls man einen Zimmerspringbrunnen oder ein Wasserbecken nicht aus dekorativen Gründen einbauen möchte.

Neben der Wärmeregulierung ist die Installation der Beleuchtung die wichtigste Einrichtung eines Pflanzenfensters. Je m² Grundfläche sind 180 bis 200 Watt an Leistung zu installieren, also z. B. 3 Leuchtstoffröhren zu 60 Watt. Aus dem Angebot wähle man dabei Röhren mit dem vollständigen Spektrum des Sonnenlichtes aus oder lasse sich von einem Fachmann beraten, denn der UV-Anteil muß für Tropenbewohner nicht so hoch wie für Kakteen oder andere Wüsten- und Steppenpflanzen bemessen sein.

Den gleichen Aufgaben wie die Pflanzenfenster dienen die Pflanzenvitrinen. Sie sind jedoch an keinen besonderen Standort im Zimmer gebunden und deshalb völlig auf Kunstlichtquellen angewiesen. Tropenbewohner sind an den Normaltag gewöhnt, so daß der 12-Stunden-Rhythmus eingehalten werden muß, während bei einem Pflanzenfenster nur die Ergänzung zu dem im Winter begrenzten Tageslicht geboten zu werden braucht. Pflanzenvitrinen erlauben aber in weit vielfältigerem Maße Raumgestaltung, Raumbildung und -gliederung, so daß sie keinesfalls als Notlösung oder Ersatz für ein fehlendes Pflanzenfenster zu betrachten sind.

Gleichgültig ob Pflanzenfenster oder Vitrine, es lassen sich darin eine Reihe von Tropenbewohnern pflegen, die bislang entweder gar nicht oder nur mit großem Pflegeaufwand am Leben erhalten werden konnten: Anthurien, Ananasgewächse (vor allem Tillandsien und der dekorative Tillandsienbart *T. usneoídes*), der prächtige *Piper ornátum*, Kolumneen, Maranten, Orchideen, Philodendren und das ganze Reich der dekorativen Bodenpflanzen, vor allem aus der Familie der Bärenklaugewächse. Besonders dekorativ ist der Einbau eines mehrfach verzweigten Baumastes mit möglichst rissiger Borke, auf dem die Epiphyten direkt in vorhandenen Astgabeln oder zusätzlichen Vertiefungen eingesenkt bzw. aufgebunden werden können. Orchideen oder Bromelien eignen sich dazu am besten, während vom Boden aus Schlinger und Klimmer nach oben streben. In den wassergefüllten Trichtern der Ananasgewächse würden sich dann auch Baumfrösche wohl fühlen (z. B. der Blutflecken-Antillenfrosch, Beutelfrösche und die Schüsselrücken-Laubfrösche), tropische Schmuckschaben und afrikanische Rosenkäfer im Substrat der Pflanzenwanne sowie tropische Laub- wie Glasfrösche, Taggeckos und Anolis im Gesamtraum der Vitrine, wenn ihnen ein Badebecken und ein kleiner Wärmestrahler zum Sonnenbaden eingebaut wird. Es ergeben sich die vielfältigsten Möglichkeiten für den Naturfreund, der aus der Pflanzenvitrine ein Vivarium gestalten kann. Er lese in einem Terrarienbuch nach!

Gießen

Wasser ist eine der wichtigsten Grundlagen für jedes Leben. So wie Mensch und Tier bei Wassermangel verdursten, vertrocknen Pflanzen, wenn es an Wasser fehlt. Mit dem Wasser nehmen die Pflanzen zugleich darin gelöste Salze auf. Im lebenserhaltenden Stoffwechsel vermittelt das Wasser alle chemischen Reaktionen und liefert sogar bei der Fotosynthese den für uns alle so wichtigen Sauerstoff.

Trotzdem dürfen Pflanzen nicht über Gebühr gegossen werden! Zuviel Wasser im Wurzelbereich fördert das Verschlämmen der Erde und begründet Wurzelfäule, selbst dann, wenn die Pflanzen in Hydrogefäßen gehalten werden. Beim Gießen (bzw. Auffüllen der Hydrotöpfe) ist also das richtige Maß geboten. Größter Wert ist auf gleichmäßige Feuchtigkeit im Wurzelbereich zu legen, die durch öfteres Gießen in kleineren Gaben erhalten wird. Nur wenige Pflanzen vertragen oder wünschen sogar stauende Nässe, wie z. B. Zypergras, oder tolerieren Trockenheit in so extremem Maße, wie z. B. Sansevierien.

Das Problem für Zimmergärtner besteht darin, das unterschiedliche Wasserhaltevermögen der verschiedenen Substrate und Töpfe richtig zu beurteilen. In Tontöpfen mit poröser Wandung und zusätzlichem Abflußloch kann kein sofortiger Schaden angerichtet werden, selbst wenn zu hohe Wassergaben die Erde auslaugen und die Salze am Topfrand ausblühen. Wasserundurchlässige Gefäße, das soll hier nochmals gesagt werden, eignen sich bei maßvollem Gießen dennoch besser zur Pflanzenhaltung, weil sie bei freiem Stand alle Nachteile der Tontöpfe vermeiden. Haben sie ein Abzugsloch am Boden, kann versehentliches Übermaß an Wasser abfließen und der Pflanze keinen Schaden zufügen. Entscheidend ist jedoch, daß der Pflanzenfreund nicht gedankenlos-routinemäßig gießt, sondern, die Beschaffenheit der Erde prüfend, nur dann maßvoll Wasser zuführt, wenn es tatsächlich notwendig ist.

Die genaueste Dosierung verlangen wasserundurchlässige Gefäße ohne Bodenlöcher. Es gehört aber nur wenig Übung dazu, sich auf die viel geringeren Wassergaben einzustellen, die im Vergleich mit den unglasierten Tontöpfen notwendig sind. In der Regel verbraucht dort das meiste Wasser der Topf und nicht etwa die Pflanze! Jetzt gilt es, ausschließlich das von der Pflanze verbrauchte Wasser nachzuführen. Erst wenn die oberste Erdschicht ausgetrocknet ist, wird wieder angefeuchtet. Zur Not prüft man mit dem Finger die Beschaffenheit der tieferen Erdschichten. Überhaupt gelingt Pflanzenpflege in solchen Gefäßen viel besser, wenn man seine ersten Erfahrungen mit großen Töpfen sammelt.

In Hydrokultur scheint das Gießen am einfachsten zu sein, wenn man sich an die Regel hält, daß der Einsatz in die Nährlösung nur eintauchen darf. Pflanzen benötigen im Wurzelbereich eben nur Feuchtigkeit und nicht stauende Nässe. Der Landmann kennt den günstigsten Zustand des Bodens als krümeligen «Garezustand», in dem die Hohlräume zwischen den Erdkrümeln zu zwei Dritteln mit Luft und nur zu einem Drittel mit Wasser ausgefüllt sind!

Dieses Wissen richtig anzuwenden, ist gleichermaßen für die Pflege der Zimmerpflanzen in Erde wie in Hydrokultur wichtig.

Den Pflanzen in Hydrokultur schadet es nicht, wenn die aus dem Einsatz herauswachsenden Wurzeln völlig in die Nährlösung eintauchen. Im Bereich des Haltesubstrats muß jedoch das Verhältnis von einem Drittel Feuchtigkeitssättigung zu zwei Dritteln lufterfüllten Hohlräumen eingehalten werden. Wenn man sich ungefähr daran hält, hat man eine der wichtigsten Voraussetzungen zu richtiger Pflanzenpflege schon erfüllt.

Sprühen

Von vielen Pflanzenliebhabern wird angenommen, daß man mit häufigem Sprühen empfindlicheren Pflanzen günstigere Lebensbedingungen in trockenen Räumen bieten könne. Das ist ein Irrtum! Es wird immer nur ein kurzzeitiges Anheben der relativen Luftfeuchtigkeit erreicht. Wollte man tatsächlich in einem Wohnraum für Tropenbewohner geeignete Lebensverhältnisse schaffen, müßte viele Male am Tage gesprüht werden, aber wer wollte diese ständige Mühe auf sich nehmen? Viel besser wäre dazu ein Zimmerspringbrunnen geeignet. Die beste Lösung bestünde auf Dauer jedoch darin, ein Blumenfenster oder wenigstens eine Blumenvitrine für Tillandsien, Piper ornatum, tropische Orchideen, Buntwurz und ähnliche Pflanzen einzurichten.

Wenn dagegen überwinternde Pflanzen gelegentlich besprüht werden, um das Eintrocknen der Pflanzenkörper zu verhindern, oder wenn mit Sprühen im Stecklingsquartier für gespannte Luft gesorgt wird, Grünpflanzen umnebelt werden, um den Staub zu binden, für Ananasgewächse ein gelegentlicher Taufall nachgeahmt oder bei Jungpflanzen das Erdreich ganz mild angefeuchtet werden kann, ist dagegen nichts einzuwenden, solange die Zimmereinrichtung, vor allem Gardinen, Tapeten und Möbel, darunter nicht leidet.

Aber wie schon gesagt – ein dauernder Ausgleich zu trockener Luft im Wohn- und Arbeitsbereich kann mit Sprühen allein nicht erreicht werden.

Düngen

Im Gegensatz zu den natürlichen Verhältnissen stehen Zimmerpflanzen in der Regel in viel zu kleinen Töpfen, so daß sich der Nährstoffvorrat der Erde recht schnell erschöpft. Zwar könnte hier öfteres Umtopfen Abhilfe schaffen, aber solange die Erde noch nicht abgebaut ist und eine dem Wurzelwachstum günstige Struktur besitzt, lassen sich die fehlenden Nährstoffe viel einfacher durch regelmäßige Nährsalzgaben ausgleichen.

Dazu benutzte man früher Hornspäne als sich nur langsam zersetzenden Vorratsdünger, erhoffte große Wirkung von zerriebenen Kuhfladen oder sogar von mit Jauche getränktem Torfmull und verwendete Lösungen von Guano bzw. Taubenkot als sofort wirksame Dunggabe. Heutzutage gibt man Nährsalzmischungen, die mindestens ebenso gut wirken, nur daß sie hygienisch unbedenklicher zu verwenden und vom Geruch her entschieden angenehmer sind. Man löst das vorgeschriebene Quantum Nährsalz in einem Liter Wasser auf und hält sich dabei an folgende Regeln und Kenntnisse:

In der Mehrzahl der Fälle löst man 1 g Nährsalz in einem Liter angewärmtem Wasser. Auf «Fresser» (z. B. Dieffenbachien) oder «Hungerkünstler» (z. B. Anthurien) wird in den Beschreibungen besonders hingewiesen.

Man gießt nur während der Wachstumszeit (in der Regel von März bis Ende August) in 14täglichen Abständen mit Nährlösungen. Von September bis Februar ist lediglich Wasser zu geben.

Es werden nur gut durchwurzelte und austreibende Pflanzen gedüngt. Stecklinge benötigen noch keine Nähr- bzw. Düngelösung.

Nährsalz gibt es für Pflanzen in Erdkultur in folgenden Spezialmischungen:

○ für Blattpflanzen mit höherem Stickstoffanteil,
○ für Blütenpflanzen mit geringerem Stickstoffanteil, aber höherem Anteil an Phosphorsalzen,
○ für Kakteen mit sehr geringem Stickstoffanteil, aber erhöhten Kali- und Phosphorsalzanteilen.

Nährsalz für Pflanzen in Hydrokultur gibt es neben

○ Standardmischung, die für alle Pflanzen geeignet ist, ebenfalls in den gleichen Zusammensetzungen wie für die Erdkultur, daneben bzw. zusätzlich
○ Langzeitdünger auf Ionenaustauschbasis, der allmähliche Nährstoffabgabe über einen sehr langen Zeitraum gewährleistet.

Mit diesen Langzeitdüngern reicht der Nährsalzvorrat mindestens 6 Monate. In der Zwischenzeit braucht nur Wasser nachgefüllt zu werden, so daß auch die kontinuierliche Nährstoffversorgung der in Hydrokultur stehenden Pflanzen ganz einfach geworden ist.

Anzeichen für fehlerhafte Nährsalzwahl lassen sich leicht und schnell erkennen: Zu massiges Wachstum ohne Blütenbildung geht auf Lösungen mit zu hohem Stickstoffanteil zurück. Verlieren buntblättrige Pflanzen, wie z. B. Dieffenbachien, ihre Blattzeichnung, liegt es ebenfalls an zu hoher Stickstoffionenkonzentration in der Nährlösung. Hier sollte man vier Wochen mit Düngen aussetzen und danach stickstoffärmeren Dünger, z. B. solchen für Kakteen, anwenden, bis die Blattzeichnung auf den neugebildeten Blättern wiederkehrt.

Fehlt es den Blättern, vor allem dem Neutrieb, an kräftigem Grün oder erscheinen sie sogar bleich wie Spargel, dann kann Mangel an Stickstoff, aber auch an Eisen oder Magnesium vorliegen, falls nicht ein zu dunkler Standort gewählt wurde! In solchen Fällen muß man zunächst einen helleren Stand geben, danach aber auch andere Nährsalzmischungen so lange ausprobieren, bis man für seine Pflanze das richtige Nährsalz gefunden hat. Abhängig vom jeweils vorhandenen Gießwasser können nämlich verschiedene Nährsalzmischungen unterschiedlich reagieren und trotz gleichen prozentualen Gehaltes an Elementen durch unterschiedliche Salzbindungen mit den Bestandteilen des Wassers für die Pflanzen dann in unterschiedlicher Konzentration zur Verfügung stehen. Hier geht Probieren über Studieren, denn ein chemisches Labor für aufwendige Analysen wird niemandem zur Verfügung stehen, und der Reiz eigenen Probierens macht letztlich die Pflanzenhaltung um den Teil interessanter, den die Beschäftigung mit leblosen, technischen Geräten nicht bieten kann.

Umtopfen

Irgendwann entwächst jede Pflanze dem ursprünglich vorhandenen Gleichgewicht zwischen dem vom Blumentopf umspannten unterirdischen Wurzelwerk und den oberirdischen Pflanzenteilen. Meistens wird der Topf zu klein oder der Nahrungsvorrat der Erde ist erschöpft, so daß die Pflanze nicht mehr weiter wachsen kann. In manchen Fällen hebt das verfilzte Wurzelwerk die Pflanze förmlich aus dem Topf heraus. Der aufmerksame Pflanzenfreund bemerkt selbst, wann ein Umtopfen zumindest in neue Erde, meist auch in einen etwas größeren Topf notwendig geworden ist. Dem Anfänger sei geraten, alle zwei Jahre ans Umtopfen zu den-

ken und nur in Ausnahmefällen, den Nährlösungen und den modernen, nicht abbauenden Blumenerden vertrauend, noch ein weiteres Jahr damit zu warten. Da aber in jedem Fall der Wurzelballen verfilzt und die abgestorbenen Wurzeln entfernt werden müssen, sollte der Zeitraum bis zum Umtopfen nicht länger als drei Jahre hinausgeschoben werden.

Man lege also die linke Hand so über den Topf der umzubettenden Pflanze, daß der Pflanzenstengel zwischen Ring- und Mittelfinger kommt. Mit den Fingern versucht man, die Erdoberfläche möglichst abzudecken. Der Topf wird nun umgedreht, so daß die Pflanze nach unten zeigt, und mit der Topfkante auf eine feste (hölzerne) Unterlage geschlagen. Meist rutscht der gesamte Wurzelballen fast von allein heraus, wenn die Erde weder zu trocken noch zu naß gewesen ist. Man gieße also am Tag vor dem Umtopfen entsprechend.

Je nach dem Zustand des Wurzelballens werden alte, abgestorbene, verfilzte Wurzeln entfernt, der Wurzelballen am Rande etwas aufgelockert oder auch, wenn alles zur Zufriedenheit beschaffen ist, ohne Veränderung in einen neuen, etwas größeren Topf verpflanzt. Der neue Topf muß sauber sein; ein fabrikneuer Tontopf ist vorher gründlich (über Nacht) zu wässern. Das Abzugsloch wird, alter gärtnerischer Tradition entsprechend, mit einem Scherben bedeckt und zunächst so viel Erde eingeschüttet, daß die Pflanze beim probeweisen Einsetzen so hoch steht, daß bis zum Topfrand noch ein Gießrand von einem Zentimeter bleibt. Am Rande wird nun Erde nachgefüllt. Es ist darauf zu achten, daß keine Hohlräume verbleiben. Mit einem Hölzchen oder einem Löffelstiel wird vorsichtig nachgestopft, ohne die Erde dabei über Gebühr zu verfestigen.

Umgetopft wird vor dem neuen Austrieb; in der Regel also im März oder April. Blühende Pflanzen störe man aber nicht. Clivien, Ritthersterne und Blattkakteen verpflanzt man besser nach der Blüte. Im übrigen wird auf Besonderheiten in den jeweiligen Pflanzenbeschreibungen verwiesen. Nach dem Umtopfen wird gegossen, die Erde muß gründlich durchfeuchtet werden, damit sie sich gut in den Wurzelballen fügt. Außerdem werden die Gewächse an einen hellen, aber dennoch schattigen, zugluftfreien Platz gestellt, bis der neue Austrieb anzeigt, daß alles richtig gemacht wurde.
Da auch in Hydrokultur das Wurzelwerk verfilzt, altes abstirbt und neues gebildet wird, muß ebenso wie in Erdkultur etwa alle zwei Jahre umgesetzt oder umgetopft werden. man verfährt sinngemäß so wie hier angegeben. Dabei werden Substrat und Einsatztopf gründlich gewässert, um evtl. vorhandene Nährsalzablagerungen zu entfernen.

Putzen und Rückschneiden

Anfangs hatten wir uns das Ziel gestellt, unsere Zimmerpflanzen ansehnlich und dekorativ zu erhalten. Selbstverständlich wollen wir durch den gesunden Wuchs unserer Pflanzen auch das eigene Können in der Pflanzenpflege zeigen. Dazu sind nur geringe Aufwendungen und nur wenige Handgriffe notwendig:

1. Das Entfernen welker Blätter ist eine Selbstverständlichkeit. In dem Maße, wie der Trieb sich entfaltet, vergehen die älteren Blätter und sollten entfernt werden. Bekommen jedoch schon jüngere Blätter braune Spitzen oder rollen sie sich ein (z. B. bei den Maranten), dann wurde zu wenig gegossen oder die Lufttrockenheit im ganzen Raum ist zu hoch oder die Nährlösung zu konzentriert. Man schaffe also entsprechende Abhilfe.

2. Das Ausbrechen der welkenden Blüten ist ebenfalls – schon aus ästhetischen Gründen – erforderlich. Nur wenige Zimmerpflanzen bringen Früchte zur Reife, die meisten tragen nur taube Blüten. Beim Ritterstern und der Clivie aber sollte man die werdenden Früchte ausbrechen, weil deren Aufbau zu Lasten des nächstjährigen Blütenschmuckes geht.

3. Das Anheften schwankender Triebe oder die Wahl einer geeigneten Ampel für überhängende Pflanzen ist ebenfalls notwendig. Hochaufwachsende Pflanzen, wie Gummibaum oder Fensterblatt, benötigen einen stützenden Stab. Syngonium läßt man dagegen einfach herabhängen. Die Ranken von Scindapsus schlingt man dekorativ um eine geeignete Rückwand, während Wachsblumen und Passionsblumen am zweckmäßigsten kreisförmig an ein Gitter gebunden werden. Bei ihnen entspringen die Blüten den Seitenzweigen, die nur dann ausgebildet werden, wenn der Haupttrieb im absteigenden Teil seines Kreisbogens am Längenwachstum gehindert und zur Ausbildung von Seitentrieben angeregt wird.

4. Regelmäßiges Gießen, Düngen und Umtopfen hatten wir bereits empfohlen.

5. Das Rückschneiden ist als letzter fachmännischer Rat zu besprechen. Unser Zimmer ist keine Wildnis, in der unbegrenztes Wachsen, Leben und Vergehen möglich ist. Den zugewiesenen Raum füllen die Pflanzen nach gewisser Zeit aus, so daß ohnehin ein Verjüngen durch Rückschneiden oder Abmoosen notwendig wird. Viele Gewächse geraten im lichtarmen Winter unserer Breiten durch vergeilende Triebe dermaßen außer Form, daß – z. B. bei Geranien, Fuchsien oder Buntnesseln – Ende Februar/Anfang März ein radikaler Rückschnitt bis zur Stengelbasis notwendig wird, um erneut ansehnliche, buschig wachsende und kräftige Pflanzen zu erhalten. Unter Umständen lassen sich von den Spitzentrieben zugleich noch Stecklinge gewinnen, so daß man trotz der ungünstigen Jahreszeit den Versuch der Stecklingsvermehrung wagen kann, die üblicherweise von April bis August vorgenommen wird.

Bei diesem Rückschnitt darf man keinesfalls zimperlich vorgehen. Da immer nur die obersten schlafenden Augen nach einem solchen Rückschnitt austreiben, setze man das Messer nicht zu hoch an! Bei Fuchsien reichen 5 bis maximal 10 cm verbleibende Stengellänge. Bei Geranien schaue man sich die Pflanze an und versuche, den künftigen Pflanzenaufbau durch den Neutrieb im voraus abzuschätzen. Im Zweifelsfalle wird auch hier das Messer eher tiefer als zu hoch angesetzt. Buntnesseln hilft nach dem Winter ebenfalls nur ein radikaler Rückschnitt, aber auch Hibiscus, Syngonium, Oleander und andere Pflanzen müssen von Zeit zu Zeit – wobei die Abstände auch mehrere Jahre betragen können – durch einen Rückschnitt verjüngt oder aus Stecklingen neu herangezogen werden.

So hat man ein wenig Mühe, zugleich aber viel Freude an der Pflanzenhaltung, weil man letzten Endes kaum etwas falsch machen kann, wenn die gegebenen Ratschläge sinnvoll angewendet werden.

Vermehrung von Zimmerpflanzen

In der Regel erwirbt man neue Pflanzen oder läßt sie sich schenken. Aber so viele interessante Formen aus der Pionierzeit früherer Pflanzenliebhaberei, die es gar nicht verdienen, als altmodisch abgetan zu werden, oder die vertrauten Pflanzen aus dem Elternhaus, der Oleander des Urlaubsquartiers oder einfach die besondere Pflanze, die man bei Bekannten, Freunden oder auch wildfremden Menschen gesehen hat, verlocken dazu, einen Steckling zu erbitten und den Versuch der Selbstanzucht zu wagen.

Die Stecklingsvermehrung ist der gebräuchlichste und sicherste Weg, in den Besitz einer begehrten Pflanzenschönheit zu kommen. Dabei wird ein Teil einer Pflanze dazu gebracht, mindestens eigene Wurzeln, teils auch eigene Triebe oder sogar beides zu bilden. Je nach dem Ausgangsmaterial handelt es sich um Kopf-, Augen- oder Blattstecklinge, Ableger, die Vermehrung durch Kindel, durch Tochterzwiebeln oder durch Teilung von Pflanzen. Stecklinge bereitet man während der warmen Jahreszeit, also von Mai bis August. Im abnehmenden Licht des Herbstes verringert sich der Erfolg. Bei warmem Stand oder entsprechender Heizung gelingen Stecklinge auch schon ab Ende März. Im einzelnen geschieht die Stecklingsvermehrung so:

Kopfstecklinge

Die besten Stecklinge erhält man von kräftigen, gedrungen gewachsenen Triebspitzen. Weniger gut sind blühende Triebe und zum Licht emporgeschossene, zarte, dünne Triebe geeignet. Der Steckling wird dort von der Mutterpflanze getrennt, wo sein Stengel oder auch seine Blätter schon ausgereift, aber noch nicht verholzt sind. Selbst wenn man mit dem Begriff «ausgereift» vorerst noch nichts anfangen kann, bringen Übung und Fingerspitzengefühl, vielleicht auch aus Fehlschlägen und Erfolgen begründete Erfahrung schon bald die nötige Sicherheit. Vor allem lasse man sich von Fehlschlägen nicht entmutigen! Man schneide oder breche möglichst einen Steckling mehr, damit wenigstens einer gerät.

Der Steckling wird bei verholzenden Trieben dicht unter einem Blattansatz bzw. Blattknoten geschnitten (z. B. Oleander) oder bei krautigen Pflanzen (z. B. Geranien) gebrochen. Meistens beläßt man bei krautigen Pflanzen die unteren Blätter am Steckling; sie helfen, bald neue Wurzeln zu erzeugen.

Viele Stecklinge bewurzeln sich, wenn sie in ein Gläschen mit Wasser gestellt werden (z. B. Myrte, Oleander, Gummibaum, Roseneibisch). Die unteren Blätter muß man allerdings entfernen. Man kann dann die Wurzelentwicklung schön verfolgen und, wenn die Wurzeln etwa einen Zentimeter lang geworden sind, die junge Pflanze in Erde oder Hydrokultur einsetzen.

Die Gärtner bereiteten Stecklinge früher nur in Erde. Alter Erfahrung zufolge bewurzeln sich Stecklinge am besten in kleinen Töpfen oder auch dann, wenn sie in größeren Töpfen am Rande entlang gesteckt werden. Als Erde benutzt man ein Gemisch aus Blumenerde und Sand zu gleichen Teilen, noch besser eignet sich ein Gemisch aus feinem Torfmull mit Sand im Verhältnis 1 : 1. Krautige Pflanzen werden mit ihrem Stengel etwa 2 cm tief fest eingesteckt, holzige je nach der Größe des Stecklings tiefer, etwa 5 cm. Nach dem Stecken wird gründlich, aber vorsichtig mit Brause gegossen, doch danach möglichst nur gesprüht. Die Töpfe mit Stecklingen brauchen einen hellen, jedoch vor direkter Sonneneinstrahlung geschützten Platz. In der trockenen Wohnung muß eine Plasthaube, -tüte, Glasplatte oder eine andere Abdeckung (z. B. ein großes Konservenglas, ein leeres Aquarium) gefunden werden, damit «gespannte» Luft erhalten bleibt. Die Kunst besteht darin, daß es unter dieser Haube oder Abdeckung nicht zum Stocken kommt, also Luftdurchsatz in Grenzen erhalten bleibt, andererseits die Stecklinge nicht vertrocknen. Auch hier bringt Übung die nötige Erfahrung. Sobald Stecklinge austreiben, gewöhne man sie allmählich an volles Licht und frische Luft, so wie es die Haltung der jeweiligen Pflanze erfordert.

Augenstecklinge

Will man aus einem längeren Trieb mehrere Stecklinge schneiden, dann erhält man nur eine Triebspitze, also einen Kopfsteckling, aber mehrere Teile, die jeweils Blätter und «Augen», das sind ruhende Knospen, enthalten. Der Erfolg stellt sich bei den Augenstecklingen zwar etwas später ein, gelingt aber auch wie bei den Kopfstecklingen. Wir sollten uns bei unserer «Kleinvermehrung» jedoch auf Kopfstecklinge konzentrieren und die aufwendigere Bereitung von Augenstecklingen den Gärtnern überlassen.

Blattstecklinge

Usambaraveilchen, Sansevierien und Begonien werden durch Blattstecklinge vermehrt. Am einfachsten geht das bei den Usambaraveilchen. Ein Blatt mit möglichst langem Stiel wird in ein kleines Glas mit Wasser gesteckt. Die Kunst besteht darin, nur das Stielende ins Wasser eintauchen zu lassen, den oberen Teil des Stieles, vor allem aber den Blattansatz peinlich trocken zu halten. Die Öffnung des Gläschens ist also nach Einfüllen oder auch dem Nachfüllen von Wasser sorgfältig abzutrocknen. Schon bald entsprießen dem Blattstiel Wurzeln, so daß das bewurzelte Blatt in Erde eingetopft oder in einen Hydrotopf eingepflanzt werden kann. Nach etwa einem Jahr ist die Jungpflanze so weit entwickelt, daß sie erste Blüten zeigt. Gleiches kann man mit Begonienblättern versuchen, falls man nicht einen Kopfsteckling bereitet. Begonienblätter bewurzeln sich aber auch, wenn man nur die Blattadern mit einem Messer durchtrennt, das Blatt flach auf Stecklingssubstrat legt, mit einem Steinchen beschwert, feucht hält und so lange Geduld aufbringt, bis sich an den Schnittstellen neue Pflänzchen entwickeln.

Die Blätter der Sansevierien, in etwa 5 cm lange Teilstücke zerschnitten und jeweils mit der unteren Schnittkante in Bewurzelungssubstrat eingesteckt, bilden ebenfalls willig Wurzeln und Triebe. Allerdings besitzen solcherart erhaltene Jungpflanzen der gelbgesäumten *Sansevieria 'laurentii'* danach keine gelben Kanten mehr. Sansevierien vermehrt man aber viel einfacher durch Teilung: Ein Ausläufer wird vom Wurzelstock der Mutterpflanze mit dem Messer abgetrennt, an der Schnittstelle mit Aktivkohle eingepudert und in einen eigenen Topf eingepflanzt.

Kakteenstecklinge

Sie entsprechen Kopfstecklingen, da man beispielsweise Kopfstücke der Säulenkakteen oder die obersten Sprosse von Opuntien dazu verwendet. Der Schnitt muß im ausgereiften, aber noch nicht verholzten Teil des Triebes mit einem scharfen Messer, keinesfalls mit den quetschenden Backen einer Schere erfolgen! Die Pflanze selbst soll sich zur Zeit der Stecklingsbereitung voll im Wachstum befinden, aber nicht Knospen oder gar Blüten zeigen.

Die saftigen Kakteenstecklinge benötigen längere Zeit, bevor die Schnittstelle abtrocknet. Im Gegensatz zu fast allen anderen Pflanzen müssen Stecklinge von Sukkulenten erst völlig abtrocknen und an der Schnittstelle eine glatte Haut gebildet haben, bevor sie ohne Gefahr von Fäulnis gesteckt werden können. Diese Zeit muß man geduldig abwarten, selbst wenn es wie bei Säulenkakteen 4 oder mehr Wochen dauern sollte!

Bei großen Schnittflächen reicht der einfache, trennende Schnitt zur Stecklingsbereitung nicht aus. Der beim Abtrocknen schrumpfende Stecklingskörper wölbt sich an der Schnittstelle nach innen, und die Wurzeln würden daraufhin an den untersten Vegetationspunkten der Außenhaut und nicht aus dem zylindrischen Ring der Leitgefäße entspringen. Der Steckling wird deshalb von außen nach innen bis zum Leitbündelring konisch zugespitzt. Bei Blattkakteen darf für den Schnitt nicht die dünnste Stelle eines Triebes gewählt werden, weil sie eine breitere Wurzelbasis benötigen. Hier wird der Steckling mit drei Schnitten keilförmig zugerichtet.

Bevor die Kakteenstecklinge völlig abgetrocknet sind, dürfen sie mit der Schnittfläche den Boden nicht berühren. Man steckt sie deshalb zunächst in einen kleinen Tontopf, in dem sie an der Wand festklemmen, ohne daß die Schnittfläche am Grunde aufsitzt. Nun heißt es bis zum Abtrocknen warten, wobei Wärme, trockene Luft und Schatten hilfreiche Dienste leisten. Übereiltes Einpflanzen führt immer zu Fäulnis! Lieber warte man eine Woche zu lange, als daß auch nur einen Tag zu früh eingetopft wird. Ebenso wichtig ist die senkrechte Stellung der Stecklinge beim Abtrocknen. Nur so bilden sich die Wurzeln an der Schnittstelle, nicht aber an der gesamten Unterkante des eventuell liegenden Stecklings!

Vor dem Stecken kann man die nun abgetrockneten Schnittflächen in Bewurzelungspulver eintauchen oder mit Holzkohle bestäuben. Damit ist es möglich, die Wurzelbildung zu beschleunigen und Fäulnis vorzubeugen. Gesteckt wird in sehr sandige Kakteenerde oder in ein Substrat aus zwei Teilen körnigem Sand und einem Teil fein gesiebtem Torfmull. Kakteenstecklinge werden dabei nicht angegossen und im Halbschatten abgestellt. Größere Stecklinge stützt man mit Holzstäbchen.

Durch Nebeln oder teilweises Abdecken mit Folie wird für gespannte Luft gesorgt. Erst nach Tagen wird zunächst nur ganz vorsichtig gegossen, noch besser gesprüht, bis frischgrüne Färbung am Scheitel neueinsetzendes Wachstum und damit die vollzogene Wurzelbildung anzeigt. Stecklinge von großen Säulenkakteen geraten häufig nicht. Entweder faulen sie, weil man doch zu früh oder viel zu viel gießt, oder sie wachsen wie ein dünner Geiltrieb weiter, weil die im Verhältnis zum großen Pflanzenkörper schwachen Wurzeln den Steckling nicht optimal versorgen können.

Man nimmt einen alten Blumentopf von etwa doppeltem Durchmesser des Stecklings und schlägt den Boden heraus. In einen weiteren größeren Topf (von 4- bis 5fachem Durchmesser des Stecklings) wird nur etwa halbhoch Kakteenerde eingefüllt und mäßig angedrückt. Darauf setzt man den kleinen Innentopf ohne Boden und füllt 1 cm hoch mit feinem Torf vermischtes Kakteensubstrat auf. Abgedeckt wird mit einer wiederum 1 cm starken Schicht aus Kakteenerde, die anstelle mit Torf jetzt 1:1 mit grobem Sand oder Quarzkies vermischt ist. Als nächstes wird der mit einem Wuchsstoff behandelte Steckling eingestellt und ringsum mit Quarzkies (Körnung 6 bis 8 mm) aufgefüllt. Hier läuft das Wasser gut ab. Rings um den Innentopf wird Kakteenerde aufgefüllt. Wasser- und Nährstoffversorgung sind jetzt gesichert; Fäulnis wird trotz des Gießens mit größter Wahrscheinlichkeit vermieden. Falls man geeignetes Werkzeug zur Hand hat, ist es besser, statt den Boden herauszuschlagen, den Innentopf am Boden und am unteren Seitenrand nur mit großen Löchern zu versehen. Jedenfalls empfiehlt es H. A. Liechty so in Kakteen und andere Sukkulenten Heft 1/1981, an dessen Rat wir uns angelehnt haben.

Ableger

Bromelien, alle Zwiebelgewächse – wie Rittersterne, Valloten, Blutblumen, Westwindblumen, Jakobslilien, Meerzwiebeln –, aber auch Clivien und Agaven bilden Jungpflanzen aus, die seitlich neben der Mutterpflanze hervorsprießen. Man trennt sie erst dann ab, wenn sie eigene Wurzeln besitzen. Am besten geht das beim Umtopfen. Man kann aber auch ohne große Störung die Erde vorsichtig abtragen und die Abzweigungsstelle an der Mutterpflanze mit einem Messer durchtrennen. Dann wird wenigstens die Schnittstelle des Ablegers vorsichtshalber mit Aktivkohle eingepudert (um Fäulnis vorzubeugen) und die Jungpflanze anschließend eingepflanzt.

Kindel

Kugel- und Igelkakteen bilden (am Pflanzenkörper) gern Kindel, die bereits eigene Wurzeln besitzen und ganz leicht von der Mutterpflanze abzutrennen sind. Man topft sie gleich ein und pflegt sie auf normale Weise.

Bryophyllum bildet an den Blättern fertige Jungpflanzen mit Wurzeln aus. Sie fallen zur Erde und wachsen dort von allein weiter.

Judenbart streckt Jungpflanzen an langen Ausläufern über den Topfrand. Wartet man zu lange mit dem Eintopfen, dann fallen sie ab und versuchen «auf eigene Faust» ihr Glück. Leichter kann es einem die Natur wohl nicht mehr machen.

Teilung

Farne, Anthurien, Zypergras, Schlangenbart, Zierspargel, Schlachterpalme und – wie schon ausgeführt – Sansevierien vermehrt man am besten durch Teilen des Wurzelstokkes. Die Pflanzen werden aus dem Topf genommen, und der Wurzelstock wird zerteilt. Durch jeweiligen Wuchs und Wurzelbildung erkennt man in jedem Falle, wo das Messer am günstigsten anzusetzen ist.

Abmoosen

Es wird vom Laien nicht so sehr zur Vermehrung, vielmehr zur Verjüngung angewendet. Man kann sich z. B. Gummibaum, Drachenbaum, Dieffenbachia, Zimmerlinde, Zimmertanne oder Oleander verjüngen, wenn das blatttragende Oberteil auf gar zu kahlem Stamme sitzt. Unter dem Blätterschopf wird Sumpfmoos um den Stamm gepackt, mit einem Faden festgehalten und regelmäßig befeuchtet. Vor dem Austrocknen schützt eine Hülle aus Plastfolie. Nach einiger Zeit sprießen Wurzeln in das Sumpfmoos; dann kann der Oberteil der Pflanze vom unteren Teil getrennt werden. Der kahle Stamm treibt aus den schlafenden Augen meist erneut aus; diese Triebe lassen sich gut zur Stecklingsvermehrung verwenden. Wichtig ist, das richtige Moos zu verwenden. Trockenes Weißmoos aus dem Walde geht nicht. Am besten geeignet ist das lockere Torfmoos (Spaghum) aus stehenden Gewässern, Quellsümpfen oder Mooren, das mit Wasser vollgesogen wie ein Schwamm um die Stengel gelegt werden kann und im Gegensatz zu anderen Moosen nicht fault. Bilden sich wider Erwarten keine Wurzeln, dann wird der Moosballen entfernt, die künftige Trennstelle zur Hälfte eingeschnitten und ein ausgekochtes Steinchen eingeklemmt, damit sich die Wunde nicht wieder verschließen kann. Danach befestigt man den Torfmoosballen wieder und versucht es mit dem Abmoosen noch einmal.

Krankheiten
und Schädlinge

Wir kommen zum unangenehmsten Kapitel der Pflanzenpflege. Das Leben hat auf unserer Erde auch eine Unmenge von Krankheitserregern und Parasiten hervorgebracht, so daß wir auch bei unseren Zimmerpflanzen helfend eingreifen müssen, wenn sie sich tierischer und pflanzlicher Schadorganismen zu erwehren haben.

Wir beschreiben zuerst die mikrobiellen Krankheitserreger und danach die tierischen Parasiten. Gegen die ersteren ist meistens «kein Kraut gewachsen», es gilt aber, den Bestand gesund zu erhalten oder die bis dahin gesunde Pflanze vor Ansteckung zu bewahren. Die meisten tierischen Schädlinge, wie Blattläuse, Schwarze und Weiße Fliegen, Milben und Asseln, kann man dagegen gut bekämpfen, wenn unsere Ratschläge aufmerksam befolgt werden.

Pflanzliche Schaderreger

Wurzelfäule

Wenn die Blätter einer Zimmerpflanze erschlaffen und die gesamte Pflanze welkt, ohne daß an den oberirdischen Pflanzenteilen Anzeichen einer Pilzinfektion oder tierischer Schaderreger zu erkennen sind, muß die Pflanze ausgetopft und der Wurzelballen geprüft werden. Meist liegt Fäulnis eines mehr oder weniger großen Teiles des Wurzelwerkes oder Wurzelstockes vor. Hier hilft nur, mit einem scharfen Messer einen Rückschnitt bis zum festen, unverfärbten Gewebe vorzunehmen. Die weitere Behandlung entspricht sinngemäß der eines Stecklings. Wurzelfäule wird meist durch stauende Nässe hervorgerufen, seltener allein durch Bakterien verursacht. Sie kann ihren Anfang auch in Wurzelschäden nehmen, wie sie beim Umtopfen vorkommen können. Pflanzen aus den Tropen brauchen auch in unserem Winter Wärme. Sinkt die Temperatur unter 8 °C, muß ebenfalls mit Wurzelfäulnis gerechnet werden.

Die behandelte Pflanze wird in einen neuen Topf mit neuer, sandiger Erde verpflanzt. Als Standort wählt man einen hellen, aber nicht sonnigen Platz. Die Erde darf nur mäßig feucht gehalten werden, und auch in Zukunft ist vorsichtiger und maßvoller als bisher zu gießen. An warmen Tagen kann mit einem Zerstäuber genebelt oder gesprüht werden, auf keinen Fall darf man sofort wieder düngen. Entdecken wir beim Umtopfen Regenwürmer oder Insekten, werden sie selbstverständlich entfernt. Auch sie können zumindest das Welken der Pflanze verschuldet haben.

Stengelfäule

Wenn Stengelgrund und Wurzelhals zunächst verfärbt sind und später faulig werden, handelt es sich um Befall durch niedere Pilze, deren lockeres Gewebe (Myzel) im Inneren der Pflanze meist schon ganze Arbeit geleistet hat. Die einzige Möglichkeit der Behandlung besteht im sofortigen Herrichten von Stecklingen, die jedoch nur aus gesunden Trieben geschnitten werden dürfen. Der Rest der Pflanze ist zu vernichten. Stehen Pflanzen aus den Tropen im Winter zu kühl, können sie ähnlichen Schaden nehmen. Man suche dann nicht nach eventuellem Pilzmyzel, sondern nach einem geeigneten Standort.

Pilzinfektion der Blätter

Entsteht auf den Blättern einer sonst kräftigen Pflanze plötzlich ein mehlartiger Belag oder erscheinen engbegrenzte, schwarze, bräunliche oder rote Flecken, sind die Pflanzen von pilzlichen Krankheitserregern befallen. Im Anfangsstadium der Krankheit hilft noch radikales Abschneiden der befallenen Pflanzenteile, später nur unverzügliches Vernichten der ganzen Pflanze, bevor die Erreger auch Nachbarpflanzen anstecken. Man könnte zwar vorbeugend das Keimen der Pilzsporen unterbinden, aber die Bekämpfung der bereits erfolgten Infektion ist meist nicht möglich.

Rittersterne werden gern vom Roten Brenner befallen. Er verrät seine Anwesenheit durch intensiv rote, eingesunkene Flecken auf den Blättern und den Zwiebelschalen. Im Anfangsstadium bekämpft man ihn mit einer Lösung von Jod in Propylalkohol (= Optal, aus der Apotheke zu beziehen. Es wird so viel Jod darin aufgelöst, bis der Alkohol braun gefärbt ist). Diese Lösung pinselt man auf die Brennflecken. Im fortgeschrittenen Stadium hilft nur Vernichten der befallenen Blätter. Die Sporen des Roten Brenners keimen bevorzugt auf feuchten Blättern. Das Nebeln oder Sprühen wird deshalb abgesetzt und die Pflanze an einen trockenen Standort gebracht.

Tierische Schaderreger

Leider ist mit dem Auftreten von tierischen Schädlingen immer zu rechnen. Blattläuse und Milben kommen praktisch überall vor, und auch andere Schädlinge wird man erkennen, wenn eine etwa 6- bis 10fach vergrößernde Lupe verwendet wird. Besitzer von Fotogerät können dazu auch das Normalobjektiv von 50 mm Brennweite verwenden, sofern die betreffende Kamera mit Wechseloptik ausgerüstet ist.

Die Bekämpfung der im folgenden genannten Schädlinge erfolgt mit Pflanzenschutzmitteln, die auch für Menschen und Haustiere giftig sind. Sie müssen genau nach der Gebrauchsanweisung angewendet werden, keinesfalls aber nach der Methode «viel hilft viel»! Pflanzenschutzmittel sind nur in der Originalpackung oder in eindeutig gekennzeichneten Behältern und vor dem Zugriff von Kindern geschützt aufzubewahren.

In der Regel wiederholt man die Behandlung nach 10 Tagen, um auch die Nachkommen der Schädlinge zu vernichten. Nur bei Spinnmilben sind zwei Wiederholungen notwendig.

Für die Zimmergärtnerei werden von der Industrie jeweils die erfolgversprechenden neuesten Mittel in Spraydosen angeboten. Sie enthalten meistens folgende Wirkstoffkomponenten:

1. einen Wirkstoff, der von der Pflanze aufgenommen und mit dem Pflanzensaft verbreitet wird. Diese Wirkstoffe sind meist nur einige Tage in der Pflanze beständig, erreichen aber alle auch an versteckten Stellen sitzenden Schädlinge.

2. eine langlebigere Komponente, die auf der Pflanze haften bleibt und z. B. frisch aus Eiern schlüpfende Nachkommen tötet oder später zufliegende Schädlinge mit erfaßt.

3. ein spezielles Milbengift, falls 1. oder 2. dafür nicht zuständig sind.

Vor einer Behandlung sind alle Stubenvögel, Terrarientiere, Aquarienfische, Zuchten von Schmetterlingen oder was sonst auch immer der Naturfreund in seinen vier Wänden hält und pflegt, aus dem betreffenden Raum zu entfernen oder die Pflanzen an anderer Stelle zu behandeln. Speisen müssen abgedeckt werden, und die Gebrauchsanweisung ist lieber einmal mehr als zu wenig durchzulesen.

Zur Bestimmungshilfe benutzten wir folgende Einteilung (vgl. Abbildungen Seite 240):

1. Mißwuchs, Stauchungen oder Kräuselungen von Trieben und Blättern, bei den Blättern häufig auch mit Verfär-bungen verbunden, zeigen Blattlaus-, Gallmilben-, Weichhautmilben-, Nematoden- oder Virusbefall an. Die verkrüppelten Pflanzenteile werden abgeschnitten und vernichtet. Erscheinen die gleichen Krankheitssymptome trotz Behandlung mit Pflanzenschutzmitteln wieder, ist die gesamte Pflanze zu vernichten; denn Gallmilben oder Nematodenbefall ist nur sehr schwer, Virusbefall gar nicht zu behandeln.

Bei Kakteen kann stockendes Wachstum von Wurzelnematoden hervorgerufen werden. Die derzeit auf dem Markt befindlichen Mittel gegen Nematoden sind extrem giftig, dürfen nicht in Wohnräumen angewendet werden und sind nur streng nach Gebrauchsanweisung zu verwenden! Hier muß die eigene Gesundheit an erster Stelle stehen!

2. Springschwänze leben in der obersten Erdschicht. Falls wir versehentlich einmal zu viel gegossen haben, erscheinen sie an der Oberfläche und hüpfen mit ihrer Springgabel auf merkwürdige Art durcheinander. Sie fressen zarte Pflanzenteile an. Wir sprühen das Bekämpfungsmittel direkt auf die Erdoberfläche des betreffenden Blumentopfes.

3. Blattläuse sind zweifellos die häufigsten Pflanzenschädlinge. Die geflügelten Exemplare sind im Sommer allgegenwärtig und vermögen auf geeigneten Wirtspflanzen Tochterkolonien zu gründen. Glücklicherweise sind sie leicht zu bekämpfen. Weil sie lebende Junge zur Welt bringen, genügt sogar eine einmalige Behandlung. Aber im Sommer kommt es oft zu neuerlichem Befall.

4. Schildläuse sind unauffällige Tiere. Unter braunen, runden oder kommaförmigen Chitinschilden verbergen sich festsitzende, unbewegliche Insekten. Nachdem die Larven einen zusagenden Platz gefunden haben, saugen sie sich häufig längs der Mittelrippe der Blätter, gern auch an stabileren, verholzenden Pflanzenteilen fest. Wenn man sie endlich entdeckt, sitzen sie meist schon dicht beieinander. Wer nicht bei jeder Kleinigkeit mit Gift sprühen möchte, kann Schildläuse auch mit einer Bürste abfegen, wenn es wenige sind, auch mit einer Nadel lösen oder mit Optal betupfen. In den folgenden Wochen muß man das Auftreten dieser Schädlinge aufmerksam verfolgen und, wenn es nottut, eben doch zu Pflanzenschutzmitteln greifen.

5. Woll- und Schmierläuse verraten sich durch ihren hellen bis weißlichen Wachsüberzug, durch Wachsfäden oder Wachswolle, mit denen der Rücken ihres Körpers bedeckt ist. Hartlaubgewächse, vor allem aber Kakteen, sind am häufigsten von diesen bis 5 mm großen Insekten befallen. Auch hier kann man, wenn es sich nur um einige Exemplare han-

delt, die Tiere absammeln oder mit einem in Optal getauchten Pinsel betupfen. Das altertümlich anmutende «Optalverfahren» führen wir deshalb an, weil Woll- und Schildläuse einer Insektizidbehandlung häufig widerstehen.

6. «Weiße Fliegen» sind kleine Insekten, die mit den richtigen Fliegen nicht verwandt sind. Stößt man an eine von ihnen befallene Pflanze, dann erhebt sich kurzzeitig eine weiße Wolke dieser winzigen fliegenähnlichen Insekten, die alle schnell wieder unter den Blättern ihrer Wirtspflanze verschwinden. Bei so starkem Befall ist es allerdings höchste Zeit zur Bekämpfung; sie kann nur mit Insektizidspray vorgenommen werden.

7. Auch die «Schwarzen Fliegen» sind winzige Insekten mit saugenden Mundwerkzeugen. Wegen ihrer besonderen Merkmale heißen sie auch Blasenfüße oder Fransenflügler. Im Sommer sitzen die schwarzen Schädlinge in Mengen vornehmlich auf oder in gelben Blüten, belästigen uns bei Gewitterstimmung («Gewitterwürmchen») und schädigen durch ihre Saugtätigkeit auch noch unsere Zimmer- bzw. Balkonpflanzen. Die befallenen Blätter erhalten zunächst gelbliche Flecken, welken und fallen schließlich ab. Auch hier helfen nur die chemischen Bekämpfungsmittel.

8. Spinnmilben gehören zu den Spinnentieren. Sie sind die unangenehmsten Schädlinge aus der großen Verwandtschaft der Chitinskelettiere. Es sind winzige Parasiten, die Pflanzenzellen aussaugen. Sie halten sich in Gespinsten auf, mit denen sie die befallenen Pflanzen (anfangs nur an den Blattunterseiten) wie mit einem Hauch aus Seide überziehen. Die Blätter vergilben als Folge des Saugens. Eine häufige rote Art, die «Rote Spinne», befällt im Sommer gern die auf dem Balkon untergebrachten Pflanzen. An den Gespinsten kann man sie immer wieder sicher erkennen, muß aber auch unverzüglich mit der Bekämpfung beginnen, die im Abstand von jeweils 10 Tagen noch mindestens zweimal zu wiederholen ist. Beim Kauf des Pflanzenschutzmittels achte man darauf, daß die Wirksamkeit gegen Spinnmilben ausdrücklich garantiert wird. Andernfalls würden wir allein die Feinde der Spinnmilben unter den nützlichen Insekten töten und das Milbenübel nur verschlimmern!

9. Kellerasseln kommen nur gelegentlich als Schädlinge an Zimmerpflanzen vor. Am ehesten befallen sie Kakteen im Frühbeetkasten, vielleicht auch einmal im Keller überwinternde Pflanzen. Wenn man Fraßspuren an Pflanzen gar nicht anders zu deuten weiß, dann sollte man an Asseln denken. Man lege am Abend halbierte Kartoffeln aus und sammle die daruntersitzenden Asseln am nächsten Morgen ab. Das wird so lange wiederholt, bis alle Kellerasseln weggefangen sind.

10. Auch Schnecken sind nur gelegentliche Schädlinge an Zimmerpflanzen. Man erkennt ihre Anwesenheit an den glänzenden Schleimspuren, die sie beim Kriechen hinterlassen. Im Bedarfsfall streut man eins der chemischen Präparate auf die Erde, oder man ködert die Schnecken mit Bier, das in flachen Schalen oder Untertassen am Abend angeboten wird. Am nächsten Morgen sind die betäubten Schnecken einzusammeln.

Wer Spritzmittel gegen Blattläuse oder andere Schadinsekten in Wasser ansetzt, kann damit die befallenen Pflanzen gießen und zugleich eventuell vorhandenen Regenwürmern mit auf die Schliche kommen.

Leider ließe sich die Liste noch fortsetzen. Die häufigsten Schädlinge wurden jedoch berücksichtigt. Sollte man aber zwischen den Beschreibungen und eventuell vorgefundenen Tieren gar keine Ähnlichkeit entdecken können, dann wende man sich vertrauensvoll an das nächste Pflanzenschutzamt.

Da mit dem sich mehr und mehr entwickelnden Pflanzenaustausch auch die Eier oder Larven von Tieren aus aller Welt in alle Welt verfrachtet werden, könnte als letzte Instanz aber auch der Zoologische Garten in Frage kommen! Das spektakulärste Ereignis der Vergangenheit war wohl die Verschleppung von tropischen Landplanarien in europäische Gewächshäuser. Die bis zu 30 cm langen, längsgestreiften, schlangenähnlichen Tiere mit teils dreieckigen Köpfen haben viel Aufregung verursacht, obwohl sie als Spezialisten für den Fang von Ringel- und Regenwürmern sogar nützliche Einmieter in Gewächshäusern wären. In der trockenen Luft der Wohnräume sind sie jedoch immer zum Tode durch Austrocknen verurteilt.

Üppiges Pflanzenleben in einer ferngeheizten Wohnung

Ein Korb mit 60 Zentimeter Durchmesser wird mit Folie abgedichtet und mit handelsüblicher Blumenerde gefüllt. Darin frei ausgepflanzt gedeihen eine hoch aufragende Bergpalme *(Chamaedórea élegans)*, Zimmerhafer *(Billbérgia nútans)*, Grünlilie *(Chlorophýtum comósum)*, Fingeraralie *(Dizygothéca elegantíssima)* und Pfeffergesicht *(Peperómia obtusifólia)*.

In dieses Standardsortiment werden je nach jahreszeitlichem Angebot Blütenpflanzen in Töpfen eingesenkt. Sichtbar ist eine Lanzenrosette *(Áechmea fasciáta)*, während Leuchterblume *(Ceropégia stapeliifórmis)* und Usambaraveilchen *(Saintpaúlia ionántha)* auf der abgewandten Seite stehen. Osterkakteen *(Rhipsalidópsis gáertneri)*, Tibetorchideen *(Pleióne spp.)*, Flamingoblumen *(Anthúrium-Hybriden)* und andere vergänglichere Blütenpflanzen ergänzen zu anderer Jahreszeit das Pflanzenarrangement.

Das Geheimnis des Erfolges liegt in dem relativ großen, mit Erde gefüllten Blumenkorb begründet, der den Pflanzen ein viel günstigeres Mikroklima bietet, als es bei freiem Stand auf dem Fensterbrett möglich wäre.

Agave

Agáve victóriae-regínae
A. parviflóra

Palmlilie

Yúcca elephántipes

Nur die hier angeführten kleinwüchsigen Agavenarten sind für die Haltung im Zimmer geeignet. Neuerdings aber erfreuen sich die Palmlilien mit ihren dicken Stammstücken als dekorative Blattpflanzen großer Beliebtheit.

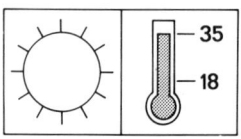

Agaven benötigen im Sommer einen sonnigen Stand am Südfenster, während Palmlilien auch Schatten tolerieren.

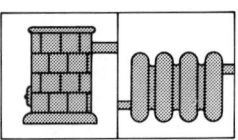

Die Art der Heizung spielt keine Rolle, wenn für Agaven im Winter eine Temperatur unter 10 °C eingehalten werden kann. Palmlilien vertragen auch einen warmen Winterstand.

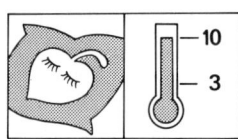

Eine kühle Veranda, ein Treppenhaus oder ein Keller dienen als Winterquartier in der lichtarmen Jahreszeit. Dabei darf so gut wie nicht gegossen werden. Palmlilien bleiben am gewohnten Stand.

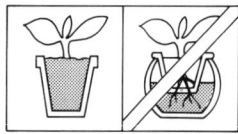

Für Agaven kommt nur Haltung in Kakteenerde in Betracht, während Yucca auch in Blumenerde gut gedeiht.

In der Sommersonne ist reichlich zu gießen, Agaven am besten aber gar nicht düngen. Andernfalls wachsen sie im Zimmer schnell zu unhandlicher Größe heran.

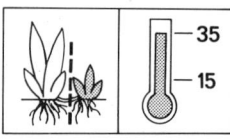

Vermehrt wird durch Tochterpflanzen, die bei älteren Pflanzen willig hervorsprossen. Stammstücke von Palmlilien können jedoch nur im Handel erworben werden.

Die Heimat der Agaven und Palmlilien ist das heiße Mittelamerika. In Mexiko werden Agaven auf riesigen Feldern zur Gewinnung von Fasern (Sisal) und zur Herstellung von Pulque, dem starken mexikanischen Bier, angebaut. Agaven und Yucca besitzen einen scharfen und schmerzhaft stechenden Enddorn an den Blattspitzen. Den Hauptschmuck bildet die dekorative Pflanzenerscheinung, während respektable Blütenstände nur unmittelbar vor dem Tod der Mutterpflanze getrieben werden.

Nur wenige Agavenarten eignen sich für die Pflege im Zimmer; andere Arten lassen sich in magerer, sandiger Lehmerde einige Jahre im Zimmer halten.

Agáve victóriae-regínae: Ihre Blätter sind nur 10 bis 15 cm lang, dunkelgrün mit weißer Streifenzeichnung. Die Blattspitzen tragen kurze, aber spitze Enddorne. Sie gilt als die schönste Agave und wurde sicherlich nicht ohne Grund nach der englischen Königin Victoria benannt. Sie soll im Winter nicht unter 10 °C stehen.

Agáve parviflóra: Sie trägt 10 cm lange, etwa 1 cm breite Blätter, ebenfalls mit weißer Streifenzeichnung, aber weißfädigem Schmuck an den Blattenden.

Palmlilien im traditionellen Sinne sind als Zimmerpflanzen generell zu groß. Sie bilden im Alter einen baumartigen, holzigen Stamm, dem der Blattschopf bald wie bei einer Palme aufsitzt. In neuer Zeit sind aber unter dem Namen Palmlilie jene Stämme modern geworden, die, in feuchte Erde oder in Wasser gestellt, bald Wurzeln und dicke grüne Blattschöpfe treiben. Hier handelt es sich um Stammstücke der Riesenpalmlilie *Yúcca elephántipes* – der exotischen Schwester unserer stammlosen Gartenyucca. Die Ursache ihrer Karriere ist in der Eigenheit zu suchen, aus dem Stamm auszutreiben, wenn Wurzeln und Blattschopf abgetrennt wurden. Gleichzeitig ist *Yúcca elephántipes* unglaublich robust. Die Pflanzen können wochenlang trocken stehen, vertragen Sonne wie Schatten, feuchte wie trockene Luft, müssen jedoch im Winter, je kühler sie stehen, auch um so trockener gehalten werden.

Die Beschäftigung mit den Palmlilien wäre nur halb so aufregend, wenn nicht auch Stammstücke einiger Drachenbäume (siehe folgende Pflanzenbeschreibung) aus dem Holze Blattschöpfe treiben würden. Da sich die Stammstücke ähneln, werden sie leicht miteinander verwechselt. Drachenbäume sind aber viel empfindlicher, brauchen feuchtere Luft und regelmäßiger Wasser.

Palmlilie, *Yúcca elephántipes,* und
Schlingender Drachenbaum, *Dracáena godseffiána*

Drachenbaum
Keulenlilie

Dracaéna spp.

Cordylíne fruticósa

Die meisten hier zusammengefaßten Arten tragen dekorative Blattschöpfe auf mehr oder weniger ausgeprägtem Stamm. Der Name Palmlilie wird deshalb auch für diese Zimmerpflanzen gebraucht.

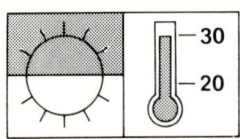
Die meisten Arten gedeihen bei halbschattigem Stand, höherer Luftfeuchte und bei Temperaturen über 20 °C am besten, ausgenommen die widerstandsfähigeren Arten von den Kanarischen Inseln.

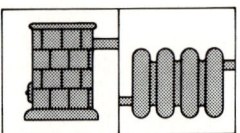
Die neueren Züchtungen sind bedingt auch für die Haltung im modernen Raumklima geeignet. Viele der tropischen Arten gedeihen jedoch nur im Blumenfenster.

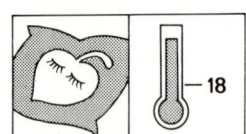
Die tropischen Arten benötigen auch im Winter Wärme. Nur *Dracaéna frágrans* 'Rothiana' und *D. dráco* begnügen sich mit einem frostfreien Winterquartier.

Bei der Haltung in zentral- oder ferngeheizten Räumen ist Hydrokultur anzuraten – Nährsalzkonzentration 0,1 %. Für Erdkultur ist Blumenerde, mit Kakteenerde gemischt (1:1), zu verwenden.

Regelmäßiges Gießen und Düngen sind Voraussetzungen für gleichmäßigen Wuchs und erfolgreiche Haltung in Wohn- und Büroräumen.

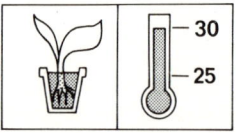
Vermehrung durch Kopf- und Stammstecklinge bei hoher Bodenwärme und gleichmäßiger Feuchtigkeit möglichst in einem Substrat aus gehacktem Torfmoos, Torf und Sand.

Der griechische Name drakon = Drache hat bei der Namensgebung der Gattung Dracaena Pate gestanden, weil der rote Pflanzensaft einiger Arten gesammelt, getrocknet und als Drachenblut in der Malerei, zur Herstellung von Goldlack, zum Anfärben von Firnis und zum Rotfärben von Marmor auch heute noch verwendet wird. Der Name Palmlilie gilt dagegen dem gesamten Pflanzenhabitus, wie wir bereits bei Yucca anführten. Die ganz ähnlichen dicht beblätterten Cordylinen erhielten ihren Namen Keulenlilien nach dem verdickten Stammfuß älterer Pflanzen, denn griechisch «kordyle» ist mit «Kolben oder Keule» zu übersetzen. Wegen des gleichen Erscheinungsbildes werden nicht nur die beblätterten Stammstücke von Yucca- und Dracaena-Palmlilien, sondern auch die normalgestalteten Drachenbäume mit den Keulenlilien leicht verwechselt. Spätestens beim Umtopfen kann man jedoch Keulenlilien mit ihren dicken, weißen Wurzeln von den Drachenbäumen mit dünnen, gelben bis gelborangefarbenen Wurzeln gut unterscheiden. Folgende Arten werden in den Zimmern gern gepflegt:

Dracaéna dráco und *Dracaéna frágrans* (vor allem die Varietät 'Rothiana') sind die härtesten Vertreter; sie kommen bei halbschattigem Stand im Sommer auch im Freien fort, begnügen sich vor allem mit weniger Wärme und im Winter mit einem hellen, frostfreien Raum. Beide Arten bilden im Laufe der Jahre einen regelrechten Stamm, dem ein dichter Schopf grüner, elegant gebogener, bis 80 cm langer, 12 cm breiter Blätter aufsitzt. Ältere Pflanzen werden gern zur Dekoration verwendet. Zu hoch gewachsene Exemplare kann man abmoosen und den Rest des Stammes in der Art moderner Palmlilienstümpfe wieder beblättern lassen.

Für beide Arten ist Erdkultur in einer Mischung aus Lehm, Lauberde und Sand angebracht. Normale Blumenerde und Kakteenerde zu gleichen Teilen gemischt, erfüllt ihren Zweck aber auch. Gegossen wird bei heißem Sommerwetter reichlich, im Winter dagegen nur so viel, daß der Ballen nicht völlig austrocknet. In der heißen Jahreszeit soll man Drachenbäume abends gelegentlich überbrausen oder in den warmen Sommerregen stellen.

Drachenbaum, *Dracaéna dereménsis*

Die folgenden kleineren und handlicheren Arten stammen allesamt aus tropischen Regionen. Sie benötigen deshalb höhere, vor allem gleichmäßigere Wärme zu gutem Gedeihen, verlangen ganzjährig einen Platz im Zimmer, und im modernen Wohnraumklima ist die Haltung in Hydrogefäßen erforderlich:

Dracaēna deremēnsis ist die vom Handel am häufigsten angebotene und darum in den Wohnräumen am meisten verbreitete Drachenbaumart. Sie stammt aus dem tropischen Afrika und wird am heimatlichen Standort als Strauch 3 bis 5 m hoch. In Zimmerkultur bleibt *Dracaēna deremēnsis* wesentlich kleiner, wenn auch die Blätter mindestens 30 cm Länge bei 5 cm Breite erreichen. Verbreitet sind vor allem die beiden Varietäten 'Bausei', deren Blätter breite weiße Mittelstreifen besitzen, und 'Warneckii', bei deren Blättern der grünlich-rahmweiße Mittelstreifen beiderseits von einer schmalen weißen Zone und außen von grünen Rändern flankiert wird. Die Blätter sind an einem schwachen Stämmchen regelmäßig verteilt, nicht aber als Schopf ausgebildet. Die Pflanzen sehen sehr dekorativ aus und schmücken jede moderne Wohnung.

Dracaēna frágrans erreicht weit größere Ausmaße als *D. deremēnsis*, muß mit den Varietäten 'Lindenii' (gelbweiß gesäumte Blätter) und 'Massangeana' (goldgelb gestreifte Blätter) jedoch unter die wärme- und feuchtigkeitsbedürftigen Arten eingereiht werden. In der Wuchsform entsprechen beide der vorstehend beschriebenen *D. frágrans* 'Rothiana', werden ihrer unhandlicheren Größe wegen jedoch nicht häufig in den Wohnungen gepflegt, wohl aber als Stammstücke nach Art der modernen Palmlilien angeboten.

Dracaēna sanderiána ist an schlanken Stämmchen viel weitläufiger beblättert. Die bis 15 cm langen, lanzettlichen, gebogenen Blätter sind auf grünem Grunde weiß und silbergrau gestreift. Drei Pflanzen in einem Topf bringen diese reizvolle Art erst so recht zur Geltung, jedoch ist die Haltung in einer Pflanzenvitrine anzuraten.

Dracaēna goldieána zählt ebenfalls zu den empfindlicheren Pflanzen, deren Haltung nur in einer Vitrine gelingen wird. Das Stämmchen trägt in größeren Abständen fleischige, auf glänzend grünem Grunde rahmweiß gebänderte Blätter. Sie werden wie bei einem Gummibaum 15 bis 20 cm lang und 10 bis 12 cm breit. *D. goldieána* gilt als eines der schönsten Drachenbäumchen, ist wegen seiner Empfindlichkeit jedoch nur selten anzutreffen.

Dracaēna refléxa ist ein stammloser «Drachenbusch», der einen hübschen Strauch gelbgrün gestreifter Blätter hervorbringt und ebenfalls als Zimmerpflanze empfohlen werden kann.

Dracaēna godseffiána weicht von der üblichen Form der stämmchenbildenden bzw. strauchigen Dracaenen völlig ab. An ihren biegsamen, dünnen Trieben stehen eirunde, zugespitzte Blätter meistens zu dritt beisammen. Sie sind auf dunkelgrünem Grunde rahmfarben gefleckt; bei der langsamer wachsenden Varietät ‚Florida Beauty' überwiegen die gelblichweißen Flecken. Beide eignen sich ausgezeichnet als Zimmerschmuck (Foto Seite 35).

Cordylíne fruticósa (= *C. terminális* der älteren Literatur) ist im Zimmerpflanzenangebot der einzige Vertreter der Keulenlilien. Wie die Drachenbäume sind sie reine Blattpflanzen. Sie benötigen gleichmäßige hohe Wärme und Luftfeuchtigkeit zu gutem Gedeihen und sollten deshalb vor allem in Pflanzenvitrinen bei halbschattigem Stand gepflegt werden. Der Name Keulenlilien gründet sich auf den bei älteren Pflanzen keulenförmig verdickten Stammfuß. In der Zimmerkultur kommt dieses Merkmal bei den relativ jungen Pflanzen nicht zur Geltung. Aber der flammende Farbenschmuck der Blätter gibt den Cordylinen eine ganz besondere, unverwechselbare Note; das bunte Farbenspiel wird nur noch von den Wundersträuchern *(Codiāēum)* übertroffen. Leider sind sie beide gleichermaßen heikle Pfleglinge, die weder Lufttrockenheit noch niedrige Temperaturen vertragen.

Noch ein Wort zu den Palmlilien: Die unbewurzelten, unbelaubten, also völlig kahlen Stämme von Yucca und mehreren Dracaena-Arten werden aus Mittelamerika und Florida in Europa eingeflogen. Nach einer nur kurzen Gastrolle von etwa 4 Monaten in unseren Gärtnereien werden dann bewurzelte und belaubte Pflanzen von 0,50 bis zu 2 m Höhe verkauft. Humorvolle Spötter bemerken dazu, daß weniger gärtnerische Kenntnisse als der Besitz einer Kreissäge zur Kultur der Palmlilien nötig seien. Aber obwohl diese «Knüppel» zu Beginn der Kultur ganz und gar ungewohnt wirken, haben sich vor allem die Yucca-Palmlilien aufgrund ihrer geradezu unglaublichen Anspruchslosigkeit als Zimmer- und Dekorationspflanzen durchgesetzt. Unser Foto belegt, daß die kurzen Stammstücke mit ihren Blattschöpfen durchaus ein gutes Bild abgeben können (vgl. Yucca, Seite 35).

Keulenlilie, *Cordylíne fruticósa*

Sansevierie

Bogenhanf   *Sanseviéria spp.*

Sansevierien sind gleich den Yucca-Palmlilien überaus harte und genügsame Zimmerpflanzen, die vor allem in lufttrockenen und warmen Wohn- und Arbeitsräumen häufig genug den einzig möglichen Pflanzenschmuck darstellen.

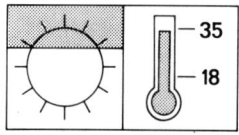

Sansevierien gedeihen bei einem halbschattigen Stand zur vollsten Zufriedenheit, wenn nur ein Mindestmaß an Wärme geboten wird.

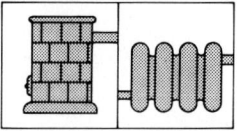

Die Widerstandsfähigkeit gegenüber Lufttrockenheit macht Sansevierien zu idealen Pflanzen für das moderne Klima in Wohn- und Büroräumen.

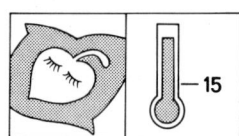

In der lichtarmen Jahreszeit darf bei Temperaturen unter 22 °C kaum noch und bei Temperaturen um 15 °C überhaupt nicht mehr gegossen werden!

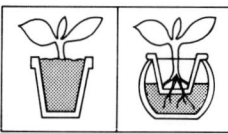

Die Erde muß sandig-durchlässig sein, z. B. Rasenerde, Lauberde, mürber Lehm und Sand (2:2:1:1), darf aber keinen Torf enthalten! Hydrokultur lohnt nur bei ständigen Temperaturen über 22 °C.

Der Wasserbedarf ist gering, selbst im Sommer sparsam gießen, im Winter bei Temperaturen unter 18 °C am besten gar nicht mehr. Im April, Mai und Juni je einmal mit Nährsalzlösung (1 g/l) düngen.

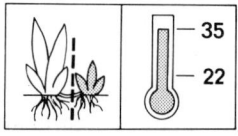

Sansevierien bilden leicht Wurzelschößlinge, die im Frühjahr mit scharfem Schnitt abgetrennt und zum Einwurzeln und Anwachsen warm gestellt werden müssen (zur Vermehrung aus Blattabschnitten s. Seite 27).

Sansevierien sind Lebenskünstler. Lufttrockenheit und Staub, hohe Temperaturen, Sonne wie Halbschatten, schlechte Pflege durch die Urlaubsvertretung, langes Ausharren in zu kleinen Töpfen, ja sogar völlige Ballentrockenheit, das alles vertragen Sansevierien!

Nur wenn sie bei kühlem Stand gegossen werden, beendet Fäulnis ihr zähes Leben.

Sie gedeihen bereits bei halbschattigem Stand, während man in voller Sonne unmittelbar hinter der Fensterscheibe mit Brennflecken rechnen muß. Sansevierien stammen aus periodisch trockenen Gebieten in Afrika, Indien, Madagaskar und Sri Lanka (Ceylon). Die dort erworbene Härte und Widerstandsfähigkeit gegenüber ungünstigen Lebensbedingungen machen sie zu idealen Zimmerpflanzen unserer Tage. Ursprünglich dienten sie den Menschen als Faserpflanzen. Sie lieferten ein so haltbares Material, daß sogar Bogensehnen (daher der Name Bogenhanf) daraus gearbeitet wurden.

Sanseviéria trifasciáta ist die am meisten verbreitete Art mit langen schwertförmigen, graugrün bis silbergrau gebänderten Blättern. Die Kulturform 'Silbersee' trägt silbergrau überzogene Blätter mit kaum noch erkennbarer Bänderung. 'Laurentii' besitzt auffällige gelbe Blattkanten, 'Craigii' wächst wegen Chlorophyllmangels langsamer und steht im Wuchs hinter der Stammform zurück. 'Hahnii' bleibt niedrig und wächst rosettenförmig, 'Hahnii aurea' ist wegen Chlorophyllmangels im Reigen der sonst recht ansehnlichen Sansevierien ein zartes Gewächs. Sie darf ebenso wie die bromelienförmige Ausgangsform 'Hahnii' niemals in die Blattrosette gegossen werden.

Sanseviéria arboréscens zeigt ein gänzlich anderes Bild: Von einem Stämmchen ragen waagerecht ringsum schmale derbe Blätter ab. *S. pinguícola* besitzt dagegen kahnförmige und *S. grándis* große ohrenförmige Blätter.

Sanseviéria cylíndrica und *S. singuláris* sind die beiden Arten mit drehrunden Blättern. Während *S. cylíndrica* aber noch mehrere Blätter ausbildet, besteht *S. singuláris* nur aus einem einzigen überdimensionalen Blatt, das wie eine Säule hoch aufragt.

Diesen bizarren Gestalten schließen sich *Sanseviéria kírkii,* die einer übergroßen Gasterie ähnelt, und *S. robústa* an, die mit einer zweizeiligen Agave verglichen werden kann.

Sanseviéria grándis gedeiht am besten hängend in Schalen oder Körben, aus denen sich die herabwachsenden Triebe mit den rotgerandeten Blättern ungestört entfalten.

Bogenhanf, *Sanseviéria aubrytiána,* mit kompakten, büschelförmigen Blütenständen

Clivie

Riemenblatt *Clívia miniáta*

Altbekannte, dankbare, ansehnliche und unverwüstliche Blüten- wie Blattpflanze aus der Zeit unserer Urgroßeltern, die sich zum Nachwinter mit einer prächtigen Dolde aus einer Vielzahl orangeroter Einzelblüten schmückt.

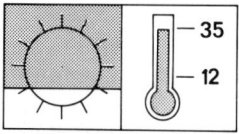

Mindestens Halbschatten gewähren und stets die heiße Mittagssonne abschirmen. Die Blätter verbrennen bei zu sonnigem Stand! Warmer Sommerregen bekommt ihnen gut.

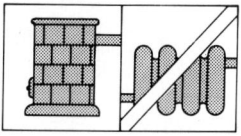

Der Blütenstand hält sich in kühlen Räumen am längsten, bei frostfreiem Wetter selbst in einer Loggia besser als im warmen Wohnzimmer.

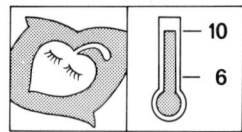

Bei erwachsenen Pflanzen Ende August das Gießen einschränken, von Oktober bis Ende Januar trocken, hell und frostfrei halten. Wenn die Blütenknospe erscheint, wärmer stellen und reichlicher gießen.

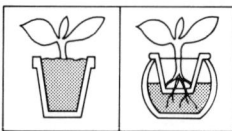

Blumenerde wird für Clivien durch Sand und Lehm abgemagert. Die Haltung in Hydrokultur wäre gut möglich, wenn die Pflanzen nicht so schnell zu üppiger Größe heranwachsen würden.

Während der Trieb- und Wachstumszeit reichlich gießen und gelegentlich düngen. Vor allem im Hochsommer den Wasserbedarf befriedigen.

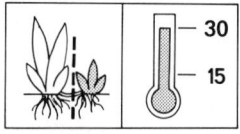

Beim Umtopfen nach der Blütezeit können die bei älteren Pflanzen willig erscheinenden Tochterpflanzen abgetrennt und zunächst in normale Blumenerde eingesetzt werden.

Clivien sind als überall bekannte Zimmerpflanzen immer noch weit verbreitet, obwohl die zur Ausbildung des Blütentriebes nötige Ruhezeit bei kühlem Stand im modernen Wohnklima nicht mehr so leicht gewährt werden kann. Der deutsche Name Riemenblatt beruft sich auf die Form der langen breiten Blätter. Den wissenschaftlichen Gattungsnamen erhielten die Pflanzen zu Ehren von Lady Clive, seinerzeit Herzogin in Northumberland (Nordengland). Die Artbezeichnung leitet sich vom lat. minium = mennigrot, also von der Blütenfarbe ab.

Um 1850 wurden die ersten in Natal und Transvaal, dem östlichen Südafrika, beheimateten Clivien nach Europa gebracht. Unter den drei der Wissenschaft bekannten Arten hat sich *Clívia miniáta* als die dankbarste Zimmerpflanze bewährt. Den von Hause aus respektablen Pflanzen arbeitet die Züchtung entgegen, die auf handlichere Größe, intensivere Blütenfarbe und breitere Blütenblätter orientiert.

Bei der Pflege der Clivien muß vor allem die winterliche Ruhezeit beachtet werden. Bereits ab Mitte August wird nicht mehr gedüngt und weniger gegossen. Ab Oktober ist das Gießen ganz und gar einzustellen. Die Pflanzen gehen trocken in den Winter, sollen aber möglichst einen hellen Stand erhalten. Nur wenn weder eine kühle Veranda noch ein ungeheizter Raum oder ein kühles Treppenhaus vorhanden sind, bietet sich der helle Keller als letzte winterliche Zuflucht an. Im Winter darf nur dann leicht gegossen werden, wenn die Blätter braune Spitzen oder Ränder bekommen sollten. Sobald die Blütenknospe erscheint, müssen die Pflanzen ans Licht geräumt werden. Die Blüten vergehen im warmen Zimmer schnell. Man kann Clivien aber bei frostfeiem Wetter in die Loggia bringen, wenn sich die Blüten zu entfalten beginnen. Der leuchtende Blütenschmuck in lebensbejahendem Orange hält dann über Wochen an. Bei Frostgefahr holt man die Pflanze vorübergehend ins Zimmer. Bestäubte Blüten tragen übrigens später große rote Beeren.

Junge Clivien kultiviert man zunächst einige Jahre ohne Ruhezeit bei mindestens 18 °C in Blumenerde. Blühfähige Pflanzen brauchen nach alter gärtnerischer Erfahrung dann aber eine mit Sand, Lehm und Heideerde abgemagerte Kulturerde. Es bietet sich heutzutage an, handelsübliche Blumenerde zu gleichen Teilen mit Kakteenerde zu mischen. Das Umsetzen alter Pflanzen ist nur alle 2 bis 4 Jahre erforderlich, man schone dabei die dickfleischigen Wurzeln.

Riemenblatt, *Clívia miniáta*

Elefantenohr
Blutblume

Haemánthus álbiflos

H. katharínae x H. puníceus

Beide Arten besitzen nicht nur ansehnliche, sondern auch ungewöhnliche pinselartige Blütenköpfe. Sie sind seit langem bekannte, beliebte und vor allem unverwüstliche Zimmerpflanzen.

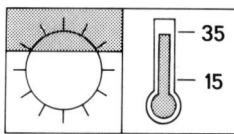 Die Pflanzen wollen hell, aber nicht vollsonnig stehen. Sie sind anspruchslos und nehmen im Sommer mit jeder Temperatur vorlieb.

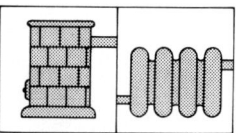 Da die Ruhezeit in die Heizperiode fällt, lassen sich Elefantenohren und Blutblumen überall dort pflegen, wo kühlere Wintertemperaturen gewährt werden können.

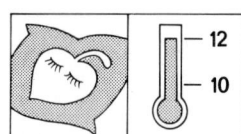 Am besten stehen beide Arten in einer ungeheizten Veranda bei fast völligem Wasserentzug von Ende Oktober bis Ende Februar. Das Elefantenohr verträgt dabei sogar Temperaturen um 4 °C.

 Blumenerde mische man mit ⅓ sauber gewaschenem Sand, topfe aber der empfindlichen Wurzeln wegen nur selten um. Hydrokultur bewährt sich nicht.

 Nur im Sommer reichlich gießen, und alle 2 Wochen Nährlösung geben. Stehende Nässe vermeiden!

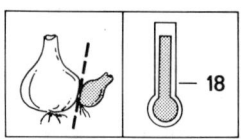 Brutzwiebeln bzw. Nebentriebe werden beim Verpflanzen vor dem Austrieb im Frühjahr abgetrennt und vereinzelt. Man setze immer nur eine Pflanze in einen Topf.

Zunächst sollen die beiden häufigsten Arten vorgestellt werden: Das Elefantenohr ist die robustere Art mit dickfleischigen, nach unten gebogenen Blättern und dem weißen, pinselförmigen Blütenstand mit den goldgelben Staubfäden. Sie behält ihre Blätter auch über den Winter.

Die Blutblume besitzt aufrechte Blätter. Ihr Blütenschaft trägt einen kugelig scharlachroten Blütenkopf. Sie blüht ebenfalls im Hochsommer, verliert aber im Winter das Laub.

Beide Pflanzen besitzen keine eigentlichen Zwiebeln, sondern nur ähnliche Anschwellungen und dickfleischige Wurzeln wie die Clivien. Die breiten fleischigen Blätter von *Haemánthus álbiflos* haben gerade noch soviel Ähnlichkeit mit einem Elefantenohr, daß man dem Namen mit ein wenig Phantasie zustimmen kann. Die Blutblumen verdanken ihren Namen der charakteristischen Blütenfarbe. Da der aus der verdickten Pflanzenbasis gepreßte Saft einer Wildart als Pfeilgift verwendet wurde, mag der Name Blutblume dadurch noch untermauert worden sein. Blutblumen sind jedoch keine botanisch reine Art, sondern aus Kreuzungen hervorgegangen. Die schönste, blühwilligste und wüchsigste Art trägt den Namen 'König Albert'. Sie ist am weitesten verbreitet, ihre Blütendolde hat einen Durchmesser von 20 cm. Sie wurde von Nicolai in Coswig bei Dresden um 1900 aus *H. katharínae x H. puníceus* gezogen.

Haemánthus álbiflos, das Elefantenohr, stammt aus Südafrika. In der Regel werden nur 4 Blätter ausgebildet. Sie sind leicht behaart und erinnern wohl auch dadurch an Elefantenohren. Bereits 1774 wird diese Pflanzenart beschrieben.

Die Eltern der Blutblumenkreuzung 'König Albert' stammen aus Natal *(H. katharínae)* bzw. auch aus Südafrika *(H. puníceus)*. Andere Blutblumenarten, wie *H. multiflórus*, stammen aus dem tropischen Ostafrika oder wie *H. cinnabárinus* von der Goldküste und aus Kamerun. Die beiden letztgenannten blühen schon im Frühjahr. Andere Arten, z. B. *H. coccíneus*, gedeihen auch im Container oder an einem warmen Gartenplatz und überraschen ebenfalls durch «exotische» Blüten.

Zur Ergänzung der Datenleiste sei darauf verwiesen, daß Blutblumen *(H. katharínae* und 'König Albert') ihre Blätter im Herbst einziehen. Spätestens von diesem Zeitpunkt an darf die Erde nicht durchfeuchtet, sondern nur noch durch geringste Wassergaben in den Untersetzer am völligen Austrocknen gehindert werden. Erst ab Ende Februar beginnt man durch geringes Steigern der Wassergaben, die Pflanzen zum Austrieb anzuregen.

Blutblume, *Haemánthus katharínae x H. punicéus*

Ritterstern

Amaryllis　　　　　*Hippeástrum x hortórum*
　　　　　　　　　　Hippeástrum-Hybriden

Rittersterne sind seit jeher beliebte Zimmerpflanzen, die in jedem Raumklima ihre dekorativen Blüten meist schon im zeitigen Frühjahr entfalten.

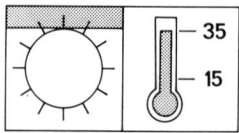

Stand sonnig bis leicht schattig; im Sommer auch auf dem Balkon oder im Garten, der hochsommerlichen Mittagssonne aber nicht unbedingt aussetzen.

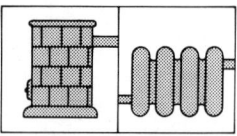

Wachsen und blühen in jedem Raum und bei jeder Temperatur, wenn nur die spätherbstliche Ruhezeit eingehalten wird.

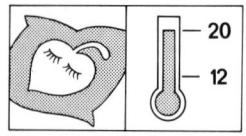

Ab Mitte September strenge Ruhe bei völligem Wasserentzug bis zum Erscheinen der Blütenknospe einhalten.

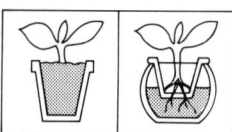

Rittersterne gedeihen blendend in Hydrokultur; die traditionelle Erdkultur gelingt in jeder normalen Blumenerde.

Erst nach dem Erscheinen der Knospe im Frühjahr wieder gießen und erst mit Blühbeginn wieder düngen.

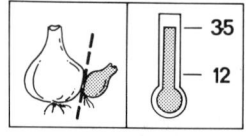

Nach der Blüte Tochterzwiebeln erst abtrennen, wenn 2 eigene Blätter vorhanden sind. Ohne Winterruhe kultivieren, bis vier kräftige Blätter ausgebildet werden.

Die mindestens seit dem 17. Jahrhundert in den Zimmern gepflegten «Amaryllen» oder Rittersterne sind aus Kreuzungen mehrerer Arten des tropischen und subtropischen Südamerika hervorgegangen. Um 1800 setzte die Züchtung verstärkt ein, und heute ist kaum noch zu klären, welche Ausgangsarten zu welchen Anteilen in den Hybriden vereint sind. Da die Rittersterne von Linné noch in der Gattung Amaryllis geführt wurden, hat sich auch dieser Name im Volksmund bis heute erhalten. Erst 1837 wurde die Gattung *Hippeástrum* (nach griech. hippeus = Reiter und astron = Stern) begründet. Die echte Amaryllis bezieht ihren Namen dagegen auf eine bereits von Virgil (70 bis 19 v. u. Z.) sicherlich wegen ihrer Schönheit gefeierte Schäferin, obgleich die Amaryllenzwiebeln aus Südafrika stammen, erst im Hochsommer und Frühherbst blühen und außerdem nur zur Gewinnung von Schnittblumen im Freiland kultiviert werden.

Rittersterne blühen in allen Abstufungen zwischen Rot und Weiß, wenn die Zwiebeln die Größe einer Kinderfaust erreicht und vier eigene Blätter ausgebildet haben. Ältere Zwiebeln treiben zuweilen sogar zwei Blütenschäfte.

Beginnt man die Ruhezeit bereits Ende August und hält die Pflanzen im Winter nicht zu kühl, dann blühen sie schon zu Beginn des neuen Jahres. Gießt man aber im Herbst länger oder stehen sie kühler (sie vertragen Temperaturen bis 4°C), dann stellt sich die Blüte später ein. Für eine erfolgreiche Kultur ist einzig und allein die herbstliche Ruhezeit ausschlaggebend. Manche Sorten verlieren dabei sogar ihre Blätter und können dann dunkel gestellt werden. Sobald aber die grüne Spitze des Blütenschafts das Ende der Ruhezeit anzeigt, müssen die Pflanzen ans Licht geräumt werden. Sie dürfen erst jetzt wieder allmählich feuchter gehalten werden. Nur bei extrem trockenem Stand (Fernheizung, Nachtspeicherofen) muß man den Blütenaustrieb Ende Februar durch geringe Wassergaben in den Untersetzer oder auf den Boden des Hydrogefäßes unterstützen.

Rittersterne sind im Hydrotopf geradezu ideale Pflanzen auch in zentral- oder ferngeheizten Räumen, wenn ihnen nur die Ruhezeit im dann wasserlosen Behälter gewährt wird. Die Zwiebeln müssen etwa zur Hälfte aus dem Substrat herausschauen. Umgetopft wird alle drei Jahre unmittelbar nach der Blüte. Dabei sind die fleischigen Wurzeln zu schonen, aber abgestorbene Teile zu entfernen.

Blühen Rittersterne nicht, dann hat man vermutlich während der Ruhezeit doch gegossen. Über Roten Brenner, eine häufige Pilzerkrankung, s. Seite 29.

Ritterstern, *Hippeástrum x hortórum*

Vallota

Vallote *Vallóta speciósa*

Dankbare, blühwillige und dekorative, den Rittersternen ähnliche und verwandte Zimmerpflanze, die ihren Blütenstand aus 4 bis 8 scharlachroten Einzelblüten zur Hochsommerzeit oder im Frühherbst entfaltet.

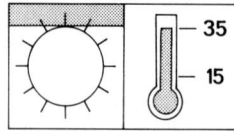

Standort wie Rittersterne: sonnig bis höchstens halbschattig, im Sommer auch auf dem Balkon oder im Garten. Den Standplatz jedoch nicht zu oft ändern.

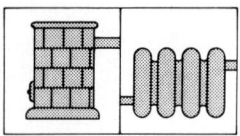

Wachsen und blühen in jedem Raum und bei jeder Temperatur, wenn nur dem Lichtbedürfnis der Pflanzen während des ganzen Jahres entsprochen wird.

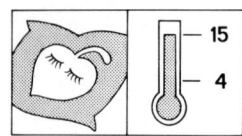

In der lichtarmen Zeit nicht düngen, das Substrat nicht völlig austrocknen lassen, da Valloten nicht einziehen. In Hydrokultur den Wasserstand absenken.

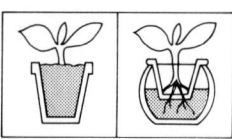

Valloten gedeihen und blühen wie Rittersterne auch in Hydrokultur. Zur traditionellen Erdhaltung ist normale Blumenerde geeignet.

Dem hohen Wasserbedarf kräftiger Pflanzen durch regelmäßiges Gießen entsprechen. Bei Erdkultur von April bis September alle 14 Tage mit Nährsalzlösung (1 g/l) düngen.

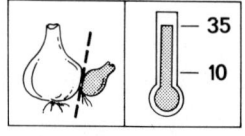

Die willig und in reicher Zahl entstehenden Tochterzwiebeln können zu beliebiger Zeit vereinzelt werden.

Valloten erwecken zwar nicht den majestätischen Eindruck der Rittersterne, sind aber sehr blühwillig und in ihren Pflegeansprüchen nicht heikel. Ihre Einzelblüten sind kleiner als die der Rittersterne, doch dafür besteht die Blütendolde aus 4 bis 8 Einzelblüten, die zudem von längerer Haltbarkeit sind. Die Blütenfarbe ist immer ein kräftiges Scharlach, das im Verblühen in dunkles Blutrot übergeht. Die Blütezeit reicht von Juni bis September. Starke Zwiebeln treiben nacheinander mehrere Blütenschäfte.

Die Pflanzen wurden von Seefahrern im Jahre 1774 vom Kap der Guten Hoffnung, also von der Südspitze Afrikas, nach Europa gebracht. Sie erhielten ihren Namen nach Pierre Vallot, einem französischen Botaniker, dem wir die Beschreibung der Gärten Ludwigs des XIII. aus dem Jahre 1623 verdanken.

Bei der Pflege der Valloten können wir nichts falsch machen, da weder Spezialbehandlungen noch besondere Erde zum Gedeihen und Blühen notwendig sind. Es gilt nur die Zeit abzuwarten, bis die Brutzwiebeln herangewachsen sind und selbst einen Blütenschaft treiben. Das ist bei guter Pflege nach 3 bis 4 Jahren zu erwarten. Die Vermehrung durch die schon an jungen Pflanzen erscheinenden Tochterzwiebeln gelingt immer, selbst bohnengroße Brutzwiebeln wachsen an. Valloten sind gegen Wurzelverletzungen sehr empfindlich, deshalb läßt man sie möglichst lange im gleichen Gefäß und topft nur alle vier Jahre um. Damit die Erde in dieser Zeit ihre Struktur durch Abbau nicht zu sehr verliert, ist eine sandige Erdmischung bzw. 1/3 Sandzusatz zur Blumenerde zu empfehlen. Die Zwiebeln sollen zu 1/3 bis 1/2 aus dem Substrat herausschauen. Der Nährstoffbedarf ist durch regelmäßiges, 14tägliches Düngen zu gewähren, falls man nicht gleich die Haltung in Hydrogefäßen vorzieht. Hellgrüne Blätter deuten bei sonnigem Stand auf Nährstoffmangel hin. Man dünge dann entsprechend und wechsle in Hydrokultur öfter als üblicherweise vorgeschrieben die Nährlösung.

Valloten sind züchterischen Bemühungen bisher entgangen. Sie sind botanisch noch rein und zeigen sich dadurch in ihrem naturgegebenen Äußeren, ohne daß Sorten, Kulturformen, Wege der Züchtung und ähnliches angegeben werden können.

Verwechseln kann man nichtblühende Pflanzen mit jungen Rittersternen oder Clivien. Aber Clivien besitzen keine Zwiebeln, und Rittersterne haben breitere Blätter. Vallotenzwiebeln sind länglich oval, die der Rittersterne immer rund.

Vallote, *Vallóta speziósa*

Jakobslilie

Sprekelie   *Sprekélia formosíssima*
Amarýllis formosíssima

Westwind-
blumen

Zephyránthes spp.

Schon 1593 nach Europa eingeführte Zwiebelgewächse, die mit ihren samtroten, fremdländischen, orchideenähnlichen Blüten seit jeher den Pflanzenliebhabern als besondere Kostbarkeit galten.

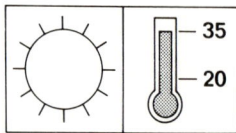

Während der Vegetationszeit (März bis Oktober) einen warmen und vollsonnigen Platz einräumen.

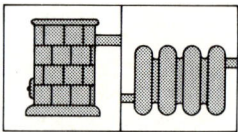

Mit der Ruhezeit von Anfang November bis Anfang März umgehen Jakobslilien die Heizperiode. Sie müssen bei 17 bis 20 °C überwintern und können im Hydrogefäß ganzjährig auf dem Fensterbrett stehen bleiben.

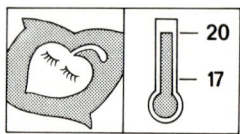

Ab Ende September nicht mehr gießen. Ende Oktober die Zwiebeln aus der Erde nehmen, säubern und überwintern. Bei Hydrokultur können die Zwiebeln im trockenen Topf verbleiben; im März säubern und neu einsetzen.

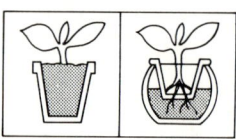

Zwiebeln Anfang März in gehaltvolle, lehmig-sandige Erde pflanzen oder in einen Hydrotopf einbetten. Der Zwiebelhals muß ebenfalls mit Substrat bedeckt sein.

Nach dem Eintopfen zunächst nur zum Austrieb anregen, dann regelmäßig gießen und wöchentlich einmal düngen (1 g/l), aber stauende Nässe vermeiden.

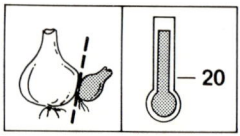

Man löst Tochterzwiebeln während der Winterruhe ab oder vereinzelt beim Eintopfen im März.

Wer zum ersten Mal blühende Jakobslilien sieht, glaubt, einem Traum aus Tausendundeiner Nacht zu begegnen. Die zarten samtroten Blüten wirken überaus anmutig und sind mit Worten kaum zu beschreiben. Sie werden sowohl mit Orchideen verglichen wie auch mit dem Kreuz der Ritter Sankt Jakobs von Calatrava. Den wissenschaftlichen Namen dagegen verdanken sie dem Hamburger Ratsherren H. J. v. Sprekelsen, der die Zwiebel von einem Kapitän etwa 1750 erhalten und an Linné weitergeleitet hatte.
Die Blütezeit liegt in der Zeit von März bis Juni. Leider hält die Blütenpracht aber nur etwa eine Woche an. Mit dem etwas später austreibenden Blattwerk ähneln Jakobslilien kleinen Clivien. Die Zwiebeln sind von schwärzlichen Häuten umhüllt, etwa 5 cm dick und besitzen einen langgezogenen Hals. Der im Frühjahr zuerst erscheinende Blütenstiel wird 20 bis 30 cm hoch und trägt nur eine Blüte. Es ist deshalb ratsam, bis zu drei Zwiebeln in einen Topf zu pflanzen.

Bettet man die Zwiebeln auf traditionelle Weise in Erde, dann keinen Torf zusetzen und auf guten Wasserabzug achten (Kies- oder Scherbenunterlage), um Fäulnis zu vermeiden. Völlig problemlos ist die Haltung in Hydrogefäßen. Zwiebeln im März in Kies oder in Blähton einbetten. Mit Wasser so weit auffüllen, daß gerade der Boden des Innentopfes erreicht wird. Kräftige Zwiebeln treiben danach zuerst die Blüte. Mit dem Entfalten der Blätter Nährlösung (2g/l) einfüllen. Den Flüssigkeitsspiegel etwas absenken, wenn die Wurzeln in den Übertopf wachsen. Im Oktober Nährlösung ausgießen und die Zwiebeln im trockenen Topf warm bei 17 bis 20 °C überwintern. Im März aber neu einsetzen, dabei die abgestorbenen Wurzeln entfernen und Wasser auffüllen.

Westwindblumen, *Zephyránthes spp.*
Es sind reizende, einem kräftigen Krokus vergleichbare, ebenfalls den Amaryllengewächsen angehörende Zwiebelgewächse. Auch sie wurden schon frühzeitig (um 1620) aus Nord- und Mittelamerika «mit vollen Segeln vor dem Westwind» (griech. = zephyros) nach Europa gebracht.
Man stecke bis zu 10 Zwiebeln in eine flache Schale mit sandiger Blumenerde, erfreue sich im Frühjahr am bunten Blütenreigen (je nach Art weiß, rosa, purpurn, gelb oder sogar zweifarbig) und halte die Pflanzen während des Sommers an sonniger, aber luftiger Stelle, bis im Herbst schließlich die Blätter einziehen. Dann können die Schalen auch dunkel und kühler (10 bis 15 °C) abgestellt werden, aber die Erde darf auch im «Winterquartier» nicht völlig austrocknen. Mit dem Austrieb gehören sie wieder ans Licht.

Jakobslilie, *Sprekélia formosíssima*

Bromelien

Eine Vielzahl von Gattungen und Arten

Beliebte Zimmerpflanzen der Neuzeit, die in ihrem Blatt-trichter Wasser und Nährstoffe auffangen und sich durch de-korative Erscheinung, teils herrliche Blüten und vielfach auch große Zimmerhärte auszeichnen.

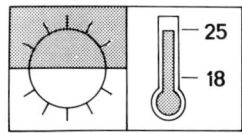

Bei halbschattigem Stand und gleich-mäßiger Wärme sind Bromeliengewäch-se auch im Zimmer mit gutem Erfolg zu halten, wenn ihr Blatttrichter («Zisterne») immer mit Wasser gefüllt wird.

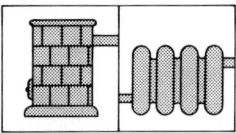

Billbérgia nútans begnügt sich auch mit niederen Temperaturen bei Ofenhei-zung. Viele andere Arten mit höheren Wärmeansprüchen tolerieren trockene Luft und sind dadurch wertvolle Zim-merpflanzen.

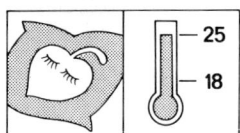

Die Pflegebedingungen unterscheiden sich im Winter kaum von denen des Sommerhalbjahres. Es ist der hellste Stand zu geben und erst ab März wieder zu schatten.

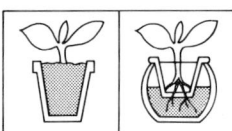

Grobbrockige, torfhaltige Erde dient als Kultursubstrat. Wasser und Nährstoffe werden auch über den Blatttrichter auf-genommen, der deshalb immer mit Was-ser angefüllt sein sollte. Hydrokultur sie-he im Text.

Erde bzw. Epiphytenpflanzstoff sind leicht feucht zu halten. Mit schwachen Düngerlösungen (0,05%) ist sowohl zu gießen wie auch der Blatttrichter wäh-rend des Sommers alle 14 Tage aufzufül-len.

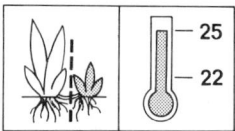

Dem Zimmergärtner gelingt die Vermeh-rung durch das Abtrennen von Kindeln, die von den meisten Bromelien schon vor der Blütenbildung geschoben wer-den.

Der Name Bromeliaceen für die Familie der Ananasgewäch-se wurde von der Gattung *Bromélia* abgeleitet, die nach dem schwedischen Arzt und Botaniker Olof Bromelius (1639 bis 1705) benannt ist. Den deutschen Namen wählte man je-doch nach der bekanntesten und wohlschmeckendsten Frucht aller Bromelien, der Ananas, deren Treiberei seit der Barockzeit versucht wurde und die im 19. Jahrhundert in großer Blüte stand.

Bromeliengewächse sind eigentlich Rosettenpflanzen. Ihre Blätter sind in den meisten Fällen zu einem Trichter, ei-ner regelrechten Zisterne zusammengefügt, die Regenwas-ser und die darin enthaltenen Nährstoffe auffängt. Die Viel-zahl der Arten führt auf Bäumen oder geeigneten Unterla-gen aufsitzend eine epiphytische Lebensweise. Den Wurzeln kommt vorrangig die Funktion des Festhaltens und erst in zweiter Linie die der Nährstoffaufnahme zu. Da die Brome-lien meist in frisch verrottendem Material wurzeln, das sich in Astgabeln der Urwaldriesen ansammelt, ist auch in der häus-lichen Pflege ein entsprechendes grobbrockiges und torfhal-tiges Substrat zum Eintopfen zu wählen. Stauende Nässe verträgt keine der Arten. Aus diesem Grunde ist die Haltung in Hydrokultur biologisch nicht sinnvoll, wohl aber möglich und gelingt in Kunststoffborsten oder Bimskies noch am be-sten.

Solange die Zisterne mit Wasser gefüllt ist, tolerieren trotz der Herkunft aus dem regenfeuchten Urwald viele Arten so-gar die trockene Luft unserer Wohn- und Büroräume. Man achte deshalb bei der Pflege vor allem auf den Wasserstand im Blatttrichter.

Alle Bromeliaceen nehmen Nährstoffe nur in schwacher Konzentration auf, aber auch die Blattzisterne muß im Wechsel mit Wasser regelmäßig mit 0,05prozentiger Näh-rsalzlösung (1 g Nährsalz auf 2 l Wasser) beim Gießen bedacht werden.

Wenn wir in der Datenleiste angaben, daß Bromelien halbschattig zu halten sind, gilt das nur für den Normalfall. Ei-nige Arten, vor allem *Billbérgia nútans* und *Ánanas comó-sus*, blühen nur an einem sonnigen Standort. *Aechméa* und *Neoregélia* wünschen einen halbschattigen Platz; *Crypthán-thus, Guzmánia, Nidulárium, Tillándsia* und *Vriésea* dage-gen fast absonnigen Stand.

Bromelien-Arrangement auf einem Epiphytenstamm

Die Tillandsien mit der Vielgestaltigkeit ihrer Arten und Lebensansprüche bringen dieses Schema aber schon wieder zum Wanken, so daß wir eine Denkhilfe aus der Morphologie der Bromelien dagegensetzen wollen: Bromelien mit glatten und meist auch sattgrünen Blättern entstammen dem tropischen Regenwald. Ihre Blattzisternen sammeln Regenwasser, das ohne Behinderung in den Trichter abgeleitet wird. Im üppigen Regenwald herrscht kein Überfluß an Licht. Solche Pflanzen sind also halbschattig bis schattig zu halten. Ein Zuviel an Sonne kann hier schaden!

Bromelien mit schuppenbedeckten und dadurch mehr oder weniger stark grau bis silbergrau gezeichneten Blättern sind darauf angewiesen, ihren Wasserbedarf mit Hilfe der Schuppen der Luftfeuchtigkeit direkt zu entnehmen. Sie leben entweder in den höchsten Baumkronen, auf sonnigen Felspartien oder anderweitig lichterem Standort als die Mehrzahl der Bromelien. Hier würde ein Zuwenig an Sonne zum Vergrünen oder sogar zum Vergeilen führen.

Noch ein Wort zur Vermehrung: Bromelien können zwar durch Samen vermehrt werden, die Anzucht ist jedoch sehr aufwendig und dadurch nur in den Spezialgärtnereien möglich. Da fast alle Arten vor der Blüte auch Seiten- oder Tochtersprosse, eben die «Kindel» ausbilden, die mit Leichtigkeit zu neuen, blühfähigen Pflanzen heranwachsen, werden sie natürlich auch von den Gärtnern mit Vorliebe zur Nachzucht verwendet. In den Geschäften erhält man deshalb fast nur Pflanzen ohne Kindel, und der Kunde kann eine zwar blühende, letztlich aber doch nur sterbende Pflanze erwerben. Man prüfe deshalb, ob nicht doch eine Bromelie aus dem Angebot ein verspätetes Kindel treibt, so daß nach dem Vergehen der Mutterpflanze die Hoffnung bleibt, über das Kindel die Bromelienart weiter zu halten.

Bromelien für sonnigen bis halbschattigen Stand

Ananas, *Ánanas comósus*
Der Name Ananas stammt von den südamerikanischen Indianern. Die früher so eifrig gepflegte Ananastreiberei wurde mit der Entwicklung des Welthandels immer weniger rationell, weil Ananasfrüchte ohne das frühere Risiko importiert werden konnten. Damit wurde es aber ein beliebtes Spiel, einen Ananasschopf zur Bewurzelung zu bringen und das Leben der bekanntesten aller Bromelien wenigstens in der Jugendzeit zu verfolgen. Dazu wird der grüne Blattschopf aus der Frucht herausgeschnitten, vom anhaftenden Fruchtfleisch befreit und in einen mit Sand gefüllten tönernen Blumentopf gesteckt, der wiederum in einer mit feuch-

tem Sand gefüllten Schale stehen sollte. Unter einer Glasglocke oder Folienhaube und bei Bodenwärme von mindestens 24 °C – und Geduld – gelingt die Bewurzelung mit einiger Sicherheit.

Ananas sind Erdbromelien, die eine gehaltvollere, kräftigere Erde als die Verwandten benötigen. Der bewurzelte Steckling wird deshalb in eine Erdmischung aus Komposterde, Torf, und Sand (2:1:1) gepflanzt.

Junge Ananas sind sehr dekorativ, allerdings wachsen sie bald zu unhandlicher Größe heran und benötigen höhere Luftfeuchtigkeit, als man ihnen in der Regel bieten kann. Unter häuslichen Bedingungen ist zudem mit Fruchtansatz nicht zu rechnen. Aber solange man den Pflanzen mit der imposanten Blattrosette den entsprechenden Platz einräumen kann, ist es schon ein interessantes Vergnügen, eine Ananas selbst zu ziehen.

Zimmerhafer, *Billbérgia nútans*
Den Namen haben sie nach dem schwedischen Botaniker G. J. Billberg, 1772 bis 1844, bzw. nach der Gestalt der Blütenrispe. Es sind die unempfindlichsten, robustesten und am leichtesten zu haltenden Bromelien. Da sie keine besonderen Temperaturansprüche stellen, gedeihen sie sogar im Wohnklima mit Ofenheizung. Existenzbedingung ist aber ein sonniger Stand. Billbergien gedeihen zwar auch im Schatten, ja, sie wuchern geradezu aus dem Gefäß heraus und sprengen dabei alle Grenzen durch die Vielzahl sprossender Kindel, jedoch Blütenstände schieben sie eben nur im Sonnenlicht. Man halte sich also daran, wenn man sich auch an den aus dem Trichter nach unten hängenden Blütenrispen erfreuen will.

Lanzenrosette, *Aechméa*
Der Name ist abgeleitet von griechisch aichme = Lanzenspitze. *Aechméa fasciáta* ist die in den Zimmern am häufigsten gepflegte Bromelie. Wie alle Aechmeen benötigt sie einen halbschattigen Stand. Durch die gebänderten Blätter sind die kompakten Pflanzen auch im nichtblühenden Zustand dekorativ. Der rosarote Blütenstand hält sich 3 bis 6 Monate. Seine charakteristische Form mit den vielen dicht gedrängt angeordneten Einzelblüten vermittelt die Abbildung. Mit der Blüte vergeht auch die Mutterpflanze, jedoch werden meist rechtzeitig Kindel gebildet, die heranwachsend neuen Blütenschmuck hervorbringen.

Lanzenrosette, *Aechméa fasciáta*

Ähnlich sind *Aechméa orlandiána, Aechméa fúlgens* (vor allem die Varietät *díscolor* mit purpurroten Blattunterseiten) und die Hybriden *Aechméa x compácta* und *Aechméa x polyántha*.

Neue Regelie, *Neoregélia*

Ihr Name ist auf den Petersburger Botaniker A. von Regel zurückzuführen. Wer die Ableitung des Namens nicht kennt, versucht sicherlich, Neoregélia über regalis = königlich, also die Neue Königliche abzuleiten. So unrecht hätte man damit nicht, denn die Neoregelien zählen durch die intensive Färbung der Herzblätter während der Blütezeit zu den auffälligsten Bromelien. Ihre Färbung hält monatelang an. Die Blüten bleiben dagegen in der Mitte des farbigen Trichters versteckt. An der stark verkürzten Traube öffnen sich immer nur wenige Einzelblüten.

Da die Pflanzen trockene Luft vertragen, zählen sie mit zu den bewährtesten Vertretern des modernen Zimmerpflanzensortiments. Am häufigsten wird *Neoregélia carolínae* 'Trícolor' angeboten, mit weißgestreiften Blättern und der roten Zisterne, aus deren Mitte die violetten Blüten hervorleuchten.

Bromelien
für einen schattigen Stand

Nestbromelie, *Nidulárium*

Den Namen hat diese Bromelie nach der Form des Blütenstandes: lat. nidulus = Nestchen. Sie sind den Neoregelien sehr ähnlich, ihre Blätter laufen jedoch immer in eine lange Spitze aus, während Neoregelienblätter meist abgerundet oder nur kurz zugespitzt sind. Der Blütenstand der Nestbromelien ist mit der Zisterne kleinerer Trichterblätter, die das namengebende Nestchen bilden, außerdem deutlich abgehoben, so daß man sie eigentlich nicht verwechseln kann. Im Gegensatz zu den vorher beschriebenen Bromelien begnügen sie sich mit einem schattigen Platz. Die auffälligste Art ist *N. billgergioídes* mit zitronengelbem Blütenstand.

Guzmanie, *Guzmánia*

Nach dem spanischen Apotheker und Pflanzenkenner A. Guzman hat diese Bromelie den Namen. Das kennzeichnende Merkmal besteht in dem zylindrischen bis zapfenförmigen Blütenstand, der gelegentlich von leuchtend roten Hochblättern umgeben ist. Die Mehrzahl der Arten benötigt zum Gedeihen nicht nur einen schattigen Stand, sondern auch höhere Luftfeuchtigkeit. *Guzmánia monostáchys* ist eine haltbare, dekorative und häufig angebotene Art für die Zimmerpflege.

Versteckblüte, *Cryptánthus*

Der Name bezeichnet die tief im Trichter versteckten, unscheinbaren Blüten (von griech. kryptos = verborgen und anthos = Blüte). Bei *Cryptánthus* interessiert allein die dekorative Gestalt der flach ausgebreitet wachsenden Pflanzen, die an Seesterne erinnern.

Die meisten Arten benötigen viel Wärme und hohe Luftfeuchte bei halbschattigem bis schattigem Stand. Sie stehen am besten in einer Vitrine und wirken sehr dekorativ auf einem Epiphytenstamm oder auch nur einem Stück Baumrinde aufsitzend. In großen offenen Glaskugeln lassen sie sich gut halten.

Cryptánthus acáulis mit seinen Kulturformen gehört zu den härteren Arten und verträgt sonnigen und trockenen Stand.

Die schönsten Vertreter für die Pflanzenvitrine sind *C. bivittátus, bromelioídes* 'Tricolor', *fosteriánus, zonátus* neben einigen Hybriden.

Tillandsien, *Tillándsia spp.*

Sie wurde nach dem finnischen Botaniker Elias Tillands (1640 bis 1693) benannt und stellt mit mehr als 400 Arten die größte Gattung unter den Bromeliaceen dar. Verbindendes Merkmal sind die schmalen bis rinnenförmigen, dicht beschuppten Blätter. Tillandsien leben zwar alle als Epiphyten, aber es verwundert angesichts der Artenvielfalt sicher nicht, wenn wir drei Pflegegruppen unterscheiden müssen:

Erstens: Die für alle Bromeliaceen typischen, in einer Astgabel auf herangetragenem Humus wurzelnden sogenannten Humusepiphyten. Sie benötigen zu gutem Gedeihen das übliche Kultursubstrat oder Epiphytenpflanzstoff, wie ihn Spezialgärtnereien oder Spezialhandlungen führen. *Tillándsia lindénii* und *T. cyánea*, die beiden eng verwandten Arten aus Peru und Ekuador, lassen sich noch am ehesten für einen vorübergehenden Zimmerstand empfehlen. Ihre Blütenähre ist flach zusammengedrückt und bietet mit rosaroten Deckblättern und violetten Blüten einen sehr dekorativen Anblick, den man sich am längsten erhalten kann, wenn man die Pflanzen (so wie beim Frauenschuh im Foto auf Seite 187 gezeigt) über einer feuchtigkeitspendenden Schale anordnet. Ähnlich schöne Tillandsien, allerdings nur für einen Platz in der Pflanzenvitrine geeignet, sind *T. ánceps* aus Brasilien mit grünlichgelben Deckblättern zwischen den la-

Ananas, *Ánanas comósus* (links oben),
Guzmanie, *Guzmánia monostáchys* (rechts oben),
Vriesee, *Vríesea scaláris* (links unten),
Vriesee, *Vríesea psittácina hybrída* (rechts unten)

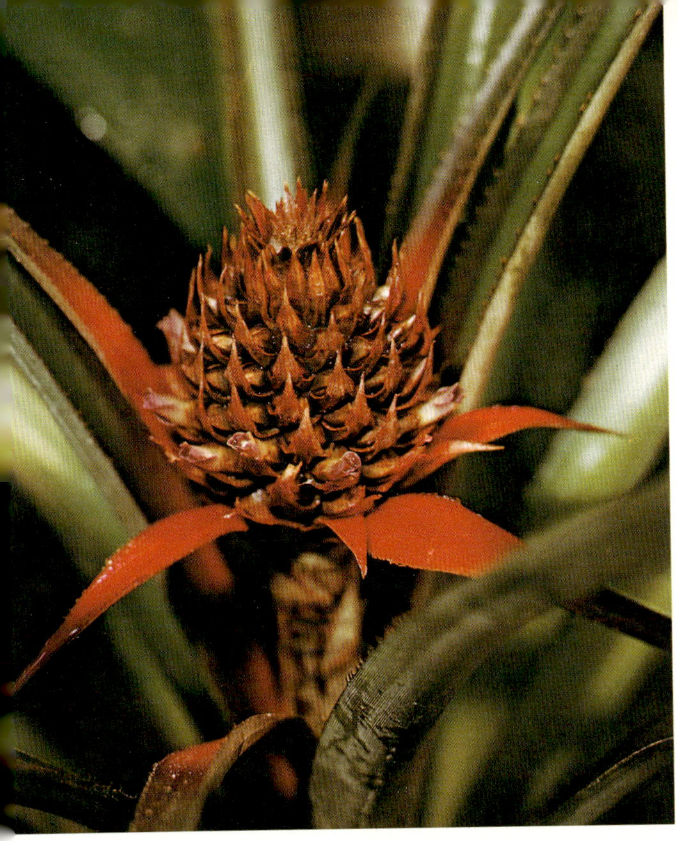
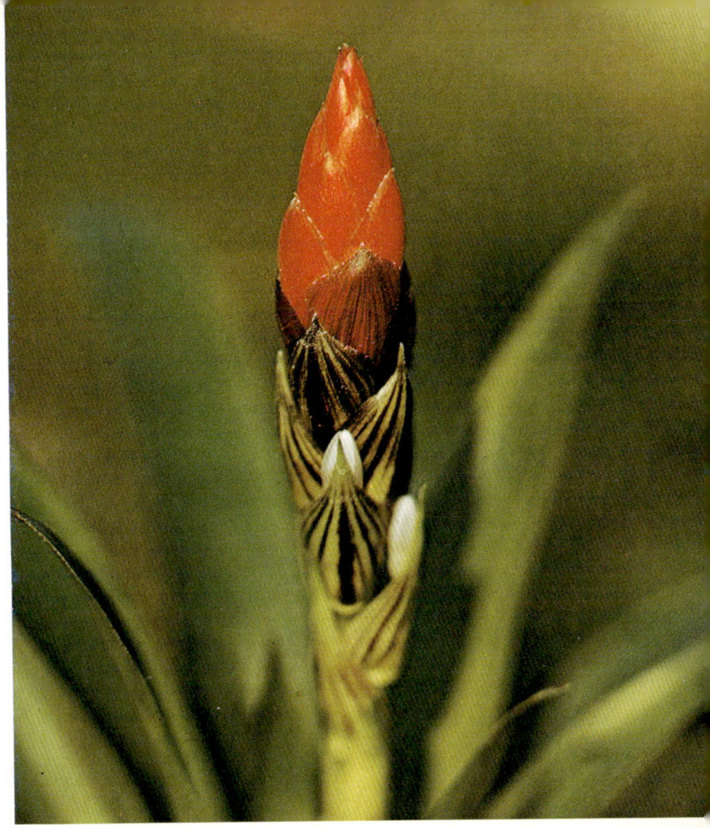
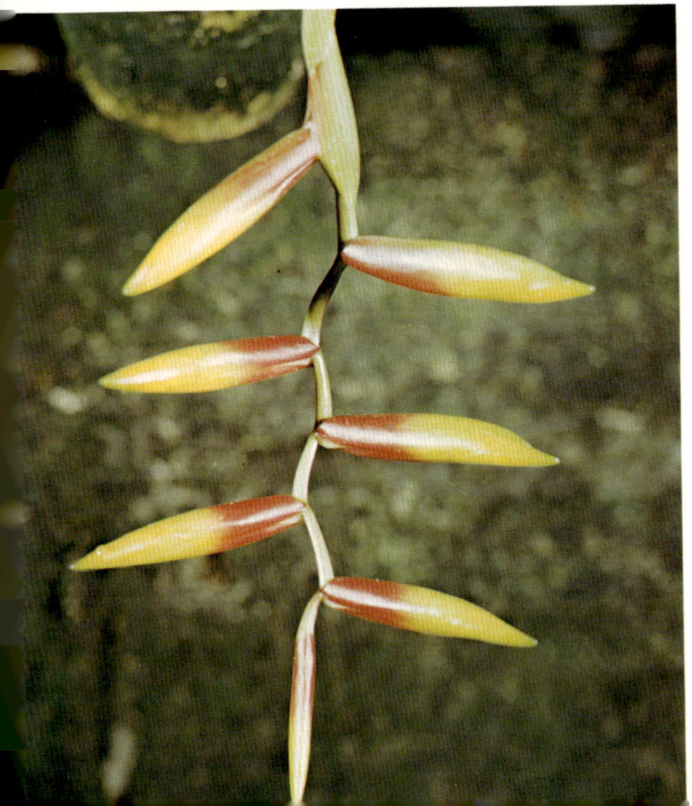
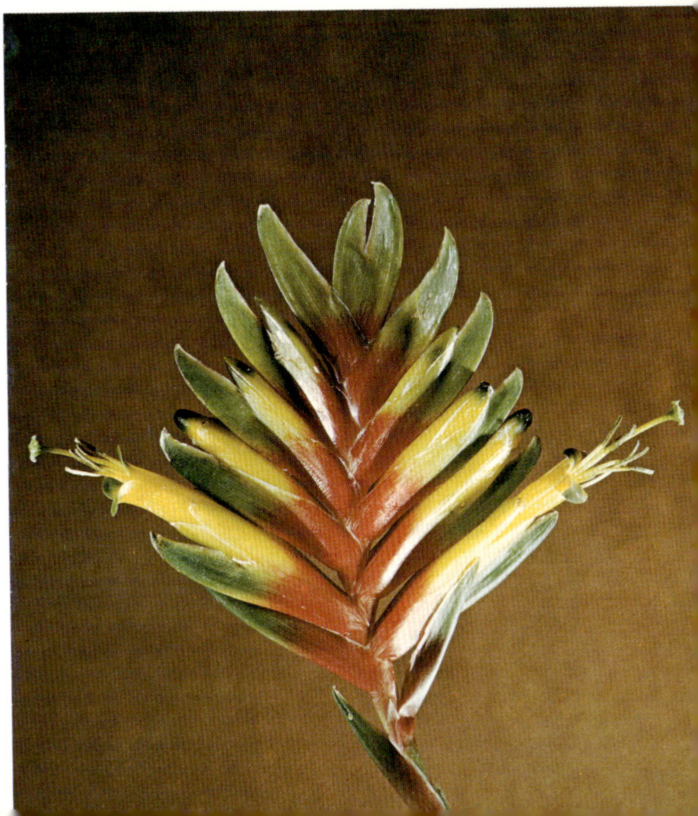

vendelfarbenen Einzelblüten und *T. flabelláta* mit schmalen roten Blütenähren, blauen Blütenblättern und gelben Staubgefäßen sowie *T. brachycáulos,* die sich als ganze Pflanze während der Blüte rot verfärbt. Der Liebhaber wird eine ganze Reihe weiterer Arten für pflegenswert finden und sollte sich in der Spezialliteratur informieren.

Die zweite Pflegegruppe, die sogenannten Rindenepiphyten, begnügen sich mit einem Minimum an Epiphytenpflanzstoff oder wurzeln überhaupt völlig nackt auf rissiger Baumrinde. Die Beschäftigung mit ihnen ist eine Angelegenheit für Spezialisten. Im Handel werden aber ab und zu blühende Exemplare fertig montiert zum Einhängen in die Pflanzenvitrine angeboten. Dabei beachte man folgende Zusammenhänge: Je mehr die Blätter beschuppt sind, um so heller und trockener können die betreffenden Tillandsien hängen. Ständige Feuchtigkeit vertragen sie nämlich nicht! Sie müssen zwar täglich übersprüht werden, es muß aber stets gewährleistet sein, daß diese Feuchtigkeit täglich auch wieder abtrocknen kann, sonst pflegt man jede Tillandsie zu Tode! Beispielhaft für diese Gruppe nennen wir *Tillándsia ionántha* mit überraschend großen Blüten und *T. magnusiána* mit dichtem silbergrauem Schuppenbelag, der die dünnen Blätter fast wie Federn erscheinen läßt.

Zuletzt sind diejenigen Tillandsien anzuführen, die ohne jedes Haltesubstrat auf Bäumen, ja sogar Telegraphenmasten oder ähnlichen Stützen frei hängend wachsen. *Tillándsia usneoídes* besteht z. B. lediglich aus einer Achse, an der Einzelpflanzen mit drahtartig dünnen Blättern in Vielzahl angereiht sind, Wurzeln wird man an diesem Bart von Einzelpflanzen vergeblich suchen. Gebietsweise kommen die Pflanzen so häufig vor, daß man sie als Polster- und Verpackungsmaterial unter dem Namen «Louisiana-Moos» verwendet. Wer einen solchen Bart von *Tillándsia usneoídes* sein eigen nennt, muß ihn täglich tauchen oder gründlich besprühen und am besten in einer Pflanzenvitrine aufhängen. Denn auf Dauer wird er sich im modernen Wohnklima nicht halten.

Tillándsia werdemánnii stellt dann das letzte Extrem dieser Entwicklungskette dar. Sie liegt in den Nebelwüsten Nordchiles ohne Wurzeln als Spielball der Stürme am Boden auf.

Flammendes Schwert, *Vríesea*
So nennt man die bekannteste Kulturform (nach der Gestalt des Blütenstandes). Den wissenschaftlichen Namen tragen die Vrieseen zu Ehren des holländischen Botanikers W. de Fries (1807 bis 1862). Etwa 120 Arten sind bekannt, unter denen einige mit langen schwertförmigen und farbenprächtigen Blütenständen den deutschen Namen zu recht haben. Vor dem Erblühen zieren oft leuchtend gefärbte Hüllblätter, und später steht der nach und nach erblühende Blütenstand lange Zeit wie ein glühendes Schwert über dem Blatttrichter. Daneben besitzen viele Vrieseen auf den meist breiten Blättern dekorative Blattzeichnungen; eine Art mit schriftzeichenähnlichen Mustern heißt danach *Vríesea hieroglýphica.*

Vríesea spléndens ist die Ausgangsform aller Züchtungen, die unter dem Namen «Flammendes Schwert» bekannt geworden sind. Ihre Blätter haben eine dunkel purpurne Querbänderung, an der ihr Genanteil auch in den Hybriden sichtbar wird.

Vríesea x 'Flammendes Schwert' ist die bekannteste Hybride, in der die Züchter verschiedene Unterarten von *V. spléndens* vereinigt haben. Zur Blütezeit, im Winter und Frühjahr, werden die Pflanzen im Handel angeboten. Ihre Blätter sind ebenfalls mit braunroten Querbändern gekennzeichnet. Am orangeroten Schwert erblühen nach und nach die gelben Einzelblüten.

Vríesea x 'Poelmanni' mit einfarbig grünen Blättern und karminrotem Schwert ist eine ähnliche Kreuzung. Sie blüht im Frühjahr.

Vríesea psittacína hybrida ist ebenfalls eine Kreuzung, an der sogar mehrere Arten beteiligt sind. Es handelt sich um kleinere Pflanzen mit einem kurzen, fast dreieckigen, aber sehr dekorativen Blütenstand.

Vríesea scaláris bietet wiederum ein anderes Gesicht. Aus einer Blattrosette hängt der Blütenstand mit wenigen, aber großen Einzelblüten etwa 30 cm nach unten.

Im Bestreben, die natürliche Schönheit der Vrieseen noch zu steigern, haben die Züchter auch Hybriden geschaffen, die ähnlich wie die Wildart *V. rodigasiána* einen verzweigten Blütenstand besitzen. *V. perfékta, V. vigési* und *Vríesea* x 'Flamme' sind die Produkte dieses Bemühens.

Versteckblüten, *Cryptánthus spp.*

Efeu

Zimmerefeu   *Hédera hélix*

Anspruchslose und beliebte Ampelpflanzen für kühleren Standort, denen aber die trockene Luft im modernen Wohnklima nicht behagt.

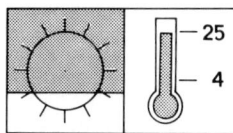

Zimmerefeu wünscht einen hellen bis halbschattigen, luftigen Stand. Besondere Temperaturansprüche bestehen während des Sommers bei normaler Luftfeuchte nicht.

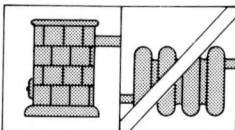

Den Winter überdauert Zimmerefeu nur bei niederen Temperaturen und entsprechend hohen Werten relativer Luftfeuchte, wie sie in der Regel nur bei Ofenheizung gegeben sind.

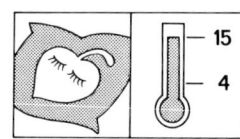

Während der winterlichen Ruhezeit sind Temperaturen um 10 °C ideal. Flur, Treppenhaus, Veranda, Wintergarten oder ein Fensterplatz in einem ofenbeheizten Zimmer bieten dann die besten Standorte.

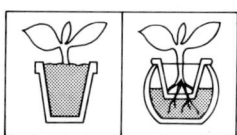

Efeu wächst in Blumenerde wie in Hydrokultur zur vollsten Zufriedenheit.

Die Pflanzen wollen feucht, aber nicht naß stehen. In der Hauptwachstumszeit von März bis September ist monatliches Gießen mit 0,1%iger Düngelösung angebracht.

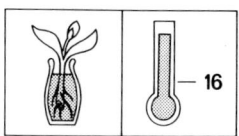

10 cm lange Triebspitzen werden unter dem letzten Blattstiel abgetrennt, die beiden unteren Blätter entfernt und der Trieb in Stecklingssubstrat, ein Wasserglas oder gleich in einen Hydrotopf gesteckt.

Der Gattungsname Hedera leitet sich von griech. hedra = sitzen ab, nach der Befestigung mit Haftwurzeln an der Unterlage, der Artname helix von griech. helica = Schnecke oder Schneckengewinde, nach dem gelegentlichen Schlingen um Baumstämme oder andere Unterlagen.

Gegenwärtig sind etwa 120 Kulturformen bekannt, von denen hier nur beispielhaft einige der bekanntesten vorgestellt werden können.

Grünblättrige Kulturformen

'Procumbens', dem wilden Efeu am ähnlichsten, jedoch stehen die Blätter dichter beisammen.

'Saggitifolia' gilt mit den pfeilspitzenähnlichen Blättern als die schönste unter den grünblättrigen Kulturformen.

'Crispa' ist ein Zimmerefeu mit gekräuselten Blatträndern.

'Big Deal' heißt auch «Geranien-Efeu», weil die großen runden Blätter an Geranien erinnern.

'California', «Fächer-Efeu», hat 5- bis 9lappige Blätter, die in den Ausbuchtungen nach oben gewölbt bzw. gekraust sind.

'Pixie' oder 'Margaret' hat kleine, bis 3 cm große, fast quadratische 5- bis 7fach gelappte Blätter, die teils büschelförmig, teils dachziegelartig am Zweig stehen.

'Itsy Bitsy' ist kleinblättrig, reich verzweigt bei dichtem Blattstand und wie die vorige Kulturform zum Bepflanzen von Schalen und Flaschengärten bestens geeignet.

Weißbunte Kulturformen

'Hahns Variegated' ist kleinblättrig, zierlich, wuchsfreudig. Die Blätter sind hell- und dunkelgrün marmoriert mit gelblichweißem Rand.

'Glacier' hat silbergrau überzogene Blätter, schmal weiß gerandet, und hell abgesetzte Adern.

'Luci' mit Blättern, die auf moosgrünem Grund weiß bis gelblich marmoriert sind.

'Tricolor' hat rötliche Zweige und auf grünem Grund weißgeaderte Blätter.

'Jubiläum Goldherz' gilt als die schönste der buntblättrigen Formen. Der Blattrand ist dunkelgrün, das Zentrum kräftig gelb gefärbt.

'Gloire de Marengo' stammt von dem auf den Kanarischen Inseln beheimateten Efeu ab. Die großen, langgestielten Blätter sind im Zentrum grün-silbergrün panaschiert, am Rande jedoch weiß abgesetzt.

Zimmerefeu, Arrangement mehrerer Kulturformen

Fingeraralie

Dizygothéca elegantíssima

Überaus zierlich wirkende Pflanzen, die allerdings nur bei aufmerksamer Pflege oder einem Stand im Blumenfenster zur vollen Zufriedenheit heranwachsen.

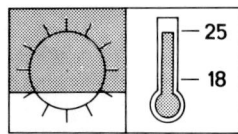

Ein heller, im Sommer halbschattiger, von Zugluft freier Stand bei gleichmäßiger Wärme und höherer Luftfeuchtigkeit sind die Lebensbedingungen der Fingeraralie.

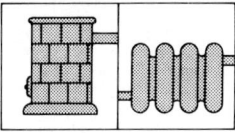

Die Bevorzugung gleichmäßiger, höherer Temperaturen und Luftfeuchtigkeit lassen die Haltung in einem Pflanzenfenster oder einer Vitrine geraten erscheinen.

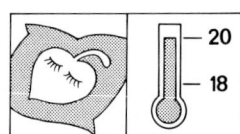

Eine eigentliche Ruhezeit wird nicht eingehalten. In der lichtarmen Jahreszeit stocken nur Triebwachstum und Blattentfaltung.

Sie liebt nährstoffreiche, mit reichlich Torf oder Lauberde und etwas Sand versetzte Erde. Blumenerde sollte man deshalb wenigstens ¼ Sand zumischen. Hydrokultur ist nicht zu empfehlen.

Der Topfballen ist gleichmäßig feucht zu halten und im Sommerhalbjahr alle vier Wochen mit Nährsalzlösung (1 g/l) zu düngen.

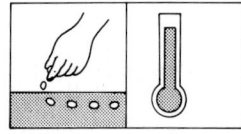

Vermehrung durch Samen, die aus den Heimatgebieten eingeführt werden; sie gelingt nur dem Gärtner.

Es sind eigentlich Sträucher, die in ihrer Heimat, den Südseeinseln, zu respektabler Größe heranwachsen. Im Zimmer erreichen sie selten mehr als 50 cm Höhe. Das Stämmchen ist dann 10 bis 15 mm stark und trägt an grazilen Ästchen filigranartige sieben- bis elfzählige handgroße Blätter. Die Teilblätter sind bei den einzelnen Arten folgendermaßen gestaltet oder gefärbt: bei *elegantíssima* olivgrün mit rötlichem Mittelnerv, rötlicher Spitze und ebensolchen Blattzähnchen. Bei *D. kerchóvei* von hanfähnlicher Form mit gewelltem Rand und bei *D. véitchii* glänzend grün mit roter Unterseite. Die Blätter sind gelegentlich abzuwaschen, häufiges Sprühen oder Nebeln wird jedoch nicht vertragen.

Auf den ersten Blick sind die Fingeraralien nicht als Vertreter der Araliengewächse zu erkennen, denn mit Zimmeraralien und Efeu haben sie wenigstens in den Augen der Pflanzenliebhaber nicht allzuviel Ähnlichkeit. Auch in der Bevorzugung höherer Zimmertemperaturen gibt es zunächst kaum Anlaß, diese zierlichen Pflanzen aus der Südsee mit den stabileren Vertretern des kühleren Nordens in einer Verwandtschaft zu sehen. Das entscheidende Argument liefert jedoch der Blütenbau. Bei den Fingeraralien sind die Staubbeutel sogar in der Doppelzahl vorhanden, so daß der Name Dizygotheca von griech. dis = zwei, zygos = Paar und theca = Staubbeutel zu Dizygotheca zusammengezogen wurde.

Fingeraralien waren früher Paradestücke der Kunstgärtner. Man konnte sie nur durch Pfropfung vermehren, und auch ihre Haltung bei gleichmäßiger Wärme von etwa 20 °C, gleichmäßiger Ballenfeuchtigkeit und höherer Luftfeuchte bedurfte schon eines höheren Aufwandes, so daß die Pflege dieser Pflanzen nur in einem Pflanzenfenster oder einer Vitrine möglich war. Inzwischen sind zwar die Temperaturen in den Wohnräumen angestiegen, aber die Luftfeuchtigkeit stellt neue Probleme. Da die Pflanzen zudem schon übermäßiges Gießen verübeln, kann der sonst übliche Ausweg der Hydrokultur nicht beschritten werden.

Bei uns steht eine Fingeraralie zusammen mit einem Kokospälmchen (*Microcoélum weddeliánum*) und Aglaonemen neben anderen, weniger empfindlichen Gewächsen frei ausgepflanzt in einem großen Blumenkorb und gedeiht dort so zufriedenstellend, daß diese Tatsache dem Liebhaber eine Empfehlung sein könnte, auf den Besitz dieser schönen Pflanze auch unter modernen Wohnverhältnissen nicht zu verzichten (siehe Foto Seite 33).

Fingeraralie, *Dizygothéca elegantíssima*

Zimmeraralie
Efeuaralie

Fátsia japónica

x Fatshédera lízei

Beide Aralien sind Blattpflanzen mit vorzüglicher Eignung für das Raumklima der traditionellen Wohnkultur mit Ofenheizung und nicht allzu hohen Temperaturen während der Heizperiode.

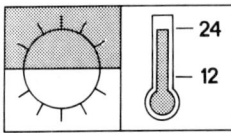

Aralien wünschen einen hellen, jedoch keinen vollsonnigen Standplatz. Während des Sommers ist auch ein luftiges Quartier auf dem Balkon oder im Freien möglich.

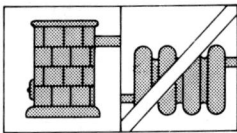

Die von den Pflanzen während des Winters bevorzugten Temperaturen lassen eine Pflege nur bei Ofenheizung ratsam erscheinen.

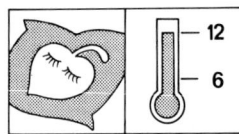

Im Winter genügt aber auch ein Platz im Treppenhaus, in der Veranda oder an einem anderen möglichst hellen Standort.

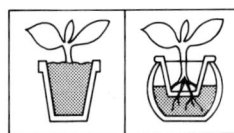

Hydrokultur ist mit gutem Erfolg möglich, für die hochwachsenden und dann kopflastigen Zimmeraralien jedoch nicht zu empfehlen. Erdkultur gelingt in Blumenerde.

Stehende Nässe vermeiden, jedoch das Erdreich gleichmäßig feucht halten. Im Winter ist bei niedrigen Temperaturen vorsichtiger zu gießen. Im Sommer alle 4 Wochen düngen (0,2%ige Lösung).

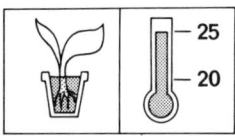

Am besten bewurzeln sich Kopfstecklinge mit 4 Blättern im Frühjahr in sandiger Lauberde bei relativ hoher Bodenwärme unter einer Glasglocke.

Man glaubte früher, daß die Zimmeraralien zu den in Kanada beheimateten Gewächsen der Gattung Aralia gehören. Daher rührt die alte Bezeichnung Zimmeraralie für unsere *Fátsia japónica*. Dieser neuere Name deutet in seinen beiden Bestandteilen auf die wirkliche Heimat der Pflanzen hin, denn Fátsia ist der japanische Pflanzenname, und die Artbezeichnung japónica bekräftigt im wissenschaftlichen Namen nur noch einmal die Herkunft der Pflanzen.

Zimmeraralien waren mit ihrer Bindung an kühlere Wintertemperaturen früher weiter verbreitet als heute. Sie kommen aber in einer nur schwach geheizten Veranda oder auch in einem hellen Treppenhaus so gut über den Winter, daß wir sie hier vorstellen möchten.

Sie tragen 7- bis 9lappige, ansehnliche, 15 bis 40 cm breite, glänzend dunkelgrüne Blätter. Efeuähnliche Blütendolden erscheinen nur bei älteren Pflanzen, sie besitzen jedoch keinen Schmuckwert. Im Alter verkahlt der Stamm der Zimmeraralien von unten her. Man sollte deshalb die Pflanzen beizeiten stutzen und buschig erziehen.

Efeuaralie

Efeuaralien entstanden im Jahre 1912 im Gartenbaubetrieb Lizé Frére in Nantes aus der Gattungskreuzung zwischen *Fátsia japónica* und *Hédera hélix*, dem Efeu. Ihre wissenschaftliche Gattungsbezeichnung ist deshalb zu Fatshedera zusammengezogen und der Artname lizei nach dem Züchter gewählt worden. Efeuaralien vertragen zwar etwas höhere Temperaturen als die Zimmeraralien, im Prinzip gelten aber für sie in bezug auf Eignung für das moderne Wohnklima die gleichen Einschränkungen wie schon für die Zimmeraralien.

Efeuaralien ähneln in der Blattform mehr dem Efeu. Sie tragen 5lappige, glänzend grüne Blätter von 10 bis 20 cm Länge bei 8 bis 15 cm Breite an dünneren, aber ebenfalls verholzenden Stämmchen. Man sollte 3 Jungpflanzen bzw. Stecklinge in einen Topf pflanzen, weil so die schlank aufstrebenden Pflanzen besonders gefällig wirken.

Die grünen Vertreter beider Gattungen benötigen kräftige, nährstoffreiche Erde und regelmäßige Düngergaben während der Vegetationszeit. Von beiden Arten existieren jedoch auch buntblättrige Formen, die bei üppiger Ernährung vergrünen würden. Man dünge hier mit stickstoffarmem Dünger (wie z. B. für Kakteen) und muß in Kauf nehmen, daß die buntblättrigen Vertreter langsamer wachsen, dafür aber auch den zugewiesenen Platz längere Zeit einnehmen können und nicht so schnell außer Form geraten.

Efeuaralie, *x Fatshédera lízei*

Zimmertanne

Araukarie   *Araucária heterophýlla*
                             = A. excélsa

Zimmertannen sind edle, wohlgeformte Gewächse, die stets frei, ohne einengende Nachbarschaft anderer Pflanzen stehen sollen, damit sie ihre Zweige auch zeigen können. Wer sich an ihnen lange erfreuen will, muß einen kühlen Winterstand bieten.

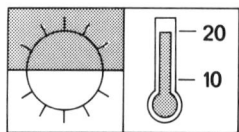

Sie verlangen im Sommer halbschattigen, möglichst kühlen Stand und vertraten von Mai bis September auch Freiluftaufenthalt unter lichtem Baumschatten.

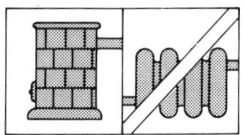

Der erforderliche kühle Winterstand läßt nur Ofenheizung oder den Aufenthalt in einer ungeheizten Veranda als empfehlenswert erscheinen.

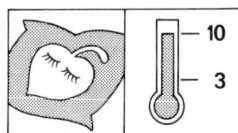

Im Winter die Pflanzen im angegebenen Temperaturbereich halten. Temperaturen über 12 °C werden in geheizten Räumen nicht vertragen.

Umgetopft wird nur alle 2 bis 3 Jahre. Die Gärtner mischen Lauberde, Moor- oder Heideerde und Sand zu gleichen Teilen. Blumenerde mit Kakteenerde versetzt (1:1) erfüllt den gleichen Zweck.

Ein Austrocknen der Erde wie auch stauende Nässe führen zu bleibenden Schäden. Im Winter sehr maßvoll gießen. Gedüngt wird alle 4 Wochen mit 0,1 %iger Lösung von Kakteendünger.

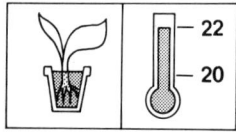

Die Vermehrung durch Kopfstecklinge gelingt nur bei gleichbleibender Wärme und ausreichender Luftfeuchtigkeit in Spezialbetrieben.

James Cook, der 1774 mit der «Resolution» in den Gewässern der Südsee segelte, gelangte bis nach Neukaledonien und sah als erster Europäer Araukarienwälder, die dort in gleicher Weise in ansehnlichen Beständen gedeihen wie hierzulande die Tannen oder Fichten. Araukarien oder Andentannen, wie sie früher auch genannt wurden, besitzen einen überraschend regelmäßigen Wuchs mit ganz gleichförmig angelegten Astquirlen. Das Hauptverbreitungszentrum der Araukarien liegt allerdings im Besiedlungsgebiet der Arauko-Indianer in Südamerika. Dort existieren etwa acht Arten solcher Nadelgewächse, im Südseeraum weitere vier, von denen jedoch nur zwei den Weg bis nach Europa gefunden haben: *Araucária araucána* gedeiht bei uns im atlantischen Einzugsgebiet an den Küsten in entsprechend feuchter Luft in den Gärten, während *Araucária heterophýlla* als einzige zur Zimmertanne geworden ist. Ihr früherer Artname *A. excélsa,* der mit «hervorragende», vielleicht sogar «exquisite» Araukarie zu übersetzen ist, trifft den Schau- und Schmuckwert der Zimmertannen weit besser als der später für richtiger angesehene Artname heterophýlla, mit dem dargetan wird, daß ungleich geformte Nadeln an Stamm und Ästen vorhanden sind. Der Gattungsname ist nach dem Heimatgebiet Arauko der Araukaner abgeleitet.

Die engere Heimat unserer Zimmertannen sind allerdings die Norfolk-Inseln, die in unmittelbarer Nachbarschaft zu Australien ja nur 220 Meilen östlich von Brisbane zu suchen sind.

Das Klima ihrer Heimat entspricht etwa unseren europäischen Verhältnissen. Wer Araukarien pflegen will, muß deshalb für den notwendigen kühlen Winterstand sorgen. Mit der steigenden Wohnkultur sind Zimmertannen zunächst aus der Mode gekommen; denn bei warmem Winterstand (schon bei 12 °C im geheizten Zimmer) verlieren sie ihren straffen Wuchs, die Zweige hängen herab, und die Pflanzen verlieren das elegante Aussehen, für das ursprünglich der Artname «excélsa» gewählt worden war. Hält man die kühle Winterruhe ein, dann könnte «Vergießen» zum gleichen Erscheinungsbild führen.

Trotzdem werden Araukarien neuerdings von den Spezialbetrieben wieder verstärkt herangezogen; sicher weil durch die weitere Steigerung der Wohnansprüche und bedingt durch die Möglichkeiten des Eigenheimbaus wieder kühlere Vorräume, Veranden, Treppenhäuser oder sogar Überwinterungshäuser für Kakteen, Oleander, Palmen oder auch Balkonblumen zur Verfügung stehen.

Zimmertanne, *Araucária heterophýlla*

Aglaoneme

Kolbenfaden   *Aglaonéma spp.*

Aglaonemen ähneln in fast allen Merkmalen den verwandten Dieffenbachien, nur daß sie niedriger bleiben und ohne Stämmchen buschig emporstreben.

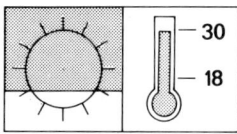

Sie vertragen – zumindest im Sommer – keine direkte Besonnung und wünschen zu gutem Gedeihen einen dennoch hellen Stand bei Temperaturen um 20 °C.

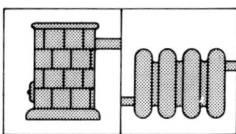

Als Pflanzen aus dem immerfeuchten tropischen Regenwald kommen sie am besten in einer Pflanzenvitrine fort, lassen sich bei guter Pflege jedoch auch in normalen Wohnräumen halten.

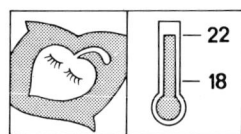

Wärme und Feuchtigkeit sind vor allem auch während des Winters zu gewähren. In der Haltbarkeit entsprechen sie den Dieffenbachien.

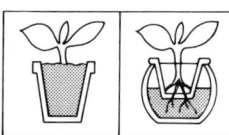

Die Haltung in Hydrokultur ist sehr zu empfehlen. Sonst werden unter die Blumenerde je ¼ gehacktes Torfmoos und Lauberde gemischt; denn die Erde soll grob und gut durchlässig sein.

Das Substrat ist gleichmäßig feucht zu halten. Gedüngt wird alle vier Wochen mit Nährsalzlösung (1 g/l). Wenn die Pflanzen vergrünen, nehme man stickstoffärmeres Düngesalz, wie z. B. für Kakteen.

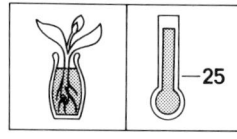

Vermehrt wird durch Teilung der Wurzelstöcke beim Umtopfen bzw. durch das Schneiden von Kopfstecklingen, die sich jedoch nur bei ausreichender Wärme bewurzeln.

Aglaonemen sind Bodenpflanzen aus den immergrünen Regenwäldern Ostindiens und Indonesiens. Ihre Ansprüche sind daraus leicht ableitbar: Wärme, Schatten sowie gleichmäßige Boden- und Luftfeuchtigkeit. Ihren Namen tragen sie nach den Blüten, denn griech. aglaos = herrlich und nema = Faden sind zum Gattungsnamen zusammengezogen, obwohl die Blüten bei der Mehrzahl der Arten nur schlicht grünlichweiß gefärbt sind und außerdem nur höchst selten erscheinen.

Unabhängig von Blüten oder Früchten sind alle Aglaonemen dekorative Blattpflanzen. Sie werden als Einzelexemplare angeboten, zur Schalenbepflanzung verwendet oder auch frei in Blumenkörben oder Vitrinen ausgepflanzt.

Entgegen der Erwartung bewähren sie sich auch im modernen Wohnklima recht zufriedenstellend, wenn man den Pflanzen eine Eingewöhnungszeit zugesteht. Da die Zimmerpflanzen alle in Gewächshäusern mit optimalen Temperatur- und Feuchtigkeitswerten vermehrt werden, fällt dieses Eingewöhnen dann am schwersten, wenn Tropenpflanzen aus sehr günstigen Lebensumständen während der winterlichen Heizperiode den Standort wechseln müssen. Besser ist es deshalb, das Zimmerpflanzensortiment während der Sommerzeit zu ergänzen, wenn auch in den Wohnräumen normale Klimawerte herrschen. Wenn man eine solche Eingewöhnungszeit zubilligt, wird den Aglaonemen bescheinigt, daß ihre Haltbarkeit der der Dieffenbachien entspricht, oder sie sogar übertrifft. Bei Einzelstellung sollte man Aglaonemen in Hydrogefäßen kultivieren, um ein gleichmäßiges Wasserangebot gewährleisten zu können.

Im Vergleich zu den Dieffenbachien wachsen Aglaonemen buschig, obwohl ihre Blätter eine durchaus respektable Größe erreichen, so daß die Unterscheidung zwischen jungen Aglaonemen und Dieffenbachien in Extremfällen nicht immer leichtfällt. Die Gartenbaubetriebe bemühen sich außerdem, immer neue und interessanter gezeichnete Cultivare auf den Markt zu bringen und das Angebot immer mehr zu variieren: mit neuer Blattform – von eirund bis schwertförmig –, kontrastierender Blattzeichnung, Fleckung, Streifung und anderen Mustern in goldgelb bis silbergrau, elfenbein bis zinnfarben, in moos- oder seegrün, getuscht oder fischgrätenähnlich gezeichnet oder zusätzlich mit andersfarbiger Mittelrippe versehen.

Unter all diesen Kulturformen ist *Aglaonéma píctum* sowohl als Stammform wie auch mit dem Cultivar 'Silverking' eine der bekanntesten und weit und breit noch im Angebot.

Kolbenfaden, *Aglaonéma píctum*

Anthurien

Große und Kleine Flamingoblume

Anthúrium-Andreánum-Hybriden
Anthúrium-Scherzeránum-Hybriden

Flamingoblumen bezaubern durch ihre auffälligen Blüten; ihre Eignung als Topf- und Zimmerpflanze beweisen sie jedoch nur dem aufmerksamen Pflanzenfreund, der ihre Existenzbedingungen stets berücksichtigt.

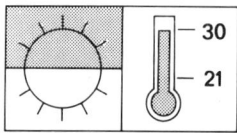

Die Pflanzen entstammen den tropischen Urwäldern und benötigen dementsprechend Wärme und Feuchtigkeit bei höchstens halbschattigem oder noch absonnigerem Stand.

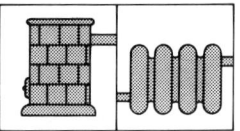

Am besten gedeihen Flamingoblumen in einer Pflanzenvitrine. Ihre Haltung in normalen Wohnräumen ist nur unter größeren Aufwendungen'möglich.

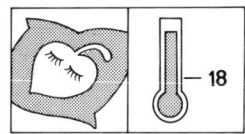

Eine eigentliche Ruhezeit wird nicht eingehalten. Auch im Winter sind mindestens 18 °C zu garantieren und das Bedürfnis nach höherer Luftfeuchtigkeit abzusichern.

Erdkultur in saurem, torfhaltigem Substrat hat sich immer noch am besten bewährt. Die Haltung in Hydrogefäßen ist im modernen Wohnklima nur ein Notbehelf bis zum Beschaffen geeigneter Pflanzenerde.

Der Wurzelballen ist gleichmäßig feucht (aber nicht naß!) zu halten. Nährsalzlösung darf höchstens 0,05%ig (0,5 g/l) gegeben werden.

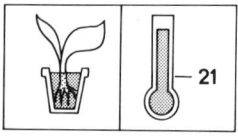

Die Vermehrung gelingt nur dem Gärtner. Der Blumenfreund soll sich damit begnügen, die Pflanzen recht lange am Leben zu erhalten. Bei großen Pflanzen kann der Wurzelstock beim Umtopfen geteilt werden.

Unter den vielen Anthurien-Arten, die in den botanischen Gärten teils als dekorative Blattpflanzen, teils als Blütenpflanzen zu bewundern sind, haben sich in der Gunst der Gärtner zur Gewinnung von Schnittblumen und als Topfware zwei Kreuzungsprodukte durchgesetzt, die als *Anthúrium-Andreánum-Hybriden*, Große Flamingoblume mit herzförmigen Blättern und ebensolcher Kolbenfahne, und als *Anthúrium-Scherzeránum-Hybriden*, Kleine Flamingoblumen mit schmallänglichen Blättern und ovaler Kolbenfahne, weit verbreitet sind.

Der wissenschaftliche Gattungsname der Ausgangsform beschreibt die Form der Blüten als Blütenschweif, denn Anthurium setzt sich aus den griechischen Wortstämmen anthos = Blume und oura = Schweif zusammen. Im deutschen Sprachgebrauch hat sich dagegen der Phantasiename Flamingoblume eingebürgert.

Die Eltern der heutigen Kulturhybriden stammen aus dem tropischen Südamerika. Sie wurden Ende des vergangenen Jahrhunderts in gärtnerische Kultur genommen und haben an Beliebtheit bis heute nichts eingebüßt. Zur Zeit richtet sich das Bemühen der Pflanzenliebhaber darauf, die begehrten Blumen im eigenen Heim auch als Topfpflanze ständig zu pflegen.

Alle diese Bestrebungen können jedoch die Tatsache nicht umgehen, daß die Pflanzen dem tropischen Urwald mit gleichbleibender Wärme und vor allem gleichbleibend hoher Luftfeuchte (75 %!) entstammen. Sobald die Pflanzen aus dem Gewächshaus oder der Pflanzenvitrine entnommen werden, sind sie in der Regel einem langsamen Siechtum ausgesetzt, und nur der wirklich einfühlsame Liebhaber kann bei entsprechender Sorgfalt zum dauernden Erfolg kommen. Dabei gelingt die Kultur in Erde (saures, torfhaltiges Substrat mit einem pH-Wert von 4,5 bis 5,5 und einem Härtegrad dH des Gießwassers von 6 bis 8) nach wie vor am besten. Die Töpfe müssen so aufgestellt werden, wie es für die Orchideenhaltung beschrieben wurde. Die Haltung in Hydrokultur ist nur ein Notbehelf, weil die Wurzeln der Flamingoblumen in stauender Nässe faulen. Der Nährlösungsstand (nur 0,05%ig!) muß deshalb abgesenkt werden. Stehen sie im alkalischen pH-Bereich, dann werden die Blätter gelb, und der Austrieb stockt. Ist das Wasser zu hart, kümmern sie ebenfalls. Es ist viel einfacher und auch erfolgversprechend, grobbrockiges Anthuriensubstrat beim Gärtner zu besorgen, die Töpfe in Moos einzufüttern, mit abgekochtem Wasser zu gießen und die reizvollen Blumen in einer Vitrine am Leben zu erhalten.

Große Flamingoblume, *Anthúrium-Andreánum-Hybride*

Buntwurz

Kaladie   *Caládium-Bicolor-Hybriden*

Eidechsenwurz *Sauromátum guttátum*

Kaladien galten früher als die schönsten tropischen Blatt-pflanzen. Diesen Rang mag ihnen keine andere Pflanze streitig machen, aber in den Wohnräumen gedeihen sie nur, wenn ihren Lebensansprüchen durch einfühlsame und teils aufwendige Pflege entsprochen wird.

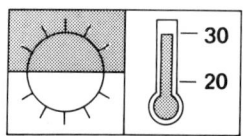

Bei hoher Luftfeuchte vertragen Kaladien auch Sonnenlicht. In normalen Wohnräumen ist jedoch ein halbschattiger bis schattiger Stand angebracht.

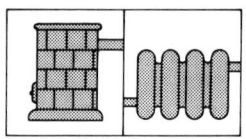

Ihren Bedürfnissen nach höherer Luftfeuchte kann am besten in einem Pflanzenfenster entsprochen werden.

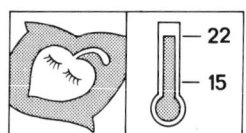

Die Knollen ruhen im völlig austrocknenden Topf von Anfang Oktober bis Anfang April bei etwa 20 °C.

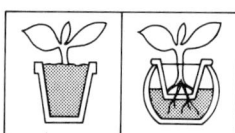

Lauberde, Torf und Sand oder Blumenerde und Torf jeweils zu gleichen Teilen vermischen. Auch bei Hydrokultur die Knolle so weit einsenken, daß sie vom Kies oder Blähton gerade bedeckt ist.

Das Substrat ist immer feucht zu halten. Gedüngt wird während der Vegetationszeit alle 14 Tage mit 2 g Nährsalz/l.

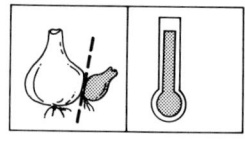

Tochterknollen werden im Frühjahr beim neuen Eintopfen abgetrennt. Schnittflächen mit pulverisierter Holzkohle einpudern und abtrocknen lassen.

Es verlockt immer wieder, wenigstens einmal den Versuch zu wagen, eine Kaladienknolle zum Austreiben und zur Blattentfaltung zu bringen. Die Blätter sind in allen Farben, außer Blau, in den vielfältigsten Variationen und Mustern gezeichnet. Leider sind Kaladien sehr vergängliche Erscheinungen. Schon nach 5 Monaten beginnen die Blätter zu welken, sie ziehen ein, wie der Gärtner sagt, und Anfang Oktober ist die ganze Schönheit wieder vergangen. Seit über 100 Jahren wird versucht, Buntblättrigkeit mit guter Haltbarkeit in den Wohnungen zu vereinen. Die Haltung in flachen und breiten Hydrogefäßen kommt den Lebensansprüchen der Kaladien entgegen, und da die Pflanzen außerhalb der intensiven Heizperiode austreiben, kann man den Versuch durchaus wagen, eine Kaladienknolle über einen Sommer hinweg zu betreuen.

Eine ähnliche Lebensweise führt die Eidechsenwurz, die wir deshalb mit anschließen.

Eidechsenwurz

Hier machen nicht die zierenden Blätter den Reiz der Pflanzen aus, sondern die interessanten Blüten, die im Frühling als erste in überraschender Größe aus der nackten, wurzellosen Knolle austreiben, noch bevor sich auch nur ein einziges Blatt entfaltet hat. Die trocken und an kühlem Orte überwinterten Knollen werden Ende Januar ins Warme geholt und können völlig trocken auf eine Schale oder Untertasse gelegt werden. Da die Blüte jedoch bis zu einem halben Meter aufragt, ist es besser, die Knolle fest einzutopfen, damit sie, vom Substrat gehalten, nicht umfallen kann, auch wenn sie völlig trocken stehen muß. Die Blüte ist ein überdimensionaler Kolben samt Fahne, von samtiger Struktur und gelbbrauner bis dunkelbrauner Färbung und Fleckung. Wenn sich die Hülle öffnet, entströmt ein unseren Nasen nicht sehr angenehmer Duft, glücklicherweise nur für etwa einen Tag. Es sollen damit Fliegen zur Bestäubung angelockt werden.

Ist die Blüte vergangen, muß ein großer Blumentopf, besser aber ein geschützter Stand im Freien oder auf dem Balkon gesucht werden, denn die 2 Blätter je Knolle entwickeln sich zu beinahe regenschirmgroßen, aber fiederspaltigen Gebilden. Im Herbst nimmt man die Knollen nach dem ersten Frost aus der Erde, und das Spiel kann von neuem beginnen. Hat man das Interesse daran verloren, können die Knollen an geschützter Stelle im Freien verbleiben. Sie kommen dann nur später zur Blüte.

Buntwurz, *Caládium-Bicolor-Hybride*

Calla

Zantedéschia aethiópica, Z. elliottiána, Z. rehmánnii

Blattfahne

Spathiphýllum floribúndum

Die weißen Calla sind Zimmerpflanzen aus der Zeit unserer Großeltern; heute gewinnen sie in Form der gelb oder rosa blühenden verwandten Arten *Z. elliottiána* und *Z. rehmánnii* wieder an Bedeutung.

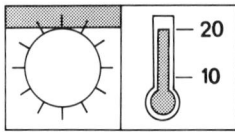

Weiße Calla: September bis Dezember hellster Stand bei 10 bis 12 °C, im Januar 15 bis 18°C, dann 20 °C bis zur Blüte. Blattfahne ganzjährig; farbige Calla nur während der Vegetationszeit heller Stand bei normaler Temperatur.

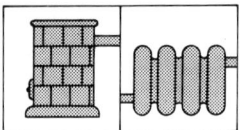

Weiße Calla stehen am besten in einer Veranda. Blattfahnen gedeihen in Hydrokultur in jedem Wohnklima, während die farbigen Calla mit ihrer Ruhezeit die Heizperiode umgehen.

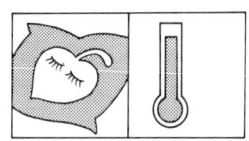

Weiße Calla: von Mai bis Ende Juli nicht gießen.
Farbige Calla: Knollen von November bis März trocken und kühl (8 bis 10 °C) überwintern.
Blattfahne: ganzjährig kultivieren.

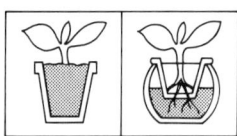

Nährstoffreiches, «fettes» Substrat aus Kompost-, Mistbeeterde, Torf und Sand 2:1:1:1 ist zur Blütenentwicklung erforderlich. Hydrokultur bewährt sich für Blattfahnen und die farbigen Calla.

Während der jeweiligen Hauptwachstumszeit reichlich gießen (es sind Sumpfpflanzen!) und regelmäßig düngen (14täglich mit 0,1%iger Nährsalzlösung = 1 g/1 l Wasser).

Weiße Calla und Blattfahne: Teilung des Wurzelstocks beim Umtopfen. Farbige Calla: Die nach dem Ende der Ruhezeit austreibenden Knollen so zerschneiden, daß Augen auf beide Hälften gelangen. Holzkohle auf Schnittfläche stäuben.

Der alte wissenschaftliche Name Calla ist von griech. kállos = Schönheit abgeleitet und charakterisiert die dekorativen reinweißen Blüten; die uns als abwertend anmutende alte deutsche Bezeichnung Schweinsohr beschreibt die Form des weißen Hüllblattes, die entfernt an ein Wildschweinohr erinnern mag. Die volkstümlichen Namen Schlangenkraut und Drachenwurz weisen darauf hin, daß man Schlangenbisse und, wie Überlieferungen berichten, auch Bisse der sagenhaften Drachen mit den Wurzelknollen der heimischen – giftigen – Sumpfcalla zu heilen versuchte.

Die lange bekannten Zantedéschia wachsen an sumpfigen Plätzen in Afrika, die im heißen Sommer völlig austrocknen, so daß die Pflanzen ihr Laub verlieren und eine strenge Ruhezeit durchmachen. Nur wenn man sie ähnlich behandelt, werden sie auch unter Zimmerbedingungen blühen. Alle Arten benötigen sehr nährstoffreiche Erde, einen hellen Stand (jedoch schirme man die direkte Mittagssonne ab), reichliche Wassergaben sowie regelmäßiges Düngen während der Hauptwachstumszeit.

Die weißblühende Calla, *Zantedéschia aethiópica*, wird mit dem Ende der Ruhezeit Anfang August, wenn notwendig, in neue Erde getopft oder auch in den Töpfen belassen, aber wieder leicht gegossen. Mit dem Erscheinen der neuen Triebe wird stärker gegossen und vor dem Winter noch zwei- bis dreimal gedüngt. Während des Winters müssen die Pflanzen bei etwa 10 bis 12 °C kühl, aber hell stehen. Ab Januar wird die Temperatur den normalen Zimmerwerten wieder angeglichen und ab Februar gedüngt. Die Blüten erscheinen dann um Ostern, zu einer Jahreszeit, in der man sich überall im Lande an frischem Blumenschmuck erfreut. Ab Mai wird das Gießen eingeschränkt, im Juni und Juli müssen die Pflanzen völlig trocken stehen, bevor im September die neue Vegetationsperiode wieder beginnt.

Die farbigen Calla, *Zantedéschia elliottiána* mit gelbem Blütenhüllblatt und *Z. rehmánnii* mit rosarotem Blütenhüllblatt, lassen sich besser in den Rhythmus unserer winterlichen Heizperiode eingliedern. Sie werden im März eingetopft, ihre Vegetationszeit fällt mit unserem Sommer zusammen, die Blüten erscheinen zwischen Juni und August. Im Oktober wird durch Wasserentzug die Ruhezeit erzwungen, und die Wurzelknollen werden nach dem Einziehen der Blätter bis Ende Februar kühl (bei 8 bis 10 °C) aufbewahrt.

Blattfahnen kultiviert man ohne Ruhezeit am besten in Hydrokultur.

Blattfahne, *Spathiphýllum floribúndum*, eine anspruchslose «Calla», die sich ohne Ruhezeit ganzjährig in Hydrokultur halten läßt

Dieffenbachie

Dieffenbáchia spp.

Dekorative buntblättrige Grünpflanzen für gleichmäßig warme Räume, die aber für einen stattlichen Wuchs etwas höheren Pflegeaufwand erfordern, als man Grünpflanzen gemeinhin zugestehen will.

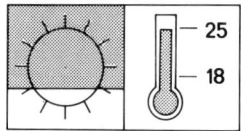

Benötigen bei einem hellen Stand viel Wärme (um 20 °C), vertragen jedoch keine direkte Sonneneinstrahlung.

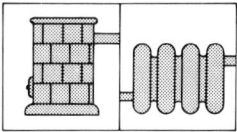

Als Warmhauspflanzen kommen sie am besten im Blumenfenster fort, lassen sich bei guter Pflege aber auch im Zimmer an einem hellen Platz halten.

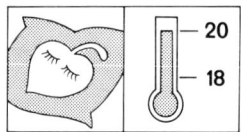

Im Winter den hellsten Stand geben. In zentralgeheizten Räumen, die dem Wärmebedürfnis der Pflanzen entgegenkommen, ist die Luftfeuchtigkeit durch tägliches Übersprühen zu erhöhen.

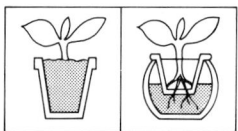

Haltung in Hydrogefäßen ist sehr zu empfehlen. Sonst verwende man eine grobe, nährstoffreiche Mischung aus Laub- und Komposterde, Torf und Sand.

Wasser- und Nährstoffbedarf sind im Sommer sehr hoch. Während der Vegetationszeit sind 0,1%ige Nährlösungsgaben (1 g/l) alle 14 Tage angebracht. Auch im Winter die Erde gleichmäßig feucht halten.

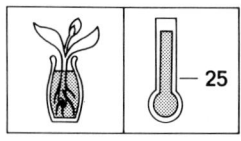

Wenn der Stammfuß zunehmend verkahlt, wird der Schopf abgemoost oder als Kopfsteckling im Wasserglas bei 25 °C bewurzelt und wieder eingesetzt.

Dieffenbachien entstammen den immergrünen Regenwäldern des tropischen Mittel- und Südamerika. Sie besitzen große, dekorative Blätter und wachsen als Bodenpflanzen aufrecht und üppig. Auch im Zimmer werden sie über einen Meter hoch und entwickeln einen kräftigen Stamm. Die gelegentlich erscheinenden unscheinbaren Blüten besitzen neben den gefleckten Blättern und dem stattlichen Wuchs kaum Schmuckwert.

J. F. Dieffenbach (1796 bis 1863), damals Obergärtner am Botanischen Garten in Wien, brachte die Pflanzen zu einer Zeit nach Europa, als die Liebhaberei für tropische Pflanzen in vollster Blüte stand. Sie wurden nach ihm benannt und erhielten auch später keinen besonderen Volksnamen.

Die hohen Wärmeansprüche der Dieffenbachien sind aus ihrer Herkunft ableitbar. Ihre Empfindlichkeit gegenüber Zugluft und Kälte, aber auch gegenüber hoher Lufttrockenheit soll nicht verschwiegen werden. Im modernen Wohnklima kommen sie deshalb in Hydrogefäßen am besten fort. Entscheidend für einen erfolgreichen Zimmeraufenthalt sind eine konstante Feuchtigkeit des Erdsubstrates, aber keine stauende Nässe, ein heller, dennoch schattiger Platz und ausreichende Nährstoffzufuhr. Dieffenbachien sind «Fresser», die im Sommer regelmäßig gedüngt sein wollen. Tut man darin aber zuviel des Guten, vergrünen die Blätter. Man sollte dann stickstoffärmere Dünger (wie für Kakteen) ausprobieren. Darüber hinaus sind Dieffenbachien für Luftfeuchtigkeit dankbar und benötigen gleichbleibende hohe Wärme zu ungestörtem, regelmäßigem Wuchs.

Wenn dennoch der Stamm von unten verkahlt, muß der beblätterte Schopf im Frühjahr abgeschnitten und neu bewurzelt werden. Dabei sollte man den Blattschopf leicht zusammenbinden, um die Verdunstung der großen Blätter zu vermindern, und in ein Wasserglas stellen. Alle zwei Jahre topfe man um, damit die Größe des Topfes dem inzwischen gewachsenen Überbau angepaßt bleibt.

Die meisten Kulturformen stammen von *Dieffenbáchia maculáta = D. picta* aus Brasilien. Die Züchter lesen immer dekorativer gezeichnete Pflanzen aus. Man suche sich darunter nach eigenem Geschmack die schönste aus.

Der Saft der Pflanzen soll sehr giftig und von den Eingeborenen sogar als Pfeilgift verwendet worden sein. In Europa sind Vergiftungsfälle zwar nicht bekanntgeworden, dennoch sollte man vorsichtig sein, wenn man beim Stecklingsschnitt mit dem Messer hantiert!

Dieffenbachie, *Dieffenbáchia maculáta,* als dominierende Pflanze in einem Blumenfenster

Monstera

Fensterblatt   *Mónstera deliciósa*

Alles an dieser Pflanze ist überdimensioniert, die großen Blätter mit den fensterartigen Löchern, der gewaltige Blütenstand, der sich bei älteren Pflanzen entwickelt, und die Gesamterscheinung der Pflanze.

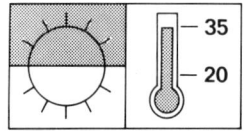

Ein heller, aber keinesfalls vollsonniger Platz bei ausreichender Wärme bietet den Pflanzen die besten Lebensbedingungen. Eine Stütze wird benötigt, um den aufstrebenden Pflanzen Halt zu geben.

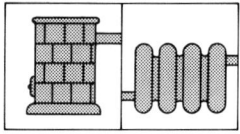

Die Temperatur darf nicht unter 12 °C absinken. Da die Pflanzen auch das moderne Wohnklima tolerieren, können sie in jedem großen Raum gepflegt werden.

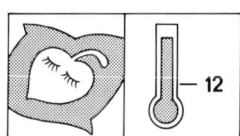

Eine eigentliche Ruhezeit wird nicht eingehalten. Im Winter stockt lediglich die Blattentfaltung.

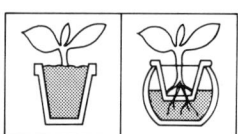

Für Erdkultur ist jede humose, lockere, torfhaltige und nährstoffreiche Erde geeignet. Hydrokultur ist zu empfehlen, wenn die Gefäße groß genug sind, dem stattlichen Überbau auch Halt zu geben.

Regelmäßiges Gießen während des ganzen Jahres und regelmäßiges Düngen von März bis Anfang Oktober verhelfen zu gleichmäßigem, dekorativem Wuchs.

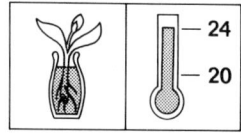

Die Vermehrung erfolgt durch Kopf- und Stammstecklinge. Zu große Pflanzen werden durch Abmoosen verjüngt. Durch die an jedem Knoten angelegten Luftwurzeln wachsen Stecklinge problemlos an.

Monstera sind Kletterpflanzen der Wälder Mittelamerikas; in den europäischen Gärtnereien wird seit 1848 die aus Mexiko stammende *Mónstera deliciósa* kultiviert. Sie ist mit ihren großen und auf vielfältige Weise geschlitzten Blättern jedoch nur für entsprechend große Räumlichkeiten, Empfangshallen, Foyers, Salons oder Wandelhallen geeignet. Daneben gibt es die kleinbleibende Varietät 'Borsigiana', so daß man auch in Wohnräumen nicht auf den Schmuck dieser ansehnlichen Pflanzen zu verzichten braucht. Aber selbst die Form 'Borsigiana' ist immer noch groß genug, um die Ableitung des wissenschaftlichen Namens durch den französischen Forscher M. Adanson (1727 bis 1806) ohne weitere Begründung verstehen zu können. Die Artbezeichnung deliciosa bezieht sich auf die an älteren Pflanzen erscheinenden eßbaren Früchte, denn deliciosus heißt köstlich, wohlschmeckend. Gelegentlich werden sogar viele Früchte hervorgebracht. Man pflücke und koste sie zwischen der Gelb- und Braunfärbung, bzw. wenn sie gerade anfangen, braun zu werden. Zu früh gepflückt, dringt der Geschmack der Oxalsäure zu sehr durch, später faulen sie. Vorräte anlegen ist nicht ratsam. Man nutze das Angebot, wenn es sich darbietet, prüfe aber vorsichtig, was unter Umständen der eigene Magen dazu sagt.

Beide Formen sind haltbare Zimmerpflanzen, die ganz im Gegensatz zu vielen anderen Arten der engeren und weiteren Verwandtschaft nicht nur absinkende Temperaturen (z. B. während der Nacht), sondern auch Lufttrockenheit tolerieren. Gleichgültig, welche der beiden Formen man in den eigenen Räumlichkeiten pflegt, ihr Wasser- und Nährstoffbedürfnis ist kaum zu erfüllen. Vor allem die kleinere Form 'Borsigiana' klimmt schnell in die Höhe und braucht einen Stab oder ein Gerüst zur dekorativen Entfaltung.

Die an jedem Blattknoten austreibenden Luftwurzeln sind eine charakteristische Eigenheit dieser Pflanzen; sie sichern am heimatlichen Standort die Nährstoffversorgung des immer länger werdenden Gewächses, sobald sie den Boden erreicht haben. Man leite die Luftwurzeln also auch zu Hause in den Topf und erhalte sich auf diese Weise über lange Zeit den gleichmäßigen Wuchs eines fremdländischen Zimmergewächses, das schnell zur dominierenden Erscheinung unter den Grünpflanzen des eigenen Heimes heranwachsen wird.

Wenn die Pflanze später zu lang geworden ist, schneidet man einen Kopfsteckling, der sich in warmem Wasser sehr schnell bewurzelt.

Fensterblatt, *Mónstera deliciósa*

Philodendron

Baumfreund   *Philodéndron spp.*

Kletternde oder rankende Grünpflanzen mit vielgestaltigen Blättern, großer Toleranz gegenüber Beschattung und – wenigstens zum Teil – bemerkenswerter Härte in trockener Zimmerluft.

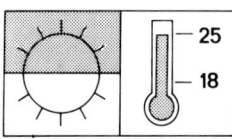

Volle Sonne wird in der Regel nicht vertragen. Ein warmer, halbschattiger Stand bietet allen Arten optimale Lebensbedingungen.

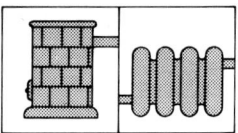

Als Zimmerpflanzen haben sich diejenigen im Angebot durchgesetzt, die bei gleichmäßiger Wärme die Lufttrockenheit der Wohnräume tolerieren. Andere Arten gedeihen ausschließlich in einer Pflanzenvitrine.

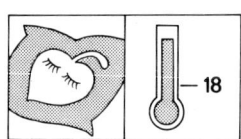

Eine eigentliche Ruhezeit wird nicht eingehalten. In unserer lichtarmen Jahreszeit stagniert allerdings die Blattentfaltung.

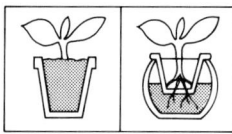

In den modernen Wohnungen ist Hydrokultur anzuraten. Die Erdkultur gelingt aber auch in jeder lockeren, grobbrockigen, torfhaltigen und nährstoffreichen Blumenerde.

Das Pflanzensubstrat ist gleichmäßig feucht (aber nicht naß!) zu halten, und während der Vegetationsperiode ist alle 2 bis 4 Wochen mit Nährsalzlösung (1 g/l) zu düngen.

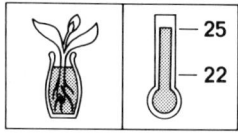

Alle Arten lassen sich leicht durch Kopf- wie Stammstecklinge vermehren, weil die vorgebildeten Luftwurzeln im warmen Wasser unverzüglich austreiben.

Die einheitliche Lebensweise aller Philodendren in den tropischen regenfeuchten Urwäldern Süd- und Mittelamerikas hat der Gattung zu ihrem Namen Philodendron = Baumfreund verholfen. Die schlanken Triebe, die sich an die Stämme stärkerer Bäume anlehnen und an ihnen emporklettern oder an deren größeren Zweigen entlangranken, benötigen kräftige Unterlagen zum eigenen Aufrichten, woraus der wissenschaftliche wie auch der deutsche Name abgeleitet wurden.

An der Ausbildung des Triebes erkennt man zugleich, in welcher Weise der Pflanze auch im häuslichen Arrangement Halt zu geben ist. Einige wenige, vor allem größere Arten wachsen gedrungen unter Ausbildung eines stabilen Stammes, der sich zumindest in den Dimensionen selbst trägt, zu denen sich die Pflanzen in der Wohnung entwickeln können.

Die Mehrzahl der Arten rankt aufrecht strebend an einem passenden Halt entlang. Schließlich existiert noch eine zahlenmäßig kleine Gruppe von Philodendren, die mit dünnem Stengel aus einer Ampel oder vom Rand eines Blumenkorbes herabhängend gezogen werden.

Wichtig ist der Hinweis, daß in Form und Größe der Blätter bei fast allen Philodendren sehr starke Unterschiede zwischen jungen und älteren Exemplaren bestehen und daß das Erscheinungsbild von Pflanzen der gleichen Art auch nach dem Nährstoffangebot sehr stark differieren kann.

Beginnen wir unsere Vorstellung mit den großblättrigen und stabilen Arten, die als Doppelgänger der Monstera verstanden werden können und in ähnlicher Weise dekorative Blickfänge in größeren Räumen darstellen:

Aufrecht wachsende Arten sind:

Philodéndron sélloum wächst aufrecht mit dicht beblättertem Stamm. Die Blattstiele erreichen schließlich eine Länge von 40 bis 50 cm, und die Pflanze nimmt mit ihrer ausladenden Erscheinung bald einen beachtlichen Platz ein. Sie ist dann eine dekorative Kübelpflanze, die es mit einer Monstera durchaus aufnehmen kann, und sie ist dabei ebenso anspruchslos gegenüber trockener Luft, Staub und schattigem Stand. Bestechend wirkt ihre bizarre Blattform, die ältere Pflanzen unter guten Bedingungen erhalten. Den kleinen ganzrandigen Jungblättern folgen größere mit immer weiter eingebuchtetem Blattrand, bis die Altersblätter bei optimaler Ernährung fast bis zur Mittelrippe tief eingeschnitten sind.

Baumfreund, *Philodéndron sélloum*

Ähnlich wächst und präsentiert sich *P. bipinnatífidum* mit doppelt fiederschnittigen Blättern.

Philodéndron martiánum hat als Charakteristikum stark aufgeblasene Blattstiele. Die Pflanzen weisen einen dichten Blattstand auf, so daß auch ältere Exemplare immer noch buschig wirken. Ihre ungeteilten Blätter von länglich-lanzett-ähnlicher Gestalt haben eine fleischig-lederartige Struktur.

Philodéndron devansayeánum besitzt länglich-herzförmige Blätter von 50 bis 60 cm Länge. Sie sind anfangs rötlich, später, bei voller Entfaltung, von glänzend grüner Farbe. Auch seine Blattstiele erreichen, ähnlich wie bei *P. sélloum* und *P. bipinnatífidum,* eine Länge bis zu 50 cm.

Klimmende aufstrebende Arten sind:

Philodéndron élegans, eine elegante Art mit großen geschlitzten bis fiederspaltigen Blättern. Die Pflanzen erinnern in Wuchs und Blattform sehr an eine Monstera, nur daß die Blattfenster bis zum Rande durchgehen, also nach außen geöffnet sind.

Philodéndron squamíferum, der schuppentragende Baumlieb, besitzt 3- bis 5lappige Blätter. Sein unverwechselbares Kennzeichen besteht im dichten Schuppenbesatz der Blattstiele. Frei ausgepflanzt kann *P. squamíferum* bis 60 cm lange Blätter ausbilden.

Philodéndron bipennifólium ist eine ganz ähnliche, gut haltbare Art, deren kräftig-derbe Blätter aber nur 20 bis 25 cm Länge erreichen.

Philodéndron laciniátum ist unter den Arten mit 3- bis 5lappigen Blättern die zierlichste und handlichste mit zarten, nur bis zu 30 cm langen Blättern. Auch sie hält sich in Hydrokultur gut in der trockenen Luft moderner Wohnungen.

Philodéndron erubéscens ist die beliebteste unter den Arten mit ganzrandigen Blättern. Dieser Baumlieb erhielt seinen wissenschaftlichen Artnamen nach den hübschen roten Trieben und den rötlichen Blattunterseiten der jungen Blätter. Zu ihnen steht das dunkelgrüne ältere Laub in belebendem Kontrast. Die Blätter sind länglich herzförmig, 15 bis 35 cm lang bei 12 bis 20 cm Breite. Die Pflanzen zeichnen sich durch gute Haltbarkeit in den ferngeheizten Wohnungen aus, wobei auch hier die Kultur in Hydrogefäßen zu empfehlen ist.

Philodéndron verrucósum ist eine ebenfalls sehr dekorative, aber leider auch sehr empfindliche Art. Die borstig-warzigen Blattstiele (daher der Name verrucosum) tragen herzförmige Blätter (vom gleichen Umriß wie bei *P. erubéscens*), deren dünne, zarte, samtige Blattspreiten durch deutlich abgehobene Blattnerven mit interessantem Muster versehen

sind und außerdem durch ihre Färbung von dunkeloliv bis bronzebraun und die smaragdgrünen Randzonen überaus lebhaft wirken.

Empfehlenswerte Philodendren mit ganzrandigen Blättern sind weiterhin: *Philodéndron cordátum* mit großen, herzförmigen Blättern, *Philodéndron hastátum* mit pfeilförmigen, *Philodéndron karwínskii* mit deutlich unsymmetrischen und schließlich *Philodéndron trilobátum* mit stark eingebuchteten, im Umriß dreieckigen Blättern.

Aus Dänemark kam erst in jüngster Zeit der wie *P. erubéscens* für trockene Wohnräume geeignete *Philodéndron tuxtlánum* zu uns. Die Pflanzen wurden erst 1959 in Mexiko entdeckt. und mittlerweile übersteigt der Verkauf von Jungpflanzen in Dänemark schon eine halbe Million pro Jahr. Sie vertragen Lufttrockenheit ziemlich gut, und die lederartigen, langovalen, etwas zugespitzten Blätter erwecken durchaus den Eindruck von Robustheit und Härte. Die Blattstengel stehen im rechten Winkel zur Blattspreite, die glänzend hellgrün gefärbt ist. *Philodéndron* 'Tuxla' ist schattenverträglich und auch aus diesem Grunde als Zimmerpflanze mit großen Vorschußlorbeeren bedacht.

Philodéndron asperátum leitet schließlich über zu den dünntriebigeren, hängend herabwachsenden Arten. Er besitzt herzförmige Blätter mit hübscher silbriger Zeichnung und wächst zunächst gedrungen und aufrecht, weil die Stengelabschnitte zwischen den Blättern nur etwa 10 cm lang sind. Mit zunehmendem Wachstum kippen die Triebe aber nach unten und verwandeln diesen Baumlieb in eine hübsche Hängepflanze.

Reine Hängepflanzen sind:

Philodéndron scándens ist die häufigste, haltbarste und sicherlich auch bekannteste Art. An schlanken herabhängenden Trieben sitzen dunkelgrüne, herzförmige Blätter. Nur drei Triebe in eine Ampel, eine Kokosnußschale oder ein anderes Hängegefäß gesteckt oder gepflanzt, wachsen sie bald zu einem reizvollen Gewächs heran. Ähnlich in Gestalt und Wuchsform, aber etwas anspruchsvoller in bezug auf Wärme und Luftfeuchtigkeit ist *P. surinaménse* mit moosgrünen Blättern.

Baumfreund,
Philodéndron squamíferum
Philodéndron erubéscens 'Burgundii'
Philodéndron asperátum
Philodéndron scándens (rechts)

Skindapsus

Efeutute

Scindápsus āūreus
Epiprémnum āūreum

Sie zählen mit zu den Zimmerhelden in trockenen, sehr warmen Wohn- und Büroräumen und sollten auch wegen ihrer belebenden Blattzeichnung und den wüchsigen Ranken in keiner Wohnung fehlen.

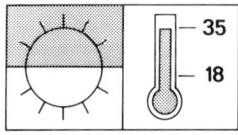

Wenn die Temperatur nicht unter 18 °C absinkt, nehmen die Pflanzen mit allen anderen Lebensumständen vorlieb und gedeihen auch noch auf der schattigen Nordseite oder tief im Inneren südseitiger Zimmer.

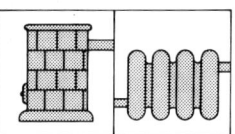

Sie sind besonders für gleichmäßig warme Räume mit Zentralheizung oder Elektro-Nachtspeicheröfen geeignet.

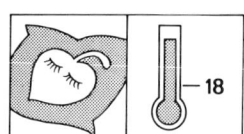

Eine eigentliche Ruhezeit wird nicht eingehalten. Im Winter stockt lediglich das Triebwachstum.

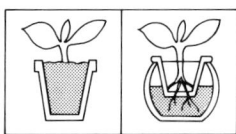

Die Haltung in Hydrokultur ist sehr zu empfehlen. Sie wachsen aber auch in Blumenerde, eventuell zu ¼ mit Torf oder Düngetorf versetzt, zur vollsten Zufriedenheit.

Das Substrat sollte ständig feuchtgehalten werden. Gedüngt wird während der Vegetationszeit (April bis September) alle 14 Tage mit 1 bis 2 g Blumendünger je l. Hydrokultur ist zu empfehlen.

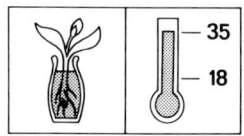

Kopfstecklinge wurzeln jederzeit in einem Wasserglas. Die Gärtner zerlegen die Ranken in Teilstücke mit 1 bis 2 Blättern, die ebenso willig anwachsen und austreiben.

Skindapsus sind tatsächlich in einem Zuge mit Syngonium, Sansevieria und den Yukka-Palmlilien zu nennen, denn sie sind einfach nicht unterzukriegen und nehmen meist auch Kulturfehler nicht übel. Überkonzentration von Nährsalz scheint ihnen nichts auszumachen. Ein heller Stand in Fensternähe oder ein Aufenthalt in tiefem Schatten – Skindapsus wächst und gedeiht unverzagt.

Wenn es schon in der Haltung und Pflege in den Wohnungen keinerlei Schwierigkeiten gibt, hat die Wissenschaft jedoch welche mit dem Herausfinden des richtigen Namens. Als die Pflanzen unter dem Namen Scindapsus verbreitet wurden, glaubte man, auch einen deutschen Namen angeben zu müssen, und nannte die Pflanze aus unerfindlichen Gründen Efeutute. Dieser Name hat sich nie recht eingebürgert. Die Wissenschaft änderte aber schon bald den richtigen Namen ihres Kindes und glaubt einige Jahre, mit Rhaphidophora besser beraten zu sein. Kaum hatten die Gärtner in Pflanzenbüchern und Katalogen den «falschen» Namen bereinigt, nannte man die Pflanze Epigremnum. Inzwischen heißt sie Epipremnum.

Das Gewächs mit den vielen Namen hat die angenehme Eigenart, Ranken auszubilden, deren Längenwachstum beinahe mit bloßem Auge verfolgt werden kann. Auf dem Foto wachsen die laufenden Meter um eine Scheibe eines hohlen Baumstamms herum. Anderswo folgen sie Regalen, Fensterumrandungen, wachsen an Moosstäben empor oder hängen aus Ampeln herab, so wie es der Pfleger jeweils für die dekorativste Lösung hält.

Scindápsus āūreus = *Epiprémnum āūreum* ist die am meisten verbreitete Art mit den zuvor beschriebenen Qualitäten. Ihre Heimat ist die Inselwelt Indonesiens. Die Blätter sind auf grünem Grunde unregelmäßig elfenbeinfarben bis gelbgrün gezeichnet. Die weißbunte Form 'Marble Queen' ist ebenfalls eine schöne Pflanze, aber schwächer wachsend und nicht so robust wie die Ausgangsform (s. Seite 103).

Scindápsus píctus hat seinen Namen bislang behalten. Ostindien, der Malaiische Archipel und Neuguinea sind die Heimatgebiete dieser weiteren Art. Im Gegensatz zur vorigen ist sie auch in den Wohnungen streng an die Lebensbedingungen der Heimat gebunden, wobei das Bedürfnis nach höherer Luftfeuchte wohl nur in einer Pflanzenvitrine erfüllt werden kann. Die Blätter sind von gleicher Größe und Form wie bei *Scindápsus āūreus*, aber die schwarzgrüne Blattfläche ist silberweiß gezeichnet. Die in allem kleinere Form 'Argyreus' besitzt silberne Flecken auf heller grünem Grund.

Efeutute, *Scindápsus āūreus* = *Epiprémnum āūreum*

Syngonium

Syngónium aurítum
Syngónium podophýllum

Es sind harte, geradezu unverwüstliche Hängepflanzen für extrem trockene, ständig warme, zentral- oder ferngeheizte Wohn- und Arbeitsräume.

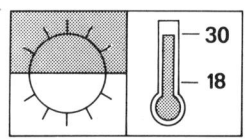

Syngonien sind Schattenpflanzen, die auch am sonnenlosen Nordfenster bzw. tief im Inneren der sonnenseitigen Räume grünen.

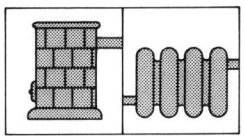

Sie wachsen und gedeihen in jedem Raumklima, wenn nur 12 °C nicht für längere Zeit unterschritten werden.

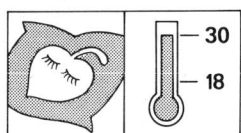

Eine Ruhezeit wird nicht eingehalten. Bei niederer Temperatur stockt in den Wintermonaten höchstens die Blattentfaltung an den Triebspitzen.

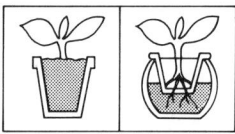

Syngonien wachsen ausgezeichnet in Hydrogefäßen. Zur Erdkultur eignet sich jedes lockere, humose, torfhaltige Substrat.

Regelmäßig gießen, von März bis Oktober düngen. Bei Hydrokultur auf gleichmäßigen Wasser- bzw. Nährlösungsstand achten.

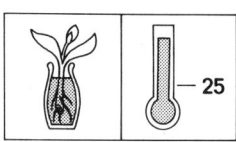

Am besten wurzeln Triebenden mit 2 bis 3 Blättern im Wasserglas bei mindestens 25 °C Wärme. Gefäße deshalb in Ofennähe oder über den Heizkörper stellen.

Syngonien wurden als Zimmerpflanzen erst richtig entdeckt, als man für die warmen, teils überheizten, extrem lufttrockenen und oft ferngeheizten Wohnungen nach anpassungsfähigen Grünpflanzen suchte. Die Verwandtschaft und Ähnlichkeit mit den Philodendren mag ihnen zum Namen Syngonium (von syn = gemeinsam und goeia = Zeugung, Heimat) verholfen haben. Unter diesen einander recht ähnlichen, rankenden oder klimmenden Grünpflanzen sind die Syngoniumarten erkennbar durch den Milchsaft und die dünnen, fast drahtigen, dunkelbraunen Wurzeln.

Die Gattung ist mit etwa 15 Arten in Mittelamerika und auf den benachbarten Inseln heimisch. Wie alle Aronstabgewächse haben auch die Syngonien kolbenförmige, nur selten erscheinende Blüten mit geringem Schmuckwert. Zierend sind die bei *Syngónium aurítum* dreilappigen Blätter mit ihrer tiefgrünen Färbung bzw. die fünf- bis neunlappigen Blätter von *Syngónium podophýllum* mit silberweißer oder gelblicher Zeichnung an herabfallenden, üppig wuchernden Ranken. Die Pflanzen können an einem Moosstab auch aufrecht gezogen werden. Bisher haben sich als Zimmerpflanzen bewährt:

Syngónium aurítum mit kräftigen, einfarbig dunkelgrünen, glänzenden, meist nur dreiteiligen Blättern, mit einer Blattscheide, die mehr als die Hälfte der Stiellänge ausmacht. Es ist die robustere Art, die auch länger kühlere Temperaturen in nicht regelmäßig beheizten Räumen verträgt.

Syngónium podophýllum wirkt graziler, besitzt «zartere», am Grunde mindestens 5- (bis 9-)teilige, silbern oder gelblich gezeichnete Blätter, deren Blattscheide nur ein Drittel der Länge des Stieles einnimmt. Bei ihr sollte die Raumtemperatur nicht unter 14 °C absinken (s. Seite 37 links).

Beide Arten sind ideale Zimmerpflanzen für gleichmäßig warme Räume bis hin zu sehr warmen und extrem trockenen Büro- und Arbeitszimmern.

Zusammen mit Aglaonemen, Judenbart, Grünlilien, Tradeskantien und Usambaraveilchen sind die beiden Syngonium-Arten eine ideale Empfehlung für einen schattigen Stand in warmen, lufttrockenen Räumen. Skindapsus und Syngonium wachsen selbst im Inneren der nach Norden gerichteten Räume.

Syngonium, *Syngónium aurítum*

Glanzkölbchen

Apheländra squarrósa

Ährenstöckchen

Belopérone guttáta

Alle Bärenklaugewächse zieren durch kontrastreiche Blattzeichnung oder durch interessante Blüten. Das Glanzkölbchen vereinigt beide Attribute in einer Pflanze und gilt als die schönste Vertreterin der ganzen Familie.

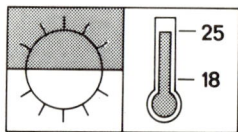

Ein heller halbschattiger Standplatz, der von der Mittagssonne nicht erreicht wird, entspricht im Sommer den natürlichen Anforderungen.

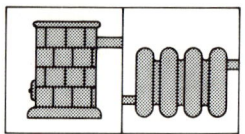

Die Abneigung gegen trockene Luft läßt eine ganzjährige Pflege nur bei Ofenheizung, in einer Veranda oder einer Vitrine empfehlen.

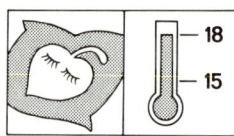

Nach der Blüte wird sparsamer gegossen und im Januar kräftig zurückgeschnitten, um neuen, mehrtriebigen Austrieb und Belaubung von unten zu erreichen.

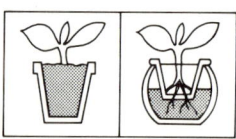

Blumenerde, eventuell zusätzlich mit Torf versetzt, verrichtet ihren Zweck. Spezialisten mischen Lauberde, Torf und Sand (2:2:1). Hydrokultur kann mit Stecklingen versucht werden.

Während der Wachstums- und Blütezeit ist auf gleichmäßige Feuchtigkeit der Erde zu achten. Zur Düngung verwende man stickstoffarmes Nährsalz (Kakteendünger).

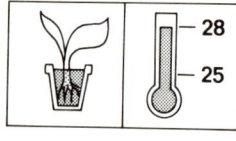

Kopfstecklinge ab Februar von 10 cm langen Seitentrieben dicht unterhalb eines Blattknotens schneiden, untere Blätter entfernen, Schnittstelle mit Bewurzelungshormon einpudern, eintopfen, warm und feucht halten, abdecken.

Apheländra wächst am heimatlichen Standort als Bodenpflanze lichter, tropischer Wälder. Neben den ganzjährig zierenden Blättern mit der hell gelbgrünen Aderzeichnung sind die in einem markanten vierkantigen Blütenstand vereinten gelben bis orangefarbenen Blüten eine weitere Zierde der hübschen Pflanzen. Ab Ende Januar beginnen die Anzuchtbetriebe mit dem Bereiten der Stecklinge, so daß ab Juli die ersten blühenden Pflanzen angeboten werden. Je nach den gegebenen Bedingungen kann man sie als Saisonpflanze bis zum Ende der Blütezeit als Zimmerschmuck verwenden oder auch eine ganzjährige Haltung versuchen.

Die deutsche Bezeichnung geht auf die wachsartig schimmernden Hochblätter des Blütenstandes zurück, der wissenschaftliche Name benennt den einfachen Bau der Staubblätter.

Ährenstöckchen

Belopérone guttáta ist eine Pflanze mit eigenartigem Gesicht und vielen Namen. Spornbüchschen, Ährenstöckchen, Zimmerhafer und Krabbenpflanze sind uns bekannt. Vielleicht heißen die Pflanzen mit dem eher schuppigen, eigenartigen und gerade deshalb interessanten Blütenstand anderswo noch zutreffender? Unter günstigen Bedingungen blühen die Pflanzen das ganze Jahr mit lachsfarbenen Hochblättern und weißen Blüten, die – mit viel Phantasie – einer Krabbe ähneln, aber mit dem gleichen Maß an Vorstellungskraft auch den anderen Volksnamen Berechtigung geben.

Wenn man die bis dahin nicht geschauten Pflanzen irgendwo in ländlicher Umgebung entdeckt, wird möglicherweise der Wunsch geweckt, sie auch zu besitzen. Stecklinge wurzeln in Blumenerde bei genügender Bodenwärme dann besonders sicher, wenn man das abgeschnittene Ende mit Hormonpuder behandelt. Im Wasserglas wurzeln sie dagegen nicht, so daß eine Umstellung auf Hydrokultur problematisch erscheint.

Da Beloperone im Winter kühler und feuchter stehen müssen, empfiehlt sich als Standort ein Fensterbrett, das nicht von der warmen Luft eines Heizkörpers bestrichen wird. Die Pflanzen sollen jährlich im Frühjahr umgetopft und im Sommer gelegentlich mit Nährsalzlösung gedüngt werden.

Ährenstöckchen, *Belopérone guttáta*

Weitere Bärenklaugewächse

Viele Arten der Bärenklaugewächse gehörten früher im kühleren, aber feuchteren Wohnklima zu den häufiger gepflegten Zimmerpflanzen. Sie werden immer wieder einmal entdeckt und dann entweder als Saisonware für den Sommer oder als mögliche Bewohner von Pflanzenfenstern herangezogen. Wenn Blüten ausgebildet werden, dann sehen sie meist einer vierkantigen, extrem hohen Pyramide ähnlich, wie sie für Aphelandren und für Pachystachys typisch sind. Die Blattpflanzen unter den Bärenklaugewächsen zieren durch auffällige Färbung der Blattadern und wirken als belebendes Element vor allem in Pflanzenschalen oder als Bodenbedecker in Vitrinen und Pflanzenfenstern.

Blütenpflanzen:
Pachýstachys lútea

Die Pflanzen sind blühwillig und werden vorwiegend zur Schalenbepflanzung verwendet. Wenn regelmäßig mit Nährsalzlösung (14tägig 1 bis 2 g/l) gedüngt bzw. jährlich umgetopft wird, wachsen sie schnell heran und erlangen bald die Maße von Kübelpflanzen. Durch Rückschneiden jeweils Ende Februar hält man die Pflanzen in Form. In allen Lebensansprüchen entsprechen sie dem für alle Bärenklaugewächse gegebenen Schema, die Temperatur kann jedoch ganzjährig um 20 bis 22 °C gehalten werden, die Bodentemperatur soll nicht unter 18 °C abfallen.

Crossándra infundibulifórmis

Sie sind als eintriebige Kleinpflanzen bis verzweigte größere Exemplare im Angebot. Blätter: länglich-oval, zugespitzt, glänzend grün. Blüten: endständige Ähre mit leuchtend orangefarbenen Hochblättern, die sich wie ein Schirm von der Blütenachse abspreizen. Blütezeit: Frühjahr bis Herbst. Im Winter sollen die Pflanzen im Pflanzenfenster gehalten werden.

Jacobinien, Jacobínia cárnea und weitere Arten

Es sind Kräuter oder Sträucher mit schön gefärbten Blütenständen. J. cárnea wächst strauchig mit länglich-ovalen, unregelmäßig gekerbten, mattgrünen langstieligen Blättern und sehr ansehnlichen Blütenständen, die rosaroten Einzelblüten erreichen 5 cm Länge. Auch die weiteren, ähnlichen Arten zeigen meist rote, rosarote oder fleischfarbene Blüten.

Blattpflanzen:
Ruellien, Dipteracánthus spp. = Ruéllia spp.

Zu den Ruellien gehören mindestens 100 Arten aus den Tropen und Subtropen. Viele zieren neben den schnell vergänglichen Blüten durch bunte bzw. interessante Blattzeichnung. Größere Bedeutung im Zierpflanzenangebot besitzt vor allem Dipteracánthus (früher Ruellia) devosiánus aus Brasilien. Die zunächst mehr in die Breite wachsenden, später aufstrebenden Triebe dieses Halbstrauches werden etwa 30 cm lang. Die ovalen Blätter zeigen auf samtenem, dunkelgrünem Grund auffallend silberne, fischgrätenähnliche Zeichnungen, während die Blattunterseiten purpurrot gefärbt sind. In den Blattachseln erscheinen gelegentlich weiß-hellviolett gestreifte unscheinbare Blüten.

Fittonien, Fittónia verschafféltii

Durch die bunte Aderzeichnung dienen Fittonien in vielen Pflanzenvitrinen als schmückende Bodendecker. Aber Zimmerpflanzen im eigentlichen Sinne sind es nicht. Sie brauchen Wärme, Schatten und (Luft-)Feuchtigkeit, nur stauende Nässe vertragen die Wurzeln nicht. Dafür gedeihen sie auch noch im tiefen Schatten und sind selbst gegenüber dem Benetzen der Blätter mit Wasser unempfindlich. Die Blätter sind im Normalfall auf dunkelgrünem Grund intensiv karminrot gezeichnet. Daneben existieren folgende Kulturformen:

'Argyroneura', Blätter heller grün mit silberweißer Aderung; 'Minima', Zwergform, Blattfärbung jedoch wie die vorige Art; 'Pearcei', Blätter viel dichter stehend, Pflanzen gestaucht, Zeichnung jedoch wie bei der Normalform.

F. gigántea wächst aufrecht und erreicht 60 cm Höhe. Ihr Schmuck sind große, glänzendgrüne, rotgeaderte Blätter.

Sommersprossengesicht, Hypoéstes phyllostáchya

Wegen der ansprechenden roten Tupfen auf den grünen Blättern heißt die Pflanze mit dem komplizierten wissenschaftlichen Namen bei den Angelsachsen einfach «Sommersprossengesicht». Die Art stammt von Madagaskar, benötigt mindestens 20 °C Wärme (auch nachts!), muß regelmäßig gedüngt und vor Blattlausbefall bewahrt werden. Die Pflanzen werden vor allem zum Sommerbeginn angeboten, und solange unser sommerlicher Langtag anhält, halten sie sich blendend in den Wohnungen. Im Herbst werden sie sparrig, und eine Pflege über den Winter gelingt nur bei Zusatzbeleuchtung. Im Frühjahr kann ein radikaler Rückschnitt den Pflanzen wieder zu ansprechender Form verhelfen.

Pachýstachys lútea

Balsamine

Fleißiges Lieschen
Rührmichnichtan
Schöne Wienerin

Impátiens wallerána

Wegen ihres unermüdlichen Blühens sind die Pflanzen vor allem unter dem Namen «Fleißiges Lieschen» als beliebte Zimmerpflanzen weit und breit bekannt.

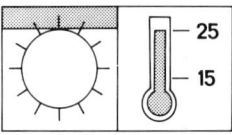
Balsaminen benötigen sonnigen bis halbschattigen Stand. Im Sommer sind die Raumtemperaturen unkritisch, wenn nur die Mittagssonne von ihnen abgehalten wird.

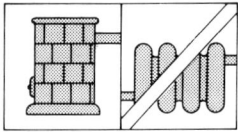
Die saftigen Pflanzen mit den glasigen Stengeln vertragen trockene Zimmerluft nicht. Ofenheizung oder ein Standort in der Veranda sagen ihnen am besten zu.

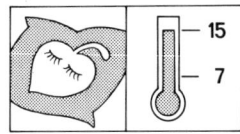
Während des Winters reagieren Balsaminen auf stauende Nässe mit Blattfall oder sogar mit Stengelfäule. Deshalb maßvoll gießen, ohne daß der Wurzelballen austrocknet.

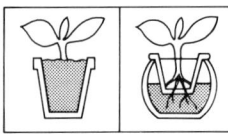
Zur Kultur ist jede Blumenerde geeignet. Balsaminen blühen jedoch in mit Sand abgemagerter Erde und bei einem Stand in Töpfen mit höchstens 12 cm Durchmesser am willigsten. Hydrokultur ist möglich.

Von April bis September ist ausgiebig zu gießen und den schnell heranwachsenden Pflanzen durch 14tägliche Gaben von Nährsalzlösung (0,2%ig) die nötige Ernährungsgrundlage zu bieten.

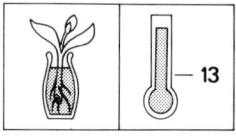
Die Vermehrung gelingt leicht aus Samen von März bis Juni. Aber auch Stecklinge bewurzeln sich innerhalb der gleichen Zeitspanne leicht in einem Wasserglas oder in Stecklingssubstrat.

Der Gattungsname Impatiens von lateinisch impatiens = ungeduldig bezieht sich darauf, daß bei einigen Arten die reifen Samenkapseln bei der geringsten Berührung aufspringen und den Samen dadurch weit fortschleudern. Die bei uns heimischen Wildarten werden deshalb auch «Rührmichnichtan» genannt. Den Namen «Fleißiges Lieschen» trägt die Pflanze gemeinsam mit *Begónia semperflórens,* die unserer Balsamine in der Blühwilligkeit keinesfalls nachsteht.

Der Flor beginnt schon im Frühjahr und währt bei guter Pflege bis in den Herbst hinein. Die weit ausgebreiteten Blüten zieren in Vielzahl vor allem durch kräftige Farben. Nur bei genauerem Hinsehen erkennt man den charakteristischen Sporn, den die Blüten an ihrer Rückseite besitzen, ähnlich wie die Kapuzinerkresse. Die Züchtung hat viele Blütenfarben und Farbmuster hervorgebracht, trotzdem nehmen wir an, daß man die Pflanzen mit ihren glasig-saftstrotzenden Trieben kaum verwechseln kann.

In Höhenlagen um 1000 m besiedeln die Wildformen feuchte Standorte und Waldlichtungen in Ostafrika und auf Sansibar. Daraus sind die Pflegeanforderungen nach höherer Luftfeuchte und nicht zu hohen Wintertemperaturen abzuleiten. «Fleißige Lieschen» gedeihen bei uns aber schon zufriedenstellend, wenn sie im Sommer aus der prallen Sonne genommen werden. Über den Winter hält man sie an einem temperierten, hellen Stand. Da die Pflanzen in der lichtarmen Zeit ohnehin meist aus der Form geraten, sollte man im modernen Wohnklima versuchen, die Pflanzen wenigstens bis Ende Februar am Leben zu erhalten und dann mit Stecklingen den Anschluß an die neue Vegetationsperiode zu finden bzw. die Mutterpflanzen durch radikalen Rückschnitt im Februar zum Austreiben aus der Stengelbasis zu veranlassen.

Die ersten Wildformen gelangten bereits um 1800 nach London. Später wurden weitere Arten eingeführt, und man begann mit der Züchtung großblumiger Hybriden. Inzwischen werden auch Kulturformen der Gartenbalsamine *(Impátiens balsámina)* mit gefüllten Blütenbällchen und sogenannte Hawaii- oder Neu-Guinea-Hybriden mit überaus bunter Blattzeichnung angeboten. Auch sie verraten ihre Zugehörigkeit zu den Balsaminen durch den dünnen Blütensporn. Als Befruchter dieser Blüten kommen nur Schmetterlinge in Frage, bei uns der Mittlere Weinschwärmer. Aber da sie in den Städten nicht fliegen, sieht man nur selten angesetzte Frucht.

Balsamine, *Impátiens walleróna*

Pantoffelblume *Calceolária-Hybriden*
Schnappmäulchen *Torénia asiática*

Die hier vorgestellten Vertreter der Braunwurzgewächse sind reizende Blütenpflanzen, die aber nur während ihres Flors eine kurze Gastrolle in den Stuben geben.

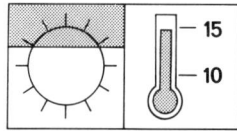

Bei halbschattigem und kühlem Stand hält der Blütenschmuck am längsten an. Hohe Temperaturen und volle Besonnung verkürzen die Lebensspanne der zarten Pflanzen.

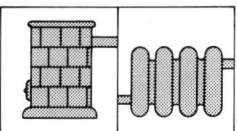

Da beide Arten nach der Blüte nicht weiter gepflegt werden, kann man sich je nach Raumklima längere oder nur sehr kurze Zeit an ihnen erfreuen.

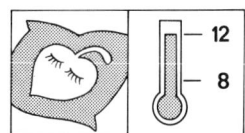

Für die einjährigen Pantoffelblumen lohnt eine Weiterpflege nicht, und auch Torénia wird der Zimmergärtner kaum über den Winter bringen.

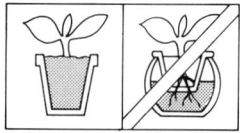

Umtopfen ist nicht erforderlich, und Einsetzen in Hydrokultur lohnt sich nicht. Torenien gedeihen in torfhaltiger Blumenerde, falls man mit der Stecklingsvermehrung Erfolg gehabt hat.

Regelmäßiges Gießen ist die wichtigste Voraussetzung, den Blütenflor lange zu erhalten. Nährsalzlösung (0,05 %) kann alle 14 Tage gegeben werden.

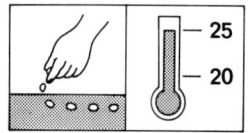

Vermehrung bzw. Anzucht aus Samen überlasse man den Gärtnern. Torenienstecklinge wachsen im Frühling (Anfang März) bei hoher Bodenwärme willig an.

Pantoffelblumen sind überaus reichblühende, farbenprächtige Pflanzen, die vom Winterausklang bis in den Frühsommer hinein das Zimmerpflanzenangebot beleben. Die einzelne Blüte gleicht so sehr einem phantasievoll aufgeblasenen Pantoffel, daß man zur Erklärung des Namens die Pflanze mit ihren Blüten nur genau anzusehen braucht.

An einem luftigen, kühlen und hellen, aber keinesfalls vollsonnigen Platz behalten die zarten Pflanzen ihren Blütenschmuck am längsten und entfalten darüber hinaus auch alle Blütenknospen. Hohe Zimmertemperaturen, trockene Luft und direkte Sonneneinstrahlung machen den Pflanzen dagegen bald den Garaus. Man richte sich also danach und suche den am besten geeigneten Standort für die Pantoffelblumen aus: ein kühles Schlafzimmer, eine Veranda oder einen schattigen und windgeschützten Stand auf der Loggia.

Schnappmäulchen sind ebenso reizende Gestalten wie die Pantoffelblumen und gehören zusammen mit Löwenmäulchen und Ehrenpreis zur Familie der Braunwurzgewächse. Sie kommen zum Frühsommerausklang gerade dann in Flor, wenn die Pantoffelblumen vergangen sind, und sie erfreuen mit ihrem ebenfalls farbenprächtigen Blütenschmuck bis in den Herbst hinein. Überhaupt sind sie den Pantoffelblumen recht ähnlich, denn die etwa 20 cm hohen Pflanzen mit zartem Laubwerk sind auch über und über mit Blüten bedeckt, nur daß sie bei den Schnappmäulchen im Gegensatz zu den warmbraunen bis orangeroten Tönen der Pantoffelblumen hellblau und violett sind. Die Blüten ähneln dem Löwenmäulchen. Die Oberlippe ist hellblau gefärbt, die seitlichen Blütenteile sind dunkelblau abgesetzt, und auf der gleichfalls dunkelblauen Unterlippe leuchtet ein großer gelber Fleck. Die Züchtung hat aber auch andere Farbkompositionen hervorgebracht.

Zur Ableitung des Namens braucht es noch weniger Phantasie als bei den Pantoffelblumen, da die Ähnlichkeit der Schnappmäulchen mit den Löwenmäulchen geradezu offensichtlich ist. Nur der wissenschaftliche Name übersetzt in diesem Falle nicht den im Volksnamen angesprochenen Sachverhalt, denn Torenia geht auf den Schüler Linnés und als Schiffsprediger tätigen O. Toren zurück, der bis kurz vor seinem Tode im Jahre 1753 bei der Ostindischen Compagnie zu Gotenburg tätig war.

Beiden Pflanzen wird nachgesagt, daß sich die Blattläuse bei ihnen überaus wohlfühlen. Dagegen helfen Pflanzensprays, gerade Blattläuse lassen sich leicht damit bekämpfen.

Pantoffelblumen, *Calceolária-Hybriden*

Dickblattgewächse

Gattungen:
*Bryophýllum, Cotylédon,
Crássula, Echevéria,
Kalánchoe, Sédum*

Crassulaceen sind anspruchslose Gewächse mit meist sukkulentem Einschlag, die durch interessante Blüten oder auffällige Gestalten und Wuchsformen unser Interesse erwecken.

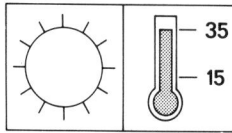
Stand vollsonnig und luftig, die meisten Arten vertragen eine «Sommerfrische» auf dem Balkon. Auch im Winter den hellsten Platz für die Dickblattgewächse reservieren.

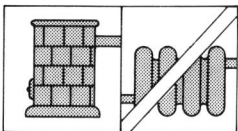
Angesichts der Wintertemperaturen (8 bis 15 °C) sind maßvoll geheizte Räume die besten Unterkünfte für Crassulaceen.

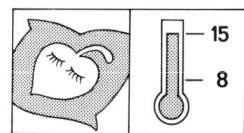
Die günstigsten Wintertemperaturen liegen im Bereich von 10 °C. Nur wenige Arten, vor allem *Kalánchoe blossfeldiána*, das Flammende Käthchen, wollen wärmer stehen.

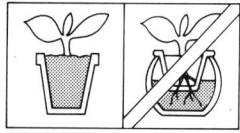
Kleine Gefäße verwenden, über einer Kiesschicht (Wasserabzug!) in gehaltvolle, aber sandige Erde pflanzen, z. B. Blumenerde gemischt mit Kakteenerde (1:1). Hydrokultur lohnt den Aufwand nicht.

Im Sommer bei luftigem Stand reichlich gießen, im Winter nur das Vertrocknen verhindern, während der Wachstumszeit gelegentlich mit Nährsalzlösung (nur 0,05 %) düngen.

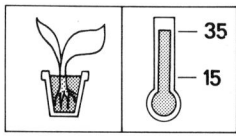
Der Pflanzenliebhaber vermehrt durch Stecklinge, Brutknospen oder Ableger, der Gärtner durch Aussaat.

Dickblatt ist die Übersetzung der Fachbezeichnung, lat. crassus = dick, und die Verkleinerung Crassula ist mit dicklich bzw. Dickblatt zu übersetzen. Alle Gattungen der Dickblattgewächse zeigen sukkulenten Wuchs, allerdings werden hier, im Gegensatz zu den Kakteen, die Blätter zur Wasserspeicherung mit herangezogen.

Der Habitus der unter dem Namen Crassulaceen zusammengefaßten Pflanzen ist jedoch sehr unterschiedlich: Ihre Blätter bilden entweder eine Rosette, andere sind am Grunde verwachsen oder an gestauchtem Stengel auch gegenständig. Das hochaufwachsende Brutblatt wird man auf den ersten Blick nicht ohne weiteres unter die Dickblattgewächse einordnen.

Die meisten Vertreter stammen aus dem südlichen Afrika, wenige nur sind weltweit verbreitet. Viele Arten bilden erst dann Knospen aus, wenn die Länge der Tage wieder abnimmt, «Kurztagspflanzen» nennt der Fachmann diese ursprünglichen Winterblüher. Den Gärtnern ist es möglich, durch entsprechendes Verdunkeln blühende Dickblattgewächse zu fast jeder Jahreszeit heranzuziehen. Sie werden bevorzugt im Spätherbst angeboten, wenn leuchtende, lebensbejahende Farben besonders gefragt sind.

Brutblatt, *Bryophýllum spp., Kalánchoe spp.*
Gemeinsam ist den Vertretern dieser Gattung die Bildung von Adventivsprossen an den Blatträndern. Es sind vollentwickelte junge Pflänzchen mit Wurzeln, die sich von selbst von den Mutterpflanzen lösen und einwurzeln. Die bekannteste Art ist die abgebildete *B. daigremontiánum,* mit der sich schon Goethe beschäftigt hat, und die im Volksmund deshalb noch heute den Namen «Goethepflanze» führt. An ihren dreieckigen, gekerbten Blättern entstehen vor allem bei trockenem Stand Brutknospen in überreichem Maße.

B. tubiflórum bildet am Ende zylindrischer Blätter seine Brutknospen aus, bringt darüber hinaus auch noch ansehnliche glockenförmige Blüten bis zu 25 mm Länge hervor.

Cotylédon
Als Zimmerpflanzen bewähren sich zwei Arten. Sie zeigen einen gedrungenen Wuchs und bilden über den dichtstehenden fleischigen Blättern eine endständige Trugdolde röhrenförmiger Blüten aus. *C. orbiculáta* besitzt weiß bereifte, leicht rot gerandete, *C. unduláta* muschelförmig gewellte, ebenfalls weiß bereifte Blätter. Beide haben orangegelbe Blüten.

Flammendes Käthchen, *Kalánchoe blossfeldiána*

Dickblatt, *Crássula spp.*
Sie haben der ganzen Familie ihren Namen gegeben. Die wichtigsten Arten sind:

Affenbrotbaum, *C. portulácea,* ist eine dauerhafte, anspruchslose, seit langem beliebte Zimmerpflanze. Die rundlichen, dunkelgrünen, aber rotgerandeten Blätter stehen gegenständig an den kräftigen Zweigen dieser Pflanze, die nach Jahren einen dicken Stamm ausbildet. Sie blüht im Winter, aber nur dann, wenn die Pflanze im vorangegangenen Sommer im Freien stehen konnte. Die ähnliche Art *C. oblíqua* besitzt dagegen hellgrüne, zugespitzte Blätter. *C. láctea,* das milchweiße Dickblatt, blüht im Winter mit weißen, duftenden Blütendolden. Die Blätter sind weiß punktiert. Diese Art muß über Sommer ebenfalls ungefilterte Sonne genießen können, also im Freien stehen, wenn reichlich Blüten ausgebildet werden sollen.

Crássula sociális gehört zu den kleineren, rasenbildenden, geselligen (daher socialis!) Arten. Ihre dreieckigen Blätter stehen fast in Art einer Rosette dichtgedrängt an der Stengelbasis. In weißen Köpfchen erscheinen ab Februar unentwegt ihre Blüten.

Als niedriger Strauch wächst in ihrer südafrikanischen Heimat *C. lycopodioídes:* Mit den spitzen, exakt in Viererreihen um den vierkantigen Stamm angeordneten Blättchen ähnelt die Pflanze dem Bärlapp. Sie wird gern als schmückendes Beiwerk in Sukkulentenschalen zwischen kompaktere Sukkulentenarten gepflanzt.

Crássula spathuláta ist ein Beispiel für die langstieligen Crassulaceen. Mit ihren langen, kriechenden bzw. hängenden Stengeln ist sie eine schöne Ampelpflanze, die im Winter zartrosafarben blüht.

Echeverien, *Echevéria spp.*
Vor allem die kleineren Arten haben sich in der Zimmerkultur bewährt. Sie zieren während des ganzen Jahres durch ihre dekorativen Blattrosetten aus fleischigen, bräunlichroten, blaugrauen, blaugrünen, hellgrünen oder weißlichen Blättern. Zur Blütezeit bilden die aufragenden Blütenstände mit orangegelben bis scharlachroten Blüten einen zusätzlichen, viele Wochen andauernden Schmuck. Echeverien sind ausdauernde Gewächse, wenn sie weder zu warm noch zu trocken gehalten werden. Auch hier gilt es, einen hellen Winterstand bei höchstens 10 °C zu wählen; im Sommer wird auch ein Standort auf dem Balkon gut vertragen. *E. fúlgens* mit korallenroten, *E. pulvináta* mit gelben, rotgerandeten Blüten und *E. derenbérgii* mit dottergelben, außen rötlichen Blüten werden gern in Kakteen- oder Sukkulentenschalen gepflanzt.

Flammendes Käthchen, *Kalánchoe blossfeldiána*
Kalanchoe vertritt unter den Dickblattgewächsen die umfangreichste Gattung mit mehr als 80 Arten unterschiedlichster Wuchsformen. Kreuzungspartner aller Hybriden ist die 1928 von Robert Bloßfeld aus Madagaskar eingeführte und nach ihm benannte *K. blossfeldiána.* Den ursprünglich scharlachroten Blüten haben die Gärtner mittlerweile die Farben Ziegelrot, Orange, Dottergelb, Gelb, Intensivrot, Purpur und Violett dazugesellt. Die zierlichen Pflanzen besitzen ganz schmal rotgerandete, fleischige, glänzend grüne Blätter, über denen der leuchtende Blütenstand wirkungsvoll zur Geltung kommt. Bei hellem Stand und Temperaturen um 15 °C sind es dankbare Zimmerpflanzen.

Kalanchoe sollten vor allem im Winter maßvoll gegossen werden. Zu kühler Stand (unter 12 °C) und stauende Nässe im Wurzelbereich führen zu Fäulnis und dem Verlust der Pflanzen. Bei zu hoher Temperatur vergehen dagegen die Blüten sehr schnell, und die Pflanzen treiben vorzeitig mit schwächlichen Trieben aus. Gegenüber zu hoher Salzkonzentration sind sie empfindlich und dürfen deshalb nur mit 0,05prozentiger Düngerlösung behandelt werden. Die Vermehrung gelingt leicht durch Kopfstecklinge in sandigem Stecklingssubstrat.

Andere Arten der Gattung Kalanchoe zieren mit interessanter Blattzeichnung oder Behaarung, teils auch mit größeren Einzelblüten, die jedoch viel lockerer als beim Flammenden Käthchen stehen. Auffällig sind *K. mangínii* als zierliche Hängepflanze, *K. fáustii* mit zackig gerandeten, *K. marmoráta* mit rotbraun gefleckten und *K. tomentósa* mit filzig behaarten Blättern. Sie dürfen im Winter nur bei Temperaturen um 10 °C stehen.

Fetthenne, *Sédum spp.*
Die überwiegende Mehrheit der über 300 bekannten Sedumarten sind Freilandpflanzen der kühleren Breiten. *Sédum béllum,* das «Schöne Sedum», ist unter den kleinwüchsigen Arten der beliebteste Winterblüher. Aus fast rasenartig eng beieinander stehenden Rosetten drängen die beblätterten, etwas überhängenden Blütenstiele mit schneeweißen Einzelblüten heraus. Ähnliche Arten sind die rot blühenden *S. lóngipes* und *S. láxum. S. morgniánum* ist dagegen eine ausgezeichnete Ampelpflanze.

Echeverie, *Echevéria derenbérgii*
Brutblatt, *Bryophýllum tubiflórum*
Brutblatt, *Bryophýllum daigremontiánum*
Arrangement von Dickblattgewächsen: *Crássula portulácea* (hinten), *C. portulácea «Afra»* (links), *C. arboréscens* (rechts), *C. oblíqua* (Mitte) und *C. lycopodioídes* (unten)

Farne

Pteridophýta

Farne schmücken ganzjährig durch belebendes Grün und durch ihre interessante, bizarre Gestalt als dekoratives Element in den Arrangements von Blütenpflanzen oder auch nur als Beiwerk zu Gebinden und Blumengestecken.

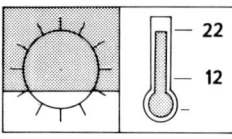

Farne sind Schattenpflanzen. Zu starke Besonnung führt ebenso zu Verlusten wie zu warmer und zu trockener Stand.

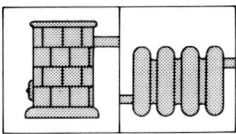

Obwohl es auch unter den Farnen «Zimmerhelden» gibt, kommt die Mehrzahl der Arten unter den traditionellen Raumbedingungen mit Ofenheizung am besten fort.

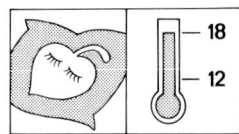

Eine eigentliche Ruhezeit wird nicht eingehalten. Während des Winters sparsam gießen, aber immer auf gleichmäßige Feuchtigkeit des Wurzelballens und möglichst auch auf höhere Luftfeuchte achten.

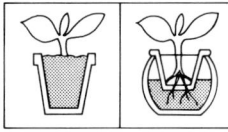

Die meisten Arten gedeihen gut in einem Substrat aus Lauberde, Torf und Sand (3:2:1). Geweih- und Nestfarn benötigen Epiphytenpflanzstoff mit ⅓ Lauberdezusatz. Hydrokultur ist möglich.

Regelmäßig gießen in kleinen Gaben; das Pflanzensubstrat muß gleichmäßig durchfeuchtet sein. Gedüngt wird nur in geringen Gaben von 0,05%iger Nährsalzlösung. Farne nicht mit Wasser besprühen!

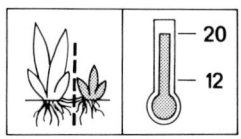

Vermehrt wird beim Zimmergärtner durch Teilung des Wurzelstocks bzw. Vereinzeln von Tochterpflanzen. Bei Brutfarn und Streifenfarn wird die auf den Wedeln sprießende Brut eingetopft.

Farne stammen aus einer fernen Zeit, in der es weder Nadelbäume noch Blütenpflanzen gab. Heute spielen sie eine untergeordnete Rolle im Pflanzenleben unserer Erde und beschränken sich meist auf schattigen und feuchten Standort in den Bodenregionen zu Füßen der neuzeitlicheren Samenpflanzen. Nur wenige Arten haben die Gärtner in ihre Pflege genommen. Als Ergänzung zu den Angaben der Datenleiste ist folgendes anzuführen:

Das empfohlene Pflanzensubstrat ist locker, leicht und besitzt nur geringes Wasserhaltevermögen. Es muß deshalb täglich gegossen werden, denn auch stauende Nässe bekommt den Farnen nicht! Das Bedürfnis nach höherer Luftfeuchtigkeit kann nur durch Allgemeinmaßnahmen erfüllt werden (Zimmerspringbrunnen, Aufstellen von Wasserschalen, Drosseln der Heizung), weil das Besprühen der Pflanzen bei den meisten Farnen zu Fäulnis führt!

Beim Düngen schadet zu großer Eifer. Farne vertragen höchstens 0,05prozentige Gaben von Nährsalzlösung im Abstand von 4 Wochen während der Vegetationszeit.

Hydrokultur ist für fast alle der erdbewohnenden Arten möglich und erspart die Belastung des aufmerksamen und ständigen Gießens. Allerdings sollte man seine Experimente mit Jungpflanzen beginnen, keineswegs alte Exemplare plötzlich auf Hydrokultur umsetzen. Auch in Hydrokultur werden nur Nährlösungsgaben von 0,05 Prozent vertragen.

Pflanzen in Erdkultur müssen angesichts der nährstoffarmen, zu schnellem Abbau neigenden Erde jährlich, am besten im Frühjahr, umgetopft werden. Dabei entfernt man die abgestorbenen Wurzeln, lockert den Ballen mit einem Hölzchen auf und verwendet nur um ein Geringes größere Töpfe.

Sollten Farnpflanzen im Winter in beängstigendem Maße ihre Wedel verlieren, bringt der Frühjahrsaustrieb meist sehr schnell ein neues, junges Blätterkleid. Man sollte jedoch gerade bei den Farnen das Verhältnis von Pflegeaufwand und Erfolg realistisch betrachten und nur solche Pflanzen pflegen, die unter den beim Pflanzenliebhaber gegebenen Verhältnissen tatsächlich ganzjährig grünen und dadurch die Mühe auch lohnen.

Der wissenschaftliche Name kommt von lat. fílix = Farnkraut. Die Namen der einzelnen Gattungen gehen häufig auf ganz spezielle Details der Anatomie zurück, die der Zimmergärtner mit unbewaffnetem Auge kaum sehen oder vergleichen kann.

Geweihfarn, *Platycérium bifurcátum*

Bei der Zusammenstellung der pflegewürdigen bzw. im Angebot befindlichen Arten haben wir nach der äußeren Erscheinung folgende Gruppen zusammengestellt:

Farne mit geweihartig verzweigten Trieben

Geweihfarn, *Platycérium bifurcátum*
Er gilt als der dekorativste Vertreter unter den Farnen für die Zimmerpflege. Der deutsche Name trifft in diesem Falle wirklich einmal ins Schwarze. Kaum ein Betrachter kann sich dem Reiz der gabelspaltigen, sporentragenden Wedel entziehen, die die namengebende Geweihform besitzen. Die Pflege aber erfordert trotz der ihm nachgesagten befriedigenden Eignung für das moderne Wohnklima immer noch genug Aufmerksamkeit. Geweihfarne sind von Natur aus Epiphyten. Mit besonderen Nischenblättern sind sie an der jeweiligen Unterlage regelrecht angeheftet. Auch wenn diese Halteorgane im Laufe der Zeit braun und scheinbar hinfällig werden, dürfen sie nicht entfernt werden! Diesen natürlichen Verhältnissen entspricht die Haltung als Epiphyt auf einem Block rissiger Borke, in einer Astgabel oder in einem Orchideenkörbchen. Den für beide Fälle nötigen Epiphytenpflanzstoff oder reines Sphagnum bezieht man aus einer Spezialgärtnerei, wenn das Umsetzen erforderlich wird. Im Gegensatz zum üblichen Umtopfen wird hier jedoch das Substrat nur leicht ausgeschüttelt bzw. überhaupt nur neues ringsum aufgebracht und mit Kupferdraht oder Fäden aus Kunststoff befestigt.

Wöchentlich ist der Block mindestens einmal, während der Heizperiode zweimal gründlich zu tauchen, ohne allerdings die geweihförmigen Blätter zu benetzen! Zwischen März und Oktober wird dazu einmal wöchentlich 0,05prozentige Nährsalzlösung genommen. Mit dem übrigbleibenden Rest können anschließend andere Zimmerpflanzen gegossen werden.

Geweihfarne benötigen einen hellen, 15 bis 22 °C warmen Fensterplatz, vertragen jedoch keine direkte Sonne! Bei Südlage gedeihen sie noch im Inneren des Raumes. Neuerdings werden Geweihfarne auch in Blumentöpfen in einem leichten Substrat aus Lauberde, Sphagnum, grobem Torf und ein wenig Sand kultiviert. Hier ist ebenfalls ein- bis zweimal wöchentlich gründlich zu wässern, das überschüssige Wasser aus dem Untersetzer jedoch wieder auszugießen.

Farne mit langovalen ganzrandigen Blättern:

Nestfarn, *Asplénium nídus*
Seine Blätter stehen fast so eng wie bei einem Bromelientrichter. Von Hause aus sind die Nestfarne ebenso Epiphyten wie die Geweihfarne. In den häuslichen vier Wänden gedeihen sie, in das übliche Substrat eingetopft, jedoch besser, weil gleichmäßige Feuchtigkeit im Wurzelbereich bei diesen großen Farnen nur auf diesem Wege gewährleistet werden kann. 18 bis 25 °C sind für Nestfarne optimal, unter 15 °C kümmern diese Kinder der immerfeuchten tropischen Regenwälder. Bei guter Pflege erreichen auch Zimmerpflanzen respektablen Umfang und die Wedel 1 m Länge bei 20 cm Breite.

Hirschzungenfarn, *Phyllítis scolopéndrium*
Es ist der einzige einheimische Farn, der den Weg in die Wohnungen gefunden hat. Seinen Namen verdankt er den etwa 40 cm langen, 4 cm breiten, am Rande leicht gewellten zungenförmigen Blättern. Die Hirschzunge verträgt als heimisches Gewächs naturgemäß recht niedrige Temperaturen (unter 10 °C); die trockene Luft, vor allem der modernen Wohnungen, stellt jedoch die gleichen Probleme wie bei vielen anderen Farnen.

Farne mit zierlichen, eckigen oder rundlichen Blättchen:

Frauenhaarfarn, *Adiántum raddiánum*
Der deutsche Name ist nicht recht zu erklären. Frauen haben zwar im Vergleich mit den etwa 25 cm langen drahtigen Blattstielen sicherlich ebenso schwarzbraune drehrunde Haare, aber doch nicht in einer Stärke, für die sogar Pferdehaare noch zu dünn sind! Den charakteristischen Schmuck der verschiedensten Kulturformen des Frauenhaarfarnes bilden die zierlichen Wedel, bei denen an drahtartigen dünnen Stielen zahlreiche graziös wirkende Fiederblättchen wiederum an Stielchen sitzen. Die Wintertemperaturen liegen bei 12 bis 15 °C. Höhere Temperaturen werden nur bei höherer Luftfeuchte vertragen. Ideal ist ein Aufenthalt in einer Pflanzenvitrine.

Nestfarn, *Asplénium nídus*, flankiert von Kletterfeige (s. Seite 174), Skindapsus links (s. Seite 84) und Geweihfarn oben rechts (s. Seite 100)

Zwergfarn, *Pelláea rotundifólia*
Die ovalen, ledrigen, glänzendgrünen Fiederblättchen sitzen ohne Stiel rechts und links der Wedelachse bis zum Pflanzengrunde an. Die Wedel erreichen 20 bis 30 cm Länge und sehen dem Pfennigkraut in den Gärten recht ähnlich. Die Wedel sind in 5 bis 7 längliche Fiederblätter geteilt, von denen mindestens drei nach vorn zeigen, die beiden hinteren sind oft rückwärts gewendet. Auch die Zwergfarne wünschen einen kühlen Winterstand um 15 °C.

Flügel- oder Saumfarn, *Ptéris crética* und *P. argyráea*
Wenn man sich die Form der Wedel erst einmal eingeprägt hat, weiß man die Pflanzen als Farne richtig einzuordnen. Auch hier steht die in einige Fiederblättchen aufgeteilte Blattfläche auf einem langen Stiel. Die einfarbig grünen Kulturformen verlangen im Winter Temperaturen von 12 bis 15 °C, die weißbunten dagegen einen um etwa 3 °C wärmeren Standort. Von *Ptéris crética* existieren viele Cultivare. Die Blätter von *Ptéris argyráea* sind sogar mehrfach gefiedert und von einem silberweißen Mittelstreifen durchzogen. Eine schöne verwandte Art, *Ptéris umbrósa*, besitzt schmalere, nur nach vorn zeigende Fiederblättchen, wobei auch hier wieder weißbunte Formen das Angebot bereichern.

Tüpfelfarn, *Polypódium áureum* 'Glaucum'
Er zeigt eine ähnliche Wuchsform wie die Flügelfarne. Die Wedel mit den 5 bis 7 Fiederblättchen sind bläulich überhaucht und stehen auf schwarzbraunen langen Stielen. Die wissenschaftliche Artbezeichnung aureum benennt die auf den Blattunterseiten befindlichen goldgelben Sporenbehälter.

Farnwedel mit etwa 12 einfachen Fiederblättchen:

Schildfarn, *Cyrtómium falcátum*
Seine Wedel sind mit groben, derben, glänzendgrünen Fiederblättchen besetzt. Er wird zu den härtesten Zimmerpflanzen gerechnet, auch wenn ein kühler Stand weit besser vertragen wird als der Aufenthalt in überhitzten und trockenen Räumen. Eher tolerieren Schildfarne einen Stand unter 10 °C, kurzfristig sogar Temperaturen um den Gefrierpunkt. Die Erde für diesen Farn kann schwerer sein, als in der Datenleiste angegeben, und bis zu ⅓ Rasenerde oder Blumenerde enthalten.

Farne von «normaler» Form und Gestalt der Wedel:

Brutfarn, *Polýstichum aculeátum*
Die Wedel sind doppelt gefiedert, angenehm weich anzufassen und auffällig durch die Vielzahl junger Brutpflänzchen, die auf ihnen emporsprießen. Erwachsene Pflanzen werden bis 1 m hoch. Die Temperatur während des Winters soll möglichst 12 °C nicht überschreiten.

Streifenfarn, *Asplénium bulbíferum*
Die Sporenbehälter sitzen den Blattrippen auf, so daß die Wedel von der Unterseite aus betrachtet wie gestreift wirken. Auch Asplenium bringt auf den Rippen seiner Wedel Jungpflanzen hervor, die man abnehmen, auf Stecklingssubstrat legen und unter Glasabdeckung bewurzeln lassen kann. Temperaturansprüche wie der Brutfarn.

Rippenfarn, *Bléchnum gíbbum* und *B. moórei*
Ihr Kennzeichen sind die langgestreckten Sporenbehälter beiderseits der Mittelrippen an der Unterseite der Wedel. In der Pflege stellen sie die gleichen Ansprüche wie andere Farne, also nicht zu hohe Temperaturen bei ausreichender Luftfeuchtigkeit.

Nierenschuppenfarn, Schwertfarn, *Nephrolépis exaltáta*
Die Sporenbehälter auf der Unterseite der Wedel sind mit einem nierenförmigen Häutchen bedeckt. Es ist von alters her der am meisten verbreitete Farn in den Stuben mit Ofenheizung, was für seine Zimmerhärte unter den traditionellen Wohnbedingungen spricht. Ältere Exemplare erreichen geradezu imponierende Ausmaße und können sich mit den schwertförmigen Wedeln durchaus zur beherrschenden Grünpflanze eines Raumes entwickeln. Seine verschiedenen Kulturformen gehen alle auf die Ursprungspflanzen zurück, die im Jahre 1808 aus Australien zu uns kamen.

Tüpfelfarn, *Polypódium spp.*
Es ist eine vielgestaltige Gattung, deren Kennzeichen die vielen goldgelben bis goldbraunen Sporenbehälter auf den Wedelunterseiten sind. Am interessantesten ist die bereits angeführte Art *P. áureum* 'Glaucum' sowie *P. vaccinifólium*, ein klein bleibender Epiphyt, dessen Wedel nur 3 bis 5 cm Länge erreichen, so daß er als reizvoller Bewohner des Pflanzenfensters oder der Vitrine empfohlen werden kann.

Schwertfarn, *Nephrolépis exaltáta*

Drehfrucht
Schiefteller

Streptocárpus-Hybriden

Achímenes-Hybriden

Es sind einander recht ähnliche, hübsche Gesneriengewächse, die zur Belebung des Angebotes gelegentlich als blühende Saisonware zu haben sind und nach dem Flor meist nicht weitergepflegt werden.

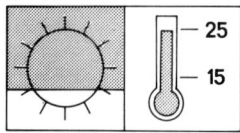

Wie alle Gesneriengewächse wünschen sie einen vorwiegend schattigen Stand bei entsprechender Luftfeuchte, falls man die Pflanzen überhaupt nach der Blüte weiterpflegen will.

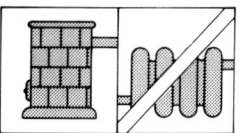

Für Schiefteller sind die Raumverhältnisse völlig unkritisch, da die Pflanzen im Winter einziehen. Drehfrucht überdauert am besten in einer Veranda, am Nordfenster oder zwischen Doppelfenstern.

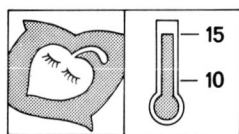

Die schuppenförmigen Rhizome vom Schiefteller werden im Blumentopf trocken überwintert. Drehfrucht benötigt nur mäßige Wärme bei relativ trockenem Erdreich, aber feuchter Luft.

Komposterde, Lauberde, Torf und Sand (2:2:1:1) dienen als Kultursubstrat. Blumenerde erfüllt ihren Zweck bei entsprechender Düngung auch. Es ist jährlich umzutopfen; Hydrokultur ist nicht möglich.

Während der Vegetationsperiode ist stets reichlich zu gießen und regelmäßig alle 14 Tage mit Nährsalzlösung (0,1%ig) zu düngen. Die Blätter nicht mit Wasser benetzen!

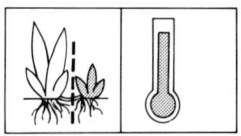

Schiefteller ist im Frühjahr durch die in Mehrzahl angelegten zapfenähnlichen Rhizome, Drehfrucht durch Ableger zu vermehren. Vermehrung durch Blattstecklinge siehe im Text.

Drehfrucht bringt schon im Namen zum Ausdruck, daß die Fruchtkapseln spiralig gedreht sind. Auch der lateinische Name Streptocarpus benennt den gleichen Sachverhalt. Tatsächlich handelt es sich aber um ausnehmend hübsche Blütenpflanzen aus dem tropischen Afrika.

Den samtigen, trichterförmigen, teils orchideenartigen Blüten folgen erst relativ spät die gedrehten Samenkapseln. Die Blätter ähneln länglichen Primelblättern. Die Blüten stehen bei den neueren Züchtungen in allen Farbtönen außer Gelb zu mehreren an langen Blütenstielen. In bezug auf die Länge der Blütezeit – von März bis November – schlagen die Schiefteller alle Rekorde. Wenn man den Mindestbedingungen gerecht wird: keine volle Sonne, keine Zugluft und während des Winters ein Stand an einem kühlen Fenster bei etwa 12 °C, kann man sich auch im modernen Wohnklima ganzjährig an ihnen erfreuen und die Überwinterung versuchen. Ende Februar wird dann in neue Blumenerde eingetopft; dabei entfernt man alte Blätter und Blütenstengel.

Im März kann eine Vermehrung auch über Blattstecklinge versucht werden: Mittelrippe mit einem scharfen Messer heraustrennen, Blatthälften mit der Schnittstelle in ein Gemisch aus Torf und Sand (1:1) stecken. Durch Abdeckung für gespannte Luft sorgen, aber lüften, um Schimmel oder Fäulnis zu vermeiden. Temperatur 20 bis 25 °C. Tochterpflanzen später vereinzeln.

Schiefteller

Sie verdanken ihren Namen den unsymmetrischen Blüten, während der aus dem Griechischen abgeleitete wissenschaftliche Name (cheímaino = Kälte ertragen) durch das verneinende a zum Ausdruck bringt, daß die Pflanzen wie alle Gesneriaceen keine Kälte vertragen.

Die Blütenfarben reichen von dunkelblau über violett und kirschrot bis zartrosa. Die neuesten Hybriden zeigen sogar orange-rosa, einen für Gesneriaceen bisher ungewohnten Farbton. Bei guter Pflege und regelmäßigem Düngen blühen die bis 25 cm hohen Pflanzenbüschchen von Mai bis in den Herbst hinein. Aber auch die Hängesorten sind reizvoll.

Im Herbst ziehen die Pflanzen ein. Die kleinen schuppigen Rhizome kann man im Topf belassen, der trocken bei etwa 15 °C aufbewahrt wird. Ende Februar schüttelt man sie aus der Erde und topft neu ein. Man rechnet 8 bis 10 Rhizome auf einen Blumentopf, füllt das Pflanzengefäß zu ¾ mit Substrat, legt die Rhizome ein und deckt mit 1 bis 2 cm Substrat ab, gießt an und hält von unten feucht.

Schiefteller, *Achímenes-Hybriden*

Gloxinie

Sinningie   *Sinníngia speciósa*

Die großen samtigen Gloxinienblüten in Violett, Dunkelrot oder Rosa, teils einfarbig, teils weißgesäumt, bieten über den ganzen langen Sommer hinweg einen bezaubernden Schmuck in jeder Wohnung.

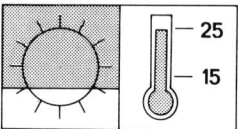

Wie alle Gesneriengewächse wünschen sich auch die Gloxinien zum rechten Gedeihen einen zugfreien, warmen, vor direkter Sonneneinstrahlung geschützten, aber doch hellen Platz.

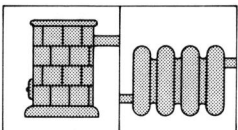

Wenn man die Pflanzen nicht nur während der Blüte pflegen will, dann entspricht ihren Bedürfnissen das Wohnklima bei Ofenheizung bzw. bei einem Stand in einer Veranda am besten.

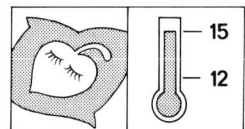

Gloxinien ziehen im Herbst ein, die Knollen beläßt man im trockenen Substrat und überwintert bei etwa 15 °C. Ende Februar wird neu eingetopft und im Warmen bei 20 bis 22 °C neu angetrieben.

Leichte, humose Blumenerde, z. B. Lauberde, Torf und Sand (4:1:1) oder Blumenerde, die entsprechend mit Torf bzw. Sand gemischt wird, dient als Kultursubstrat.

Angesichts der leichten Erde ist regelmäßig zu gießen und während der Blütezeit ebenso regelmäßig mit 0,1%iger Nährlösung zu düngen.

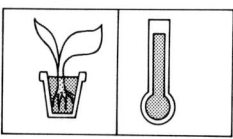

Ein vollentwickeltes Blatt mit dem Stiel in Stecklingssubstrat stecken und durch Abdecken für «gespannte» Luft sorgen, aber Schimmel vermeiden. Weiteres zur Vermehrung siehe im Text.

Die allbekannten Gloxinien wurden als Wildlinge 1817 aus Brasilien eingeführt. Zuerst benannte man sie nach dem Straßburger Arzt und Botaniker P. B. Gloxin. Später stellte man sie in die Gattung Ligeria, glaubt aber jetzt, mit Sinningia die richtige Einordnung getroffen zu haben. Da sich schon die ersten Züchtungen großer Beliebtheit erfreuten, wurden die Pflanzen schnell bekannt, und der botanisch überholte, aber im Volksmunde bereits eingebürgerte Name hat sich bis heute erhalten.

Die Wildformen waren unscheinbare Pflanzen mit unsymmetrischen, nickenden Blüten. Um 1850 traten Abkömmlinge mit glockenförmigen, radiärsymmetrischen Blüten auf, die allein den Bestand der heutigen Kulturformen begründeten, die mittlerweile in großer Farbenvielfalt und mit nach oben ragenden Blüten angeboten werden. Hat man die Farbpalette aber vor Augen, dann steht ihnen das dunkle Samtrot nach wie vor am besten, wobei die weißgesäumten Blüten wohl am apartesten wirken.

Als Ergänzung zur Datenleiste sei auf folgendes hingewiesen: Hat man keinen anderen Standort als ein nach Süden gerichtetes Fenster, dann verhelfen dichte Gardinen zum erforderlichen Schatten. Will man die Pflanzen recht lange am Blühen erhalten, muß sorgfältig auf gleichmäßige Feuchtigkeit der Erde geachtet, stauende Nässe aber vermieden werden! Das im Untersetzer stehende Wasser wird also ausgegossen. Mit regelmäßigen Düngergaben verhilft man dann auch den letzten Blütenknospen zur Entfaltung. Doch die Blätter dürfen weder mit Gießwasser noch mit Nährsalzlösung benetzt werden.

Die winterliche Ruhezeit bietet keine Probleme. Aber im Frühjahr müssen die Knollen mit der richtigen Seite nach oben gelegt werden! Unten sind sie etwas ausgebeult, oben haben sie eine kleine Mulde. Man bette sie so in neues Substrat, daß sie gerade mit Erde bedeckt sind. Sogenannte Elfer Töpfe sind für sie angemessen. Hat man keinen warmen Raum, dann warte man lieber bis Ende März mit dem Antreiben und nehme einen etwas späteren Blühbeginn in Kauf.

Zu einem Ableger oder einer Tochterpflanze kommt man durch einen Blattsteckling, so wie in der Datenleiste beschrieben. Da wie bei den Usambaraveilchen (Seite 112) auch bei den Gloxinien mehrere Jungpflanzen am Stiel entstehen, muß später vereinzelt werden. Aber auch Blattstecklinge wie bei den Rexbegonien (Seite 214) bringen Jungpflanzen.

Gloxinie, *Sinníngia speciósa*

Kolumnea

Kolumnee   *Colúmnea oerstediána*
                   Colúmnea kewénsis

Wenn man sie zur Blüte bringt, sind Kolumneen herrliche Ampelpflanzen. Leider behagt ihnen die trockene Luft im modernen Wohnklima nicht, aber im Pflanzenfenster kann man sich nach wie vor an ihrem Blütenschmuck erfreuen.

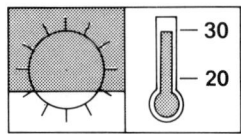

Kolumneen benötigen einen hellen, aber keineswegs sonnigen «Hängeort». Auch ein Platz am Nordost- oder Nordwestfenster ist ihnen recht. Der einmal gewählte Platz darf nicht verändert werden.

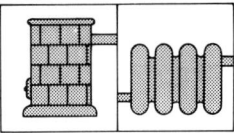

Das Bedürfnis nach höherer Luftfeuchtigkeit ließ sich im traditionellen Wohnklima leicht erfüllen. Ein Platz in einer Pflanzenvitrine bietet heute den möglichen Ausweg, Kolumneen zur Blüte zu bringen.

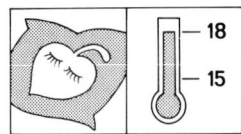

Von September bis Dezember müssen zur Anregung der Blütenbildung niedere Temperatur und eingeschränktes Gießen zusammenfallen.

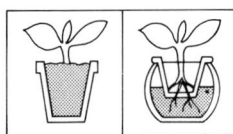

Man mische zu Blumenerde ⅓ Torf oder verwende ein Substrat aus halbverrotteter Lauberde, Torf, Sumpfmoos und Sand zu gleichen Teilen. Hydrokultur ist möglich.

Sobald der Knospenansatz sichtbar wird, ist reichlich zu gießen, aber Wassertropfen dürfen auf den Blättern nicht stehenbleiben. Gedüngt wird während der Blütezeit 14täglich mit 0,1%iger Nährsalzlösung.

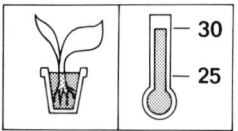

Kopf- oder Stammstecklinge wachsen im Frühjahr in einem möglichst beheizten Anzuchtkasten im üblichen Stecklingssubstrat willig an. Auch der Erde aufliegende Triebe bilden Wurzeln aus.

Kolumneen sind wegen ihrer rankenden Triebe ideale Hänge- und Ampelpflanzen. Auch von einer Säule oder einem Postament fallen die üppig wuchernden Triebe dekorativ herab.

Die Pflanzengattung wurde nach dem italienischen Botaniker Fabiano Columna benannt. Die Arten stammen alle aus tropischen Gebieten und sind eigentlich Warmhauspflanzen, die wegen ihrer üppigen und dekorativen Blütenfülle in meist orangeroten Farbtönen immer wieder auch als Zimmerpflanzen angeboten werden. Wenn Kolumneen blühen, sind sie in der Tat eine Augenweide; aber zum Ärger vieler Liebhaber, die, vom Farbenrausch einer üppig blühenden Kolumnee verlockt, die Pflege in der eigenen Wohnung versuchen, blühen sie eben nicht. Man kann dazu nur sagen, daß auch hier Schönheit umworben sein will! Kolumneen sind anspruchsvolle Pflanzen, die nur bei umsichtiger Pflege Blüten ansetzen und das Eingehen auf die besonderen Bedürfnisse dann aber auch mit herrlichem Blütenschmuck lohnen.

Nur *Colúmnea oerstediána* und *C. kewénsis* sind für die Zimmerkultur geeignet. Alle anderen Arten gehören ins warmfeuchte Gewächshaus.

Ohne Ruhezeit kein Blütenansatz! Von September bis Dezember sind Temperaturen von nur 15 bis 18 °C einzuhalten, und während dieser Ruhezeit ist nur sparsam zu gießen. Die Devise lautet: je kühler desto trockener! Am Ende der Ruhezeit zeigt sich der Knospenansatz. Erst jetzt ist bei höheren Temperaturen reichlich zu gießen und mit dem Düngen einzusetzen. Man verändere aber den Standort der Pflanzen nicht. Wenn keine Temperaturerhöhung möglich ist, dann warte man, bis im Frühling die Temperaturen ohnehin ansteigen.

Jedenfalls ist zur Entfaltung der Blüten höhere Temperatur bei reichlichen Wassergaben und reichlicher Düngung notwendig. Nach der Blüte sind die Düngergaben auf die Hälfte herabzusetzen und ab August ganz einzustellen.

Dreh- und Angelpunkt erfolgreicher Pflege ist das Gewähren von ausreichender Luftfeuchte. In den Bauernstuben mit Ofenheizung gediehen die Kolumneen an einem hellen Fensterplatz überaus prächtig, in den modernen zentral- oder fernbeheizten Wohnungen will es mit ihnen einfach nichts werden! Noch heute sieht man in ländlichen Gegenden die üppig blühenden Ranken und ist versucht, sein Glück mit ihnen erneut zu wagen. Man räume Kolumneen deshalb einen Platz in einer Pflanzenvitrine ein und halte sich an die Pflegeempfehlungen.

Kolumnee, *Colúmnea oerstediána*

Usambaraveilchen

Saintpaūlia ionántha

Die landauf, landab bekannten Usambaraveilchen haben sich von ursprünglich empfindlichen Geschöpfen zu zentralheizungsfesten Zimmerhelden entwickelt, denen wohl jedermann schon einmal Gastrecht in seinen vier Wänden gewährt hat.

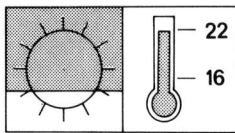

Usambaraveilchen benötigen einen sonnenlosen, aber hellen, von Zugluft freien und möglichst gleichmäßig warmen Stand bei Temperaturen, die 16 °C nicht lange unterschreiten dürfen.

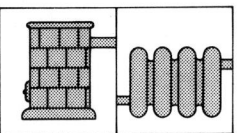

Die modernen Züchtungen vertragen jedes Raumklima, wenn nur die Temperaturansprüche gewährleistet werden können. Sie gedeihen auch in Vitrinen bei künstlicher Beleuchtung.

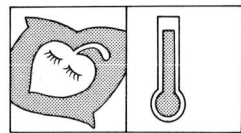

Von November bis März stagnieren Blütenentwicklung und Blattentfaltung, aber besondere Pflegemaßnahmen sind in dieser Zeit nicht erforderlich.

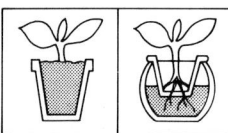

Die traditionelle Kultur gelingt in Blumenerde, der man ¼ Torf zusetzen kann. Usambaraveilchen gedeihen aber mindesens ebenso prächtig in Hydrokultur!

Für gleichmäßige Feuchtigkeit des Pflanzensubstrates sorgen, aber auf den Blättern darf kein Wasser stehenbleiben! Gedüngt wird von März bis Oktober alle 14 Tage mit 0,1%iger Nährsalzlösung.

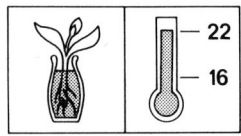

Die Vermehrung durch Blattstecklinge ist ein Kinderspiel, aber nicht in einem Satz zu erklären! Man lese dazu im Text nach.

Die Heimat der «veilchenblütigen Saintpaulien» ist das Usambaragebirge in Ostafrika. Der damalige Gouverneur W. v. Saint Paul-Illaire fand die kleine Staude an schattigen, humusreichen Felsspalten zunächst in der Usambara-, später auch in anderen Gebirgsregionen Tansanias. Zur Erklärung des deutschen wie wissenschaftlichen Namens fehlt nur noch die Übersetzung von griech. ionantha = veilchenblütig, womit die äußere Ähnlichkeit der blaublühenden Wildpflanzen mit unseren Veilchen angesprochen wird.

Um 1890 kamen die Pflanzen nach Herrenhausen bei Hannover und wurden dort in gärtnerische Kultur genommen. Der züchterische Fortschritt der seither vergangenen 90 Jahre ist überaus deutlich geworden. Die ursprünglich schlichtblauen Blüten gibt es jetzt in hell- und dunkelblau, violett, dunkelrot, rosa und weiß sowie weiß mit farbigen Rändern. Nur die gelben Farbtöne fehlen, wie bei allen Gesneriengewächsen. Die Blüten selbst sind voller geworden, zeigen sich mit gefransten Rändern bzw. haben durch die Anstrengungen der Züchter sogar ihre Blütenblätter vermehrt und sind auch mit gefüllten Blüten im Angebot. Der größte züchterische Fortschritt besteht nach unserem Empfinden jedoch in der inzwischen erreichten Widerstandsfähigkeit gegenüber der in den modernen Wohnungen herrschenden Lufttrockenheit. Zwar mag es Schwierigkeiten bereiten, ein aus dem warmfeuchten Gewächshaus stammendes Usambaraveilchen während der Heizperiode sofort im Büro oder in der Wohnung einzugewöhnen, aber mit einem frischen Steckling gelingt dieses Heimischwerden auf jeden Fall, so daß niemand mehr auf diese zierlichen Pflanzen in seiner Wohnung zu verzichten braucht.

Zur Stecklingsanzucht benutzt man ein langgestieltes Blatt. Es wird mit dem Stiel so in ein kleines Gefäß mit Wasser gesteckt, daß der Stiel etwa zur Hälfte ins Wasser eintaucht, die Blattfläche jedoch, peinlichst trockengehalten, über der Öffnung des Glases zur Seite ragt. Es ist wichtig, den Hals des Gläschens abzutrocknen, damit auch der Blattansatz am Stiel trocken bleibt, denn sonst gäbe es Fäulnis. Nach etwa 3 Wochen sprießen am Stengelende die ersten Wurzeln. Da Usambaraveilchen überaus gut in Hydrokultur wachsen, sollte man sie gleich in einen Hydrotopf setzen.

Usambaraveilchen wirken am besten, wenn nur jeweils eine Pflanze im Topf steht. Da sich bei der Stecklingsvermehrung jedoch meist mehrere Pflanzen entwickeln, müssen die überzähligen Triebe ausgebrochen oder die Jungpflanzen nochmals vereinzelt werden.

Usambaraveilchen, *Saintpaūlia ionántha*

Glockenblume

Ampelglockenblume   *Campánula isophýlla,*
                     C. frágilis,
Pyramidenglockenblume   *Campánula pyramidális*

Glockenblumen sind reizende Ampelpflanzen für helle, aber nicht zu heiße Standorte; sie schmücken ihre herabhängenden Triebe im Hochsommer mit einer Vielzahl blauer oder weißer Blüten.

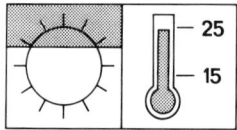

Benötigt wird ein mäßig warmer, heller und teils sonniger Stand, ohne die Glockenblumen hinter den Fenstern jedoch der grellen und heißen Mittagssonne auszusetzen.

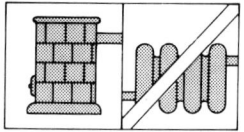

Wegen der winterlichen Temperaturansprüche ist eine ganzjährige Pflege im Wohnraum nur bei Ofenheizung zu empfehlen.

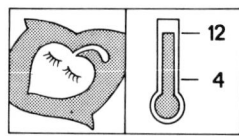

Überwintert wird trocken, hell und kühl, zu feuchter, dunkler Stand führt zu Fäulnis.

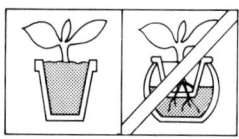

Umgetopft (nur alle 2 Jahre notwendig) wird unmittelbar vor dem Frühjahrsaustrieb in ein Gemisch aus Lehm, Komposterde, Torf und Sand (1:3:1:1). Hydrokultur lohnt nicht.

Im Sommer ist angesichts der vielen zarten Blätter und Blüten reichlich zu gießen und in den üblichen Abständen mit Nährsalzlösung zu düngen.

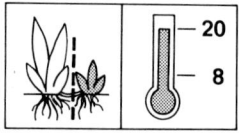

Vermehrt wird durch Teilen kräftiger Pflanzen beim Umtopfen bzw. durch Kopfstecklinge, die im Februar oder März zu mehreren in sandige Erde gesteckt werden.

Obwohl man Glockenblumen (lat. Campánula = Glöckchen) auch an einem Spalier hochbinden kann, wirken sie von der Ampel herabhängend doch am natürlichsten und dekorativsten. In ihrer Heimat, den oberitalienischen Hängen zum Mittelmeer, wachsen sie in steilen Lagen mit am Boden aufliegenden Trieben schon auf naturgegebene Weise in der Art von Ampelpflanzen. Man sollte also auch in den häuslichen vier Wänden Glockenblumen entweder aus einem Ampelgefäß in der Fensternische oder aus einem Körbchen heraus zur Geltung kommen lassen. Glockenblumen wollen das ganze Jahr über möglichst luftig und frisch stehen. Sie vertragen bei aufmerksamem Gießen zwar auf dem Balkon auch die Mittagssonne, aber hinter den Fensterscheiben sollte man ihnen die Mittagshitze doch besser fernhalten.

Die Stecklingsvermehrung nimmt man trotz der kühlen Temperaturen noch im Überwinterungsstand im Februar vor, wenn das Thermometer 8 bis 10 °C erreicht hat. Man beläßt die Stecklinge in diesem Falle am kühlen Platze und gibt entgegen den sonstigen Gepflogenheiten keine zusätzliche Wärme! Etwa Ende Mai wird in etwas größere Gefäße umgetopft, wobei sich auch flache Schalen gut eignen. Von Ende Juni bis in den September hinein liegt die Blütezeit der auffallenden blauen oder weißen Glocken, die den Pflanzen den Namen gaben. In den Wohnungen haben sich die folgenden Arten bewährt:

Campánula frágilis mit glatten, glänzenden Blättern und blauen Blüten mit weißlichem Schlund.

Campánula isophýlla mit später einsetzender Blütezeit (Juli bis September); von der vorigen leicht durch die weiche Behaarung der Blätter und Stengel zu unterscheiden. Diese Art hat auch blaue Blüten, allerdings ohne weißen Schlund. Von *C. isophýlla* existiert auch die weiße Form 'Alba'.

Campánula pyramidális ist erst in neuerer Zeit wieder aktuell geworden. Es sind hochaufstrebende stabile Glockenblumen mit 80 bis 100 cm langen Blütenständen, die in den Farben Lavendel, Weiß und Blau angeboten werden. Will man sie nach der Blüte erhalten, muß man im Herbst zurückschneiden und ebenfalls hell und kühl überwintern.

Alle Glockenblumen lieben eine schwere, nährstoffreiche Erde, wie sie nicht in jedem Falle zu erwerben sein wird. Man nehme dann Blumenerde, versuche aber das Nährstoffdefizit durch Düngen auszugleichen und topfe jährlich in frische Erde um.

Ampelglockenblume, *Campánula isophýlla*

Aukube

Goldorange   *Aucúba japónica*

Schildblume

Schusterpalme   *Aspidístra elátior*
(Liliengewächse)

Beide Arten waren zur Zeit unserer Groß- und Urgroßeltern beliebte Grünpflanzen. Aber Verwendungsmöglichkeiten gäbe es für sie auch heute noch in reichem Maße.

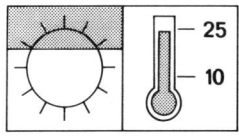

Aukuben vertragen keine volle Sonne. Schildblumen sind unter allen Lebensbedingungen unverwüstliche Zimmerpflanzen.

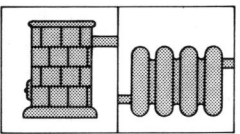

Aukuben bevorzugen Ofenheizung und sind generell zur Pflege in kühlen Räumen geeignet. Schildblumen stellen keine besonderen Ansprüche an das Raumklima.

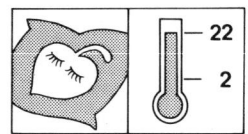

Aukuben benötigen kühle Überwinterung. Schildblumen stellen keine Bedingungen an das Raumklima.

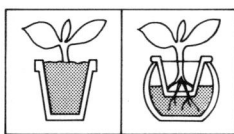

Blumenerde erfüllt ihren Zweck. Früher wurde Komposterde verwendet, heute wird der Nährstoffbedarf durch Blumendünger gesichert. Hydrokultur lohnt nicht. Umgetopft wird alle 3 bis 4 Jahre.

In der warmen Jahreszeit muß reichlich gegossen und 14täglich mit 0,1%iger Nährsalzlösung (= 1 g/l) gedüngt werden. Im Winter das Substrat nur leicht feucht halten.

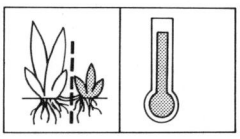

Aukube: Kopfstecklinge werden im August bereitet. Sie wurzeln bei über 20 °C nach etwa 14 Tagen im Wasserglas. Schildblume: Teilung der Stöcke im Frühjahr beim Umtopfen.

Aukube

Der wissenschaftliche Name geht auf Aokiba, die japanische Bezeichnung im Heimatland der Pflanzen zurück. Goldorange beschreibt die hübsche Fleckenzeichnung der Blätter, und Fleischer- oder Metzgerpalme benennt die frühere, so auffällige Schaustellung in den kühlen Fenstern der Fleischerläden.

Es sind dekorative Blattpflanzen, die trotz ihrer hübschen gelb bis orange gefleckten Blätter leider recht in Vergessenheit geraten sind. Nur die Gärtner wissen sie noch zu schätzen und benutzen Aukuben als Schmuckpflanzen bei Feierlichkeiten oder anderen Anlässen, bei denen eine schnell heranschaffbare Dekoration zur Ausgestaltung entsprechender Räume benötig wird. In den häuslichen Räumlichkeiten könnten Aukuben nach wie vor Blickfang in einem kühlen Treppenhaus, einer Vorhalle, einer halbschattigen Veranda oder auf der Terrasse sein.

Stecklinge sollten nach dem Anwachsen entspitzt werden, damit die Pflanzen buschig heranwachsen. Anfangs werden sie jährlich, später nur noch alle 3 bis 4 Jahre umgetopft. Bei zu mastiger Erde oder zu reichlichen Düngergaben vergrünen die Aukuben und verlieren die hübsche Blattzeichnung! Im Sommer sollten sie öfter einmal überbraust werden.

Schildblume

Auch die Schildblumen stammen aus Japan. Ihr wissenschaftlicher und deutscher Name benennen die großen schildförmigen Narben der sonst unscheinbaren Blüten. Mit ihren Blättern ähneln sie übergroßen Maiglöckchen.

Auch sie stehen oder standen in den Fleischerläden; der weitere Name Schusterpalme gibt ebenfalls zu erkennen, daß es sich um widerstandsfähige Pflanzen handelt. Ein Minimum an Pflege vergelten sie durch freundliches Grün. Es sind wohl die unverwüstlichsten unter den Zimmer- und Dekorationspflanzen. Sie vertragen Schatten wie volle Sonne, Wärme wie Kälte, selbst die trockene Luft des modernen Wohnklimas und sind auch unempfindlich gegenüber Zugluft. Im Sommer kann man sie sogar ins Freie stellen, im Winter ist ein mäßig warmer Standplatz am dienlichsten.

Die buntblättrige Kulturform 'Variegata' ziert durch elfenbeinfarbene Längsstreifen. Sie ist wärmebedürftiger und benötigt auch einen helleren Platz bei Temperaturen von 16 bis 18 °C während der Winterzeit.

Aukube, *Aucúba japónica*

Azalee

Zimmerazalee   *Rhododéndron símsii*

In der blütenarmen Jahreszeit von Dezember bis März gehören die Azaleen zusammen mit den Alpenveilchen zu den schönsten, beliebtesten und meistgekauften Zimmerpflanzen.

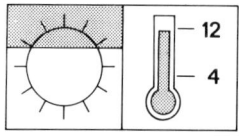

Die blühend erworbenen Pflanzen sollen einen hellen, aber kühlen Platz erhalten. Gleichmäßiges Blühen und gute Haltbarkeit sind bei Temperaturen um 10 °C gewährleistet.

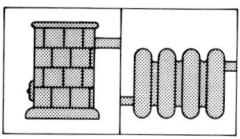

Je kühler Azaleen stehen, um so länger halten sich die Blüten. Die trockene Luft überheizter Wohn- und Arbeitsräume wird nicht vertragen.

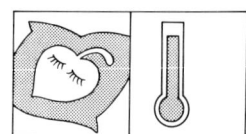

In der Regel haben Azaleen nach der Blüte ihren Zweck erfüllt. Wer eine Weiterkultur versuchen will, informiere sich im Text.

Kultursubstrat für Heidekrautgewächse gibt es nur beim Fachmann oder in der Spezialgärtnerei. Hydrokultur ist nicht möglich.

Die leichtdurchlässige Moorbeetpflanzenerde darf niemals austrocknen, aber die Pflanzen dürfen auch nicht ständig im wassergefüllten Untersetzer stehen. Gedüngt wird von Mai bis Juli mit Nährsalzlösung (1 g/l).

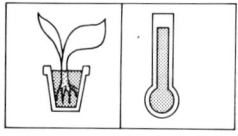

Die Vermehrung gelingt nur dem Gärtner. Der Liebhaber kann lediglich versuchen, Azaleen so lange wie möglich am Leben zu erhalten.

Als die eigentlichen Blütenpflanzen für den Winter und Nachwinter werden Azaleen in großen Stückzahlen herangezogen und dank der Beliebtheit auch in ebenso großen Mengen gekauft. Verschwindend gering ist dagegen die Zahl derjenigen Pflanzen, die beim einfühlsamen Liebhaber ein zweites oder sogar drittes Mal zur Blüte kommt. In der Tat haben Azaleen nach der Blüte ihren Zweck meist erfüllt, und eine meisternswerte Aufgabe besteht schon darin, sie überhaupt so lange wie möglich im Flor zu erhalten. Dazu ist gleichmäßige Ballenfeuchtigkeit zusammen mit einem kühlen Stand – bei frostfreiem Wetter sogar vor der Balkontür – die wichtigste Voraussetzung.

Will man die Pflanzen auch im nächsten Jahr wieder zur Blüte bringen, sind Gießen mit kalkfreiem Wasser und ein Sommeraufenthalt im Freien unabdingbar. Sobald keine Fröste mehr zu erwarten sind, senkt man die Töpfe an einem halbschattigen Platz im Garten ein. Knospen setzen die Pflanzen aber auch hier nur wieder an, wenn man Gießen und Düngen nicht vergißt. Nach dem Flor werden die abgeblühten Triebe ausgebrochen und außerdem der Neutrieb auf etwa 2 cm Länge bzw. 4 bis 5 Blätter gekürzt. Während des Sommers sind die Pflanzen bei trockenem Wetter täglich zu beregnen, im August an die volle Sonne zu räumen und vor den ersten Frösten wieder an den Platz im kühlen Zimmer oder in der Veranda zu stellen. Nur auf diesem Wege setzen Azaleen Knospen an.

Wenn dann im Winter neben den Knospen die Seitentriebe durchtreiben, nehmen diese den Knospen die Kraft zum Erblühen, so daß man die zur unpassenden Zeit erscheinenden hellgrünen Geiltriebe nach unten abzieht.

Umtopfen soll man im zweiten Jahr nach der Blüte mit Erde für Moorbeetkulturen, die man in der Spezialgärtnerei erhält. Das Gießen mit kalkfreiem Wasser bzw. mit Regenwasser erhält dieser Erde am längsten die von den Azaleen benötigte saure Reaktion.

Die Gattung Rhododendron umfaßt an die 1000 Arten, die mit ihren Kulturformen zu den schönsten Blütengehölzen zählen. Der Name ist aus dem Griechischen abgeleitet und setzt sich aus rhodon = Rose und dendron = Baum zusammen. Wörtlich bedeutet er also «Rosenbaum».

Die Stammart unserer Kulturformen, *R. símsii*, ist in China beheimatet. Sie gedeiht dort in lichten Wäldern an felsigen Plätzen. 1808 kamen die ersten Pflanzen nach England. Später befaßten sich auch französische und belgische Züchter mit der Auslese immer prächtigerer Kulturformen. Unser Foto zeigt den Blütenreichtum von 'Wales Favorite'.

Azalee, *Rhododéndron símsii*

Erika

Heidekraut   *Érica spp.*

Korallenraute

(Rautengewächse)   *Borónia spp.*

Wir vereinen hier Pflanzen mit heidekrautähnlichem Aussehen und gleichen Pflegeansprüchen, die nur im blühenden Zustande im Spätherbst oder im zeitigen Frühjahr eine kurzfristige Gastrolle in den Wohnungen geben.

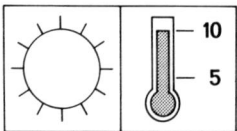

Während ihres Zimmeraufenthaltes ist ihnen der hellste und kühlste Platz mit Temperaturen möglichst nur wenige Grade über dem Gefrierpunkt zu geben.

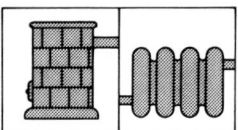

Bei Ofenheizung halten sich ihre Blüten länger, bei trockener Luft, wie sie gewöhnlich mit Zentralheizung einhergeht, vergeht der Blütenschmuck schneller.

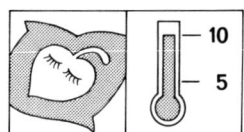

Sie sind von Natur aus Blütenpflanzen der lichtarmen Jahreszeit, für die es keine besondere Behandlung zur Ruhezeit gibt.

Eriken und Boronien werden im geeigneten Substrat angeboten. Man sollte sie nach der Blüte ins Freie pflanzen oder in den Balkonkasten einsenken. Hydrokultur ist nicht möglich.

Während der kurzen Haltungsperiode im Zimmer ist sorgfältig auf gleichmäßige Ballenfeuchtigkeit zu achten. Den Pflanzen ist u. U. nach dem Kauf ein Wasserbad zu gewähren.

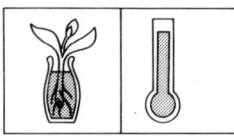

Die Vermehrung überläßt man den Gärtnern, die in der Regel Stecklinge von Mutterpflanzen zur Bewurzelung bringen.

Heidekraut wird jeder Leser kennen. Griech. ereikein = zerbrechlich bezieht sich auf das brüchige Holz der Eriken. Für die Haltung im Zimmer oder auf dem Balkon ist diese Eigenschaft der dünnen Stengel und Triebe jedoch ohne Belang.

Es existieren eine Reihe von Arten, die zu verschiedener Zeit des Jahres blühen. Blühende Heidestöckchen begleiten nach den letzten Winterastern das scheidende Jahr, bevor die Alpenveilchen den Anschluß an das neue Vegetationsjahr bieten.

Entscheidend ist, daß man den Pflanzen eine möglichst naturgemäße Pflege angedeihen läßt und damit ihren Blütenschmuck recht lange erhält. Die Hauptsache dabei ist, daß sie nie trocken werden! Ist es dennoch passiert, hilft nur noch ein Wasserbad. Topf samt Wurzelballen wird in eine Schüssel mit Wasser gestellt, bis das Pflanzensubstrat den Topf wieder voll ausfüllt. Danach ist ein möglichst kühler Stand zu finden. Das kann unter Umständen auch ein Platz draußen auf dem Fensterbrett sein, denn es reichen ja Temperaturen knapp über 0 °C aus, den Blütenschmuck sehr lange zu erhalten.

In der Regel haben die Pflanzen mit dem Abblühen ihre Aufgabe erfüllt. Man kann sie jedoch auch ins Freie pflanzen oder nach dem Winterwetter in den Balkonkasten einsenken und ausprobieren, was sich daraus noch entwickeln kann. Die Triebe werden dabei so weit zurückgeschnitten, daß selbst die Hälfte des Neutriebs mit erfaßt wird.

Die Bergheide *Épacris impréssa* bzw. die *Épacris-Hybriden* stammen aus Australien. Ihre Behandlung entspricht voll und ganz dem Vorstehenden. Auch äußerlich sind sie der verwandten Erica sehr ähnlich. Ihr Name Epacris ist von griech. epi = auf und akros = Bergspitze abgeleitet und sagt aus, daß die Pflanzen in (kühlen) Bergregionen wachsen.

Korallenraute, *Borónia*

Sie ist ebenfalls in Australien beheimatet, jedoch nur noch äußerlich von gewisser Ähnlichkeit mit den Heide-Arten. Da sie aber der Nichtfachmann zuerst hier suchen wird, haben wir sie angefügt, obwohl sie einer ganz anderen Pflanzenfamilie, nämlich den Rautengewächsen, angehören. Sie passen genau in das Erika-Pflegeschema, blühen aber erst im Frühjahr. Ihr Laub ist zarter, und die rosaroten, duftenden Blüten sind größer als bei den Ericen. Sie sind ein zarter, aber dekorativer Schmuck in der draußen so tristen Vorfrühlingszeit.

Korallenraute, *Borónia elátior*

Madagaskar-Palme

Stern der Steppe   *Pachypódium geaýi,*
                        Pachypódium lamérei

Es handelt sich um kakteenartige Steppenbewohner Südafrikas, die urplötzlich wie ein neuer Stern als Zimmerpflanzen entdeckt worden sind und zu bemerkenswerter Beliebtheit gelangten. Ob auch dieser «Stern der Steppe» wieder untergehen wird?

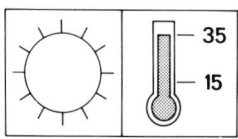

Die Madagaskar-Palmen benötigen, entsprechend den Verhältnissen in ihrer Heimat, viel Licht und Sonne bei ganzjährigem warmem Stand.

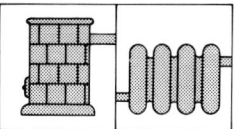

Der hohe Wärmebedarf und die Widerstandsfähigkeit gegenüber hoher Lufttrockenheit machen die Madagaskar-Palmen zu idealen Bewohnern moderner, überheizter Wohn- und Büroräume.

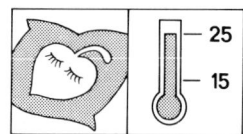

Entgegen den Bedürfnissen der Kakteen dürfen die Wintertemperaturen nicht unter 15 °C absinken. Ein besonderer Winterstand ist deshalb nicht erforderlich; sie bleiben am Südfenster stehen.

Es wird eine kalkhaltige Erde benötigt! Zum Kultursubstrat aus Blumenerde, krümeligem Lehm, Sand und Torf (3:1:1:1) wird pro Blumentopf ein Eßlöffel Kalkgrus zugesetzt. Die Pflanzen werden nur in Erde angeboten.

Sommer wie Winter leicht feucht halten und während der Vegetationszeit alle 4 Wochen mit Blumendünger (1 g/l) gießen.

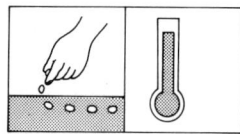

Die Vermehrung aus Samen gelingt nur Spezialbetrieben.

Der wissenschaftliche Name Pachypódium heißt in der wörtlichen Übersetzung Dickfuß (griech. páchys = dick und pódos = Fuß). Tatsächlich bestehen die Madagaskar-Palmen aus einem verdickten, walzenförmigen Stamm, an dessen oberem Ende ein palmenartiger Blattschopf aufsitzt. Der Vergleich eines dicken Stammes mit einem Fuß scheint zwar gewagt, da aber eine der 17 Pachypodium-Arten stets nach der Sonne – jenseits des Äquators also nach Norden – ausgerichtet ist und deshalb bei den Eingeborenen Spukmensch genannt wird, kommen wir dem Fuß doch wieder in plausible Nähe. Die deutsche Bezeichnung Madagaskar-Palme ehrt zunächst die Heimat der zuerst nach Europa eingeführten Pflanzen, und die Bezeichnung «Stern der Steppe» mag auf die explosionsartige Nachfrage nach diesem Sonderling unter den Grünpflanzen zurückgehen.

Alfred Stirnadel gebührt das Verdienst, anläßlich einer Sammelreise neben vielen anderen Sukkulenten auch Vertreter der Gattung Pachypódium aus Madagaskar Mitte der siebziger Jahre in seinen Spezialbetrieb für Kakteen und Sukkulenten nach Oberauerbach gebracht zu haben. Niemand hätte damals daran gedacht, daß ausgerechnet die «Spukmenschen» ein so großer «Renner» werden würden. Sicherlich haben aber auch die deutschen Namen entscheidend mit dazu beigetragen, die Pflanzen bekannt und begehrt zu machen.

Mit ihrem kakteenähnlichen bzw. euphorbienähnlichen Äußeren geben sie jedem Liebhaber dickleibiger Sukkulentenschönheiten die Möglichkeit, auch in der modernen Wohnung wenigstens eine dekorative Sukkulente ganzjährig halten zu können. Dabei sind es reine Blattpflanzen, die schon im Freien nur selten, in der Wohnung aber niemals Blüten zeigen werden.

Bei *Pachypódium geaýi* erreichen die silbergrün schimmernden Einzelblätter etwa 30 cm, die bei *P. lamérei* dunkelgrünen Blätter gegen 10 bis 15 cm Länge. Der Pflanzenkörper beider Arten ist wie mit einer Wendeltreppe mit stachelbesetzten Rippen bewehrt, auf denen der Blattschopf recht dekorativ zur Geltung kommt. In Europa erreichen die Pflanzen gemäßigte Größe, im Topf etwa kniehoch, frei ausgepflanzt höchstens 1,5 m. Trotz ihres kometenhaften Starts in die europäische Zimmerpflanzenwelt werden sich die Pflanzen wegen ihrer außergewöhnlichen Härte gegenüber extremen Lebensbedingungen mindestens in den Büros, gleich den Palmlilien und Sansevierien, auch in Zukunft behaupten und als Stern aus den afrikanischen Dürrestreppen nicht so schnell wieder untergehen.

Madagaskar-Palme, *Pachypódium lamérei*

Oleander

Nérium oleánder

Es sind seit jeher begehrte Balkon- und Zimmerpflanzen, deren Blütenschmuck an ungetrübte Sommersonne in den Mittelmeerländern oder auf dem Balkan erinnert.

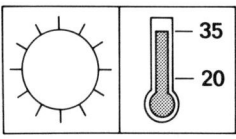

Oleander benötigen zu gutem Gedeihen und reichlichem Blütenansatz einen sonnigen, warmen und luftigen Standort. Im Sommer bekommt ihnen auch ein Balkonplatz oder ein Stand vor einer Südwand gut.

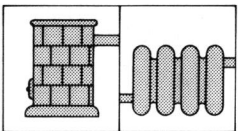

Wenn ein kühler Winterstand gewährt werden kann, ist die Art der Heizung ohne Belang. Am besten stehen Oleander in einer Veranda.

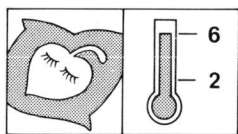

Über Winter nur gerade frostfrei, hell und luftig stellen. Ausnahmsweise werden auch einmal Temperaturen bis –3 °C in einer Frostnacht ertragen. Nach der Winterruhe die Blätter gründlich abwaschen.

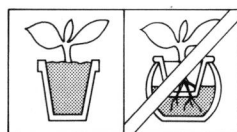

Oleander benötigen eine gehaltvolle Erde: Mist- oder Komposterde, lehmige Rasenerde, Torf und Sand (2:2:1:1). Bei jährlichem Umtopfen (Anfang Juni) erfüllt Blumenerde jedoch auch ihren Zweck.

Im Sommer ist der Topfballen ständig feucht, bei heißer Witterung auch naß zu halten und morgens der Untersetzer mit Wasser zu füllen. Gedüngt wird dann alle 14 Tage mit Nährsalzlösung (1 g/l).

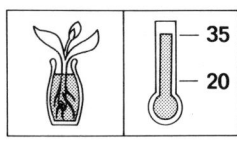

Kopfstecklinge (unter der 3. Blattetage schneiden, untere Blätter entfernen) wurzeln zu jeder Jahreszeit in einem Wasserglas, müssen im Winter jedoch warm und am Südfenster stehen.

Wenn man nicht schon im Elternhaus Oleander kennengelernt hat, dann wird gleich die erste Urlaubsreise in den Süden den Wunsch wecken, diese Kinder der Wärme und der Sommersonne auch im eigenen Heim zu besitzen. Die Wahl wird dabei nicht leicht gemacht, weil Oleander in vielen Kulturformen von weiß über rosa und rot bis gelb verbreitet sind, mit schlichtem, einfachem, halbgefülltem oder rosenartig vollem Blütenschmuck variieren und außerdem auch der Duft der Blüten bezaubern kann. Hier im Norden blühen allerdings die einfachen bis halbgefüllten Oleander länger und sicherer als die zwar dekorativeren, aber größere Ansprüche stellenden vollen Kulturformen. In einem solchen Jahrhundertsommer wie dem von 1983 blühten sie in jeder Lage, in nassen und kühlen Jahren muß man dagegen versuchen, die Mittagssonne vor einer Südwand oder sogar hinter Glas für die sonnenhungrigen Oleander einzufangen. Aus alten Blütenständen treiben Oleander übrigens gern wieder neue Knospen. Man entfernt sie deshalb erst, wenn sie vom Neutrieb völlig überwachsen sind. Oleander blühen außerdem sicherer, wenn die Triebe im Herbst bei warmem Wetter ausreifen konnten. Man räumt sie deshalb bei naßkaltem Wetter im September beizeiten wieder an den hellsten Platz im Haus, bis schließlich Ende Oktober, entsprechend der Witterung, das Winterquartier bereitet wird. Jetzt wird nur noch gelegentlich, dafür aber gründlich gegossen.

Obwohl man immer wieder sehen kann, daß Oleander auch in sehr kleinen Töpfen ihr Dasein fristen, wird dennoch eher ein zu großes als ein zu kleines Pflanzgefäß empfohlen. Schließlich sollen eine Scherbenunterlage und einige Brokken grober Torf noch Platz finden und die Pflanzen auch nicht in jedem Jahr umgetopft werden.

Da Oleander bei guter Pflege schnell heranwachsen, ist es gar nicht so leicht, einen geeigneten Platz zu finden, wenn keine geräumige Veranda vorhanden ist. Die zu groß geratenen Pflanzen sind dann im Frühjahr radikal, bis eine Spanne über dem Boden, zurückzuschneiden, um neuen Austrieb zu erzwingen.

Die Anteile des wissenschaftlichen Namens sind leicht zu erklären: Nerium ist von griech. nerion = naß abgeleitet und bezieht sich auf den Wasserbedarf der Pflanzen, die in ihrer Heimat an Bachufern stehen. Die Artbezeichnung geht wahrscheinlich auf lat. olere = riechen zurück, denn die duftenden Blüten sind nicht nur dem Menschen auffällig, sondern locken während der Nacht auch die im Süden verbreiteten Oleanderschwärmer an.

Oleander, *Nérium oleánder*

Kakteen

Eine Vielzahl von Gattungen und Arten

Seit ihrer Entdeckung in der Neuen Welt gilt die gesamte dickfleischige dornige Sippschaft der Kakteen mit ihren bizarren Pflanzenkörpern und den zauberhaften Blüten als Verkörperung trutzigen Lebens.

Tropenbewohner in Europa

Schon bald nach der Entdeckung Amerikas müssen Kakteen nach Europa gebracht worden sein. Die erste Abbildung einer solchen Pflanze aus dem Lande der Indianer, eine *«indica ficus»*, findet sich bereits im Kräuterbuch des Matthiolus aus dem Jahre 1571! Die erste deutschsprachige Beschreibung einer solchen indianischen Feige *(Opúntia ficus índica)* bringt Adamo Lonicero in seinem Kräuterbuch aus dem Jahre 1582. Es enthält darüber hinaus auch Abbildungen und Beschreibungen von afrikanischen Sukkulenten, wie z. B. Wolfsmilchgewächsen, die man schon längere Zeit kannte.

Die Wissenschaftler verwendeten schon bald die griechische Bezeichnung «kaktos» für stachelige Pflanze als Namen für diese Neuankömmlinge, der heute zur Sammelbezeichnung für alle Mitglieder dieser umfangreichen Pflanzenfamilie geworden ist.

Die gleiche Lebensweise in Trockensteppen, wüstenähnlichen Landstrichen oder trockenen Gebirgslagen hat ihnen insgesamt den Stempel der gleichen Anpassung an ähnliche Lebensumstände aufgedrückt. Am auffälligsten sind dabei die sukkulenten, das Wasser unter geringstmöglicher Oberfläche bewahrenden rundlichen Pflanzenkörper. Blätter und Blattstiele sind in den allermeisten Fällen völlig eingespart. Der Kakteenkörper enthält das Blattgrün selbst und kann, je mehr er sich der Kugelform nähert, das meiste Wasser bei kleinster Oberfläche (im Zellsaft) für die Aufrechterhaltung des Stoffwechsels und der anderen Lebensprozesse speichern. Viele Kakteen besitzen darüber hinaus einen Verdunstungsschutz in Form von Wachsüberzügen und dichtem Stachel- oder Haarbesatz, wobei der letztere nicht nur Schatten wirft und die Transpiration herabsetzt, sondern auch Tiere davon abhält, die Pflanzen zu verzehren.

Wenn man die Lebensumstände der Kakteen am heimatlichen Standort unter dem Gesichtspunkt ihrer zweckmäßigsten Pflege in unseren europäischen Gefilden betrachtet, dann gilt es vor allem, die Sonneneinstrahlung, die Ruhezeit und die Bodenverhältnisse ins Kalkül zu ziehen: Jahreszeiten mit optimalen Lebensbedingungen bei intensiver Sonneneinstrahlung folgt in der Regel eine Ruhe- bzw. Trockenzeit mit einer Reduzierung der Lebensprozesse auf das zum Überdauern notwendige Minimum. Schwieriger ist es, die Standortverhältnisse zu verallgemeinern. Hierüber wird das Spezielle in den folgenden Gruppenbeschreibungen gesagt. In bezug auf das «ideale Pflanzsubstrat» brauchen wir im Falle der Kakteen aber weniger die stoffliche Zusammensetzung als vielmehr die physikalischen Eigenschaften zu berücksichtigen, die sich auch fern der Heimat nachvollziehen lassen.

Der in den Tropen und Subtropen gegebenen intensiven Sonneneinstrahlung wird man hier durch einen Platz unmittelbar hinter dem Fenster oder – während des Sommers – an wind- und wettergeschützter Stelle auch unmittelbar davor gerecht.

Die ideale Kakteenerde

Beim Mischen des Pflanzensubstrats folgen wir der gärtnerischen Erfahrung, nach der eine ideale Kakteenerde folgende Eigenschaften aufweisen muß:
gute Wasserdurchlässigkeit,
schwach saure Reaktion,
geringen Nährstoffgehalt.
Diesen Anforderungen entspricht ein Rezept der Neuzeit mit der Mischung folgender Bestandteile:
1 Teil abgelagerte, gut verrottete Lauberde,
1 Teil krümeliger Oberflächen- oder Baulehm,
1 Teil fein gesiebter Torf,
2 Teile Gesteinsgrus von verwittertem Granit oder Syenit bzw. gewaschener, grober Sand.
Ein Rezept der älteren Gärtnerpraxis (Holm) verwendet:
1 Teil verrottete Lauberde,
1 Teil verrottete Heideerde,
2 Teile scharfer Sand,
1 Teil ganz mürber Baulehm,
1 Teil Ziegelbrocken sowie eine ganz kleine Prise Kali und Superphosphat zusammen.
«Bei Arten mit rübenförmigen Wurzeln nehme man mehr Lehm und etwas weniger Lauberde. Unten gehört in jeden Topf eine Schicht Sand oder feiner Kies.» (Holm 1960)

Arrangement mit den ansehnliche Ausmaße erreichenden Goldkugeln, *Echinocáctus grusónii*

Daneben gibt es eine große Anzahl weiterer Rezepte für Kakteenerde, die trotz unterschiedlichster Zusammensetzung die geforderten Bedingungen nach hoher Wasserdurchlässigkeit, saurer Reaktion und geringem Nährstoffgehalt erfüllen. Man kann sich also auf die im Handel angebotene Kakteenerde verlassen, selbst wenn sie offensichtlich wieder anders zusammengesetzt sein sollte.

Dünger

Angesichts des geringen Nährstoffgehaltes der Erde müssen Kakteen in der Vegetationsperiode mit Nährsalzlösung gedüngt werden. Da sie vergleichsweise Hungerkünstler sind, würden die üblichen stickstoffbetonten Grünpflanzendünger allerdings nur Mastformen ergeben, die vor allem während der Überwinterung zu Fäulnis und danach zu Blühunwilligkeit neigen würden. Man verwendet deshalb besonderen Kakteendünger, der vor allem Kalium- und Phosphorsalze auf Kosten des sonst überwiegenden Stickstoffanteils enthält. So erziehen wir gesunde und blühwillige Pflanzen, die im Aussehen den robusten Wildformen am nächsten kommen. Gedüngt werden aber nur sichtlich im Trieb befindliche Pflanzen, wobei 14tägliche Gaben von 0,1prozentiger Düngelösung vollkommen ausreichen.

Hydrokultur?

In neuerer Zeit bürgert es sich ein, Kakteen auch in Hydrogefäßen zu halten. Tatsächlich lassen sich Kakteen selbst unter diesen für sie von Hause aus ungewohnten Bedingungen mit gutem Erfolg pflegen. Der Liebhaber sollte sich jedoch die Frage vorlegen, ob der Aufwand in diesem Falle auch wirklich lohnt. Bei der Kakteenhaltung in Erde kann man nämlich so gut wie nichts falsch machen, und längeres Austrocknen überstehen Kakteenwurzeln in Erde besser als in Hydrogefäßen. Wer aber dem Neuen besonders aufgeschlossen ist, darf seine Kakteen unbedenklich auf Hydrokultur umstellen, so wie auch die hier abgebildete Königin der Nacht ein Beispiel für eine Pflanze zeigt, die vom bewurzelnden Steckling an bis zur blühenden Pflanze niemals mit Erde in Berührung gekommen ist.

Kakteen im Winter

Ab September verringert man bei den in Erde stehenden Kakteen die Wassergaben immer mehr und stellt das Düngen ganz ein. Bei Hydrokultur senkt man den Flüssigkeitsstand ab. Stehen die Pflanzen im Freien, dann führt die nächtliche Abkühlung zur Abhärtung und zur Vorbereitung auf die Winterruhe. Bei ständiger Bodenfrostgefahr im Oktober ist es dann soweit, die Pflanzen in das Winterquartier zu räumen. Dazu ist ein heller, aber kühler Raum mit einer Temperatur um 6 °C notwendig. Eine ungeheizte Veranda, ein Treppenhaus oder zur Not auch ein Keller sind dafür geeignet. Man kann aber auch an geeigneter Stelle aus Aluminiumprofilen und Gewächshausfolie ein Überwinterungszelt bauen, das mit Hilfe eines Heizkabels (150 Watt pro m^2 Grundfläche installieren) und eines Temperaturreglers die kalten Frostnächte und die Winterperioden von den Pfleglingen abhält.

Bei mildem Wetter wird gelüftet, und, falls notwendig, auch gegossen. Mit Wasser ist während der Überwinterung aber nur sehr sparsam umzugehen. Am besten ist es, wenn man irgend ein Unkraut im Kakteenkasten stehen läßt und nur dann gießt, wenn dieses zu vertrocknen droht. Die meisten Schäden stellen sich gerade bei der Überwinterung nicht durch Vertrocknen, sondern durch «Vergießen» ein!

Wieder Wärme und Licht

Ab März wird an sonnigen Tagen gelüftet und durch ganz allmählich steigende Wassergaben der Trieb angeregt. Manche Arten dürfen jedoch erst dann gegossen werden, wenn die Knospen deutlich sichtbar geworden sind. Darüber lese man bei den einzelnen Pflegegruppen nach. Man gibt soviel Licht wie nur irgend möglich. Dazu gehört auch das regelmäßige Säubern der Gewächshausscheiben oder der schnell verschmutzenden Gewächshausfolie. Im April und Mai muß dann die höher emporsteigende Sonne über Mittag sogar durch Schattieren abgehalten werden, um Verbrennungen zu vermeiden. Nach den Eisheiligen können die Pflanzen dann wieder vor das Fenster, ins Freie oder auf den Balkon geräumt werden. Ab Mai ist reichlich zu gießen, denn die Pflanzen wollen schließlich wachsen und sollen auch Reservestoffe für die nächste Blühperiode und die lange Überwinterung anlegen.

In den Gruppenbeschreibungen von Opuntien, Gliederkakteen, Blattkakteen, Säulenkakteen, dünntriebigen Kakteen, Igel- bzw. Kugelkakteen und Warzenkakteen sind nur bewährte, robuste und blühwillige Arten empfohlen, damit der Einstieg in dieses Hobby so leicht wie nur irgend möglich gemacht wird.

Zur Vermehrung bzw. zum Herrichten von Kakteenstecklingen vgl. man im allgemeinen Teil Seite 27.

Königin der Nacht, *Selenicéreus pteránthus*, in Hydrokultur

Weihnachtskakteen
Schlumbérgera- bzw. *Zygocáctus-Hybriden,*

Osterkakteen
Gliederkakteen

Rhipsalidópsis rósea, *R. gaͤrtneri*

Die in Weiß, Lila, Rot oder Orange leuchtenden Blütensterne der Gliederkakteen werden jeweils zu den namengebenden Festtagen als Weihnachtskaktus und als Osterkaktus auf dem Markt als passendes Mitbringsel angeboten.

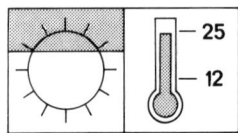
Direkte Sonneneinstrahlung wird nicht vertragen. Die Temperatur soll vor der Blütezeit um 15 °C liegen, während des Sommers gibt es keine Einschränkungen.

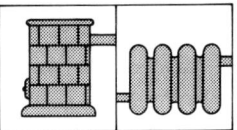
Den geforderten Wintertemperaturen entsprechend ist Ofenheizung günstiger als Zentralheizung, falls kein Stand in einer kühleren Veranda angeboten werden kann.

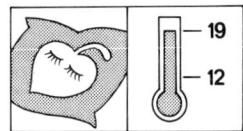
Die Pflanzen setzen nur bei weniger als 10 Stunden Tageslänge Knospen an. Durch spezielle Kurzbehandlung kommen die Weihnachtskakteen mit Hilfe der Gärtner «rechtzeitig» zur Blüte.

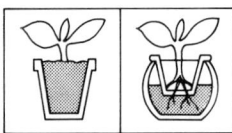
Als Epiphyten (Aufsitzer auf Urwaldbäumen) benötigen sie lockere, humusreiche, torfhaltige Erde (vergl. Blattkakteen S. 138). Hydrokutur gelingt nicht bei allen Hybriden bzw. Propfunterlagen.

Im Winter nur das Austrocknen des Substrates verhindern. Während der Blüte und im Sommer reichlicher gießen, von Mai bis August gelgentlich düngen (1 g Vollnährsalz/1 l).

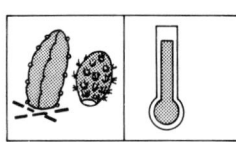
Vorjährige Glieder nach der Blütezeit von den Pflanzen abdrehen, abtrocknen lassen, zu einem Drittel in feuchten Sand oder in Torf-Sand-Gemisch stecken und für gespannte Luft sorgen.

Der Name Gliederkakteen bedarf keiner Erklärung. Alle Arten besitzen aus einzelnen Gliedern zusammengesetzte, anfangs aufrechte, später überhängende Sprosse. Blüten erscheinen nur an den äußeren Gliedern. Die Pflanzen blühen am reichsten, wenn sich die Sprosse möglichst vielfach verzweigen. Wachsen die Sposse aber nur in Einerreihen, kann man nach der Blüte alle Glieder, die allein aus einer Areole entspringen, herausdrehen und damit die Pflanze zwingen, sich reichhaltiger zu verzweigen.

Im Hinblick auf die Behandlung der Weihnachts- wie der Osterkakteen werden geradezu verwickelte Vorschriften für Verdunkelung, Kurztagsbehandlung, für Einhalten von Ruhezeiten und zweckmäßige Düngeperioden empfohlen, die jedoch nur den Gärtner interessieren, der möglichst auf den Tag genau vor Weihnachten und vor Ostern den Markt bedienen möchte. Wenn wir dem Leser empfehlen, sich darum nicht die geringsten Gedanken zu machen, sondern die Gliederkakteen an ein Ost- oder Westfenster zu stellen und ganz normal zu pflegen, muß man zwar in Kauf nehmen, daß die Weihnachtskakteen erst zu Ostern und die Osterkakteen vielleicht erst zu Pfingsten blühen, aber man braucht auf diese Weise nicht ständig zu befürchten, bei der Pflege irgend etwas falsch zu machen. Man sollte jedoch die folgenden Tips beachten: Wenn sich die Knospen zum Winterausgang zeigen, dann wird lieber gesprüht als zu viel gegossen. Nach der Blüte wird umgetopft. Wenn Gliederkakteen ihre Glieder abwerfen, dann liegt es an Ballentrockenheit, zu hoher Temperatur, zu trockener Luft, verbrauchter Erde oder Überdüngung.

Weihnachtskakteen

Sie besitzen stark eingekerbte Sproßglieder. Ihre Blüten sind unsymmetrisch und zeigen eine doppelte Kronenröhre, die so aussieht, als würden jeweils zwei Blüten übereinandersitzen.

Osterkakteen

Ihre Sproßglieder sind nur schwach eingekerbt. Die Blüten sind regelmäßig radiärsymmetrisch. Über einem kurzen, trichterförmigen Grund öffnen sie sich strahlen- oder radförmig und zeigen im Zentrum gelbe Staubblätter sowie den Griffel mit 3 bis 6 Narbenästen.

Unter den hier zusammengefaßten Arten ist *Rhipsalidópsis gaͤrtneri* der eigentliche Osterkaktus, der später blühende und sogar duftende *R. rósea* eigentlich ein Pfingstkaktus.

Osterkaktus, *Rhipsalidópsis gaͤrtneri*

Igelkakteen

Sammelbezeichnung für eine Vielzahl von Arten
aus unterschiedlichen Gattungen

Das Stachelkleid des Igels ist tatsächlich am besten geeignet,
die Vielfalt der einander ähnlichen, rundlichen bis keulenför-
migen Kakteen unter einem charakteristischen Begriff zusammenzufassen.

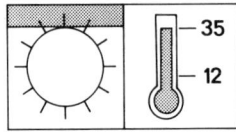

Alle stark behaarten oder bedornten
Arten brauchen volle Sonne, die frischgrünen Kakteen müssen nach der Überwinterung zunächst schattiert werden,
damit sie bei Mittagssonne nicht verbrennen.

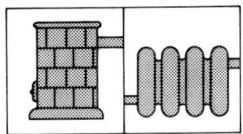

Wird die Winterruhe eingehalten, spielt
die Art der Heizung keine Rolle.

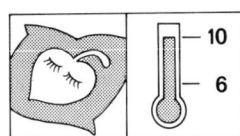

Ab November müssen Igel- und Kugelkakteen kühl und trocken gehalten werden. Die Winterruhe dient auch der
Anlage von Blüten, während Wärme
beim winterlichen Lichtmangel nur Geiltriebe provoziert.

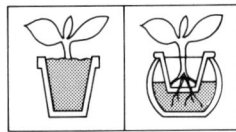

Die Kultur in Kakteenerde bietet die geringsten Probleme. Umgetopft wird alle
2 bis 3 Jahre. Hydrokultur ist möglich,
erfordert aber den gleichen Pflegeaufwand wie die Haltung in Erde.

Im Sommer ist ausreichend zu gießen,
stauende Nässe jedoch zu vermeiden.
Gedüngt wird alle 4 Wochen mit
0,1%iger Lösung von Kakteennährsalz
in Wasser (1 g/l) von Mai bis Anfang
August.

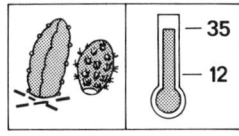

Kindel oder Stecklinge dienen dem Liebhaber zur Vermehrung. Spezialisten und
Gärtner ziehen auch Sämlinge heran.

Angesichts der Vielzahl von Arten ist es in dieser Gruppe am
schwersten, die Übersicht zu behalten. In der Beschränkung
auf pflegeleichte und blühwillige Igelkakteen beginnen wir
mit den seit alters her beliebten Echinópsis-Hybriden.

Sie verdienen als erste die durchaus ehrenhafte Bezeichnung «Allerweltskaktus». Früher standen sie auf jedem Fensterbrett auch bei Pflanzenfreunden, die gar nicht einmal besondere Kakteenliebhaber sein mußten. Ein Beweis, daß sie
die gleiche Pflege wie andere Zimmerpflanzen vertragen,
ohne besondere Erde, Lichtansprüche oder anderweitig
speziellen Pflegeaufwand zu verlangen. Selbst die Überwinterung bereitete früher keine Schwierigkeiten, da es auf der
Fensterbank bei Ofenheizung ohnehin kaum wärmer als
12 °C war. Viele dieser altehrwürdigen, geradezu kapitalen
Echinopsen wurden und werden von Generation zu Generation weitergegeben und blühen noch heute wie schon seit
Jahrzehnten. In einer warmen Sommernacht öffnen sie ihre
weißen oder blaßvioletten Trichterblüten, die als so schön
empfunden werden, daß man den Namen Königin oder Prin-
zessin der Nacht selbst auf diese großen Pflanzenkugeln aus-
dehnte. Bei nicht zu heißer Witterung bleiben sie auch noch
am folgenden Tag geöffnet und vergehen erst 24 Stunden
nach ihrer Entfaltung. Nur bei zu warmer Überwinterung
oder bei zu gut gemeinter Pflege in mastiger Erde oder auch
übermäßiger Düngung treiben sie nur Kindel, und man wartet dann vergebens auf die Blüten.

Den heutigen Ansprüchen genügen die blaßfarbenen
Echinopsisblüten allerdings nicht mehr. Deswegen sind die
Echinopsen aber nicht in Vergessenheit geraten. Liebhaber
haben sich ihrer angenommen und sie mit den Lobivien gekreuzt. Die neuen Hybriden, die allmählich an die Stelle der
älteren treten werden, vereinen jetzt außer der Blühwilligkeit beider Ausgangsformen die langen Kronröhren und die
ansehnlichen Blüten der Echinopsen mit den intensiven Blütenfarben der Lobivien, wie es unser Bild ganz deutlich zeigt.
Wer möchte sich wohl nicht an der Farbenpracht eines solchen Allerweltskaktus erfreuen? Gewiß, von der Wissenschaft werden solche Kreuzungen als wertlos abgetan. Wir
aber möchten sie nicht missen und zur Pflege auf dem Fensterbrett empfehlen, weil Schönheit ganz automatisch über
Mittelmäßigkeit erhebt.

Echinopsis-Hybride, die neuen Kreuzungen
Echinópsis × Lobívia vereinen Farbenpracht und
Blühwilligkeit

An den Igel (griech. echinos = Igel) wie bei *Echinópsis* gemahnen auch die Gattungsnamen: *Echinocéreus* und *Echinocáctus*.

Echinocéreus, Igelsäulenkakteen
Es sind ebenfalls pflegeleichte Kakteen, die in der Form kleiner Säulen, vom Grunde verzweigend, mehrtriebig wachsen und durch große, leuchtend farbige und vor allem dauerhafte Blüten in die Sammlung eines jeden Liebhabers gehören. Ihr besonderes Kennzeichen sind die grünen Narben in der Mitte der Blüte und später die stark bedornte Frucht. Sie müssen schon ab September trockener gehalten werden und, falls sie im Freien stehen, Schutz vor Regen erhalten. Ab November gehören sie ins kühle, trockene, aber möglichst helle Winterquartier.

Die alte Gattung *Echinocáctus* (= Igelkaktus im typischen Sinne) ist heute in eine ganze Reihe kleinerer, übersichtlicherer Artengruppen aufgeteilt. Sie sind von kugeliger, im Alter auch länglicher Gestalt und gehören jetzt zu den neuen Gattungen *Eriocáctus, Gymnocalýcium, Notocáctus, Paródia, Thelocáctus, Echinofossulocáctus* und natürlich auch zur Restgruppe *Echinocáctus.* Wir halten uns an das Alphabet und beginnen mit:

Echinocáctus grusónii, Goldkugel: Die Pflanzen erlangen bei guter Pflege geradezu riesige Ausmaße, so daß man sich wie auf einen Hocker darauf setzen könnte – wenn es nur keine Igelkakteen wären! Weshalb sie in vielen Gegenden «Schwiegermutterstuhl» heißen, möchten wir nicht erklären.

Echinofossulocáctus, Lamellenkakteen: Die Rippen sind fast lamellenartig dünn und vorspringend. Von Haus aus sind es Wiesenbewohner, die im Sommer reichliche Wassergaben vertragen.

Eriocáctus: Kleine, säulenförmige Kakteen mit etwa 30 Rippen, aber scheitelständigen Blüten, so daß die Verwechslung mit einem *Céreus* nur im nichtblühenden Zustand unterlaufen kann.

Ferocáctus latispínus, Teufelszunge: Breite, rote, gebogene Dornen führen zum phantasievollen Namen. Blüten erscheinen jedoch nur sehr selten. Auch die weiteren Arten der Gattung sind wegen ihrer starken und bunten Dornen sehr auffällig.

Gymnocalýcium, Spinnenkaktus: Die Areolen sitzen auf verdickten Rippen, und die davon ausgehenden Dornen sehen wie Spinnenbeine aus. Blüten meist weiß, bei *G. oenánthemum,* einer der schönsten Arten, aber weinrot.

Notocáctus óttonis und *N. submammulósus:* Frischgrüne Körper, gelbe Blüten mit roten Stempeln.

Paródia: Die Blütezeit der verschiedenen Arten verteilt sich über den ganzen Sommer, so daß sie sehr beliebt sind. Die Blüten erscheinen oft zu mehreren aus dem Scheitel. Auf kleinstem Raum läßt sich die ganze Artenvielfalt unterbringen. Vor einer Südwand mit Schutz vor Dauerregen gedeihen die kleinen Kakteen ab Mitte Mai bis September im Freien am besten. Sie sollten in keiner Sammlung fehlen.
Thelocáctus bícolor: Mehrfarbig bedornt, 8 Rippen sind in etwa 1 cm hohe Höcker zerlegt. Mitteldorne weiß/rot oder rot/gelb gefärbt. Bei sonnigem Stand große karminviolette Blüten.

Die Vielzahl weiterer pflegeleichter Arten stammt aus den Gattungen *Aylóstera, Lobívia, Pseudolobívia, Mediolobívia* und *Rebútia.* Auch sie sind dankbare Pfleglinge, deren im Vergleich zum Pflanzenkörper relativ große Blüten schon an jungen Pflanzen erscheinen.
Aylóstera: Hochgebirgspflanzen für kühle, aber helle Überwinterung. Ähnlich den Mediolobivien, kleine Pflanzen, etwas höher als breit, meist mit orangeroten Blüten.
Lobívia: Lichthungrige Kleinkakteen. Der Name ist ein Anagramm aus Bolivien, ihrem Hauptverbreitungsgebiet. Alle sind farbenprächtige, teils mehrfarbige und schon als Jungpflanzen reichblühende Gewächse. Die Rippen sind meist gegliedert oder in Höcker aufgelöst. Sie wünschen trockene und kühle Überwinterung; mit steigenden Wassergaben werden sie ab März wieder prall und blühen üppig ab April/Mai.
Mediolobívia: Zwergkakteen von nur 2 bis 4 cm Durchmesser, polsterbildend. Blüten rot oder gelb, außen mit Wollhaaren und Borsten besetzt, Griffel grün bis gelbgrün.
Pseudolobívia: Mittelgroße, flachkugelige Pflanzen mit meist weißen Trichterblüten, die sich tagsüber öffnen. Ihre Rippen sind, gleich den Lobivien, meist in Höcker aufgelöst.
Rebútia: Kleine flachkugelige Kakteen. Die farbenkräftigen Blüten entspringen aus der unteren Körperhälfte. Es sind ideale Pflanzen für den Anfänger, weil reichblühend, platzsparend, unempfindlich und pflegeleicht. Vom Herbst an trocken gehalten, vertragen sie selbst Temperaturen unter dem Gefrierpunkt. Sie blühen bereits als gerade kirschgroße Jungpflanzen im Alter von zwei Jahren. Für diese kleinen Pflanzen wird ein Substrat aus verrotteter Lauberde und grobem Sand im Verhältnis 1:1 gemischt. Umtopfen ist nur alle zwei Jahre nötig, man warte damit aber, bis alle Blüten vergangen sind.

Igelkaktus, *Aylóstera fiebrígii*

Opuntie

Opuntia spp.

Unter allen Kakteen waren Opuntien als erste in der alten Welt bekannt. Mit ihrer bizarren Gestalt finden sie nach wie vor ihre Liebhaber.

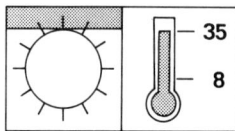

Opuntien gedeihen im Sommer an jedem hellen und warmen Platz. Um Verbrennungen zu vermeiden, sollte hinter der Fensterscheibe die Mittagssonne abgehalten werden.

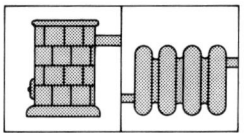

Wenn man die Bedingung des Überwinterns einhalten kann, spielt die Art der Heizung keine Rolle.

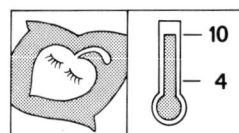

Kühle, trockene Überwinterung – zur Not auch an einem lichtarmen Ort – ist eine der Grundbedingungen ihres guten Gedeihens. Bei warmer Überwinterung entstehende Geiltriebe müssen im Frühling entfernt werden.

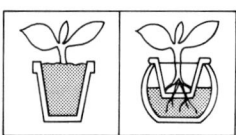

Es wird die übliche Kakteenerde verwendet und je nach dem Wachstumsfortschritt alle 2 bis 3 Jahre nach der Winterruhe in neues Substrat umgetopft.

Im Sommer ist reichlich, im Winter nur sehr sparsam zu gießen (alle 3 Wochen 1 Teelöffel Wasser auf einen Topf von 8 cm Durchmesser geben). Im Sommer alle 14 Tage mit Kakteennährsalz (2 g/l) düngen.

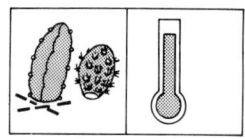

Vorjährige Endglieder werden ab Ende März abgedreht und nach dem völligen Abtrocknen in Kakteenerde gesteckt.

Opuntien erkennt man an den großen, übereinandergesetzten Gliedern oder «Ohren». Ihren Namen tragen sie nach einer italienischen Stadt gleichen Namens, in deren Nähe sie wahrscheinlich in der Alten Welt zuerst verwildert sind.

Wie fast alle Kakteen besitzen auch sie keine Blätter. Statt dessen sind die Zweige verbreitert und dickblattartig ausgebildet. Als Reste der Blattanlagen haben sich bei den Opuntien in den Areolen die sogenannten Glochidien erhalten. Es sind winzige, mit Widerhaken besetzte Stachelbüschel, die den Umgang mit Opuntien so unangenehm machen können und die gewiß auch manche Antipathie gegen diese dornigen und stachligen Gesellen unter den Zimmerpflanzen ausgelöst haben. Beim Umtopfen faßt man deshalb nur die Töpfe an oder legt um den Pflanzengrund eine Manschette aus mehrfach zusammengefaltetem Papier.

Opuntien sind die am weitesten über die Tropen und Subtropen verbreiteten Kakteen. Hierzulande ist allerdings unbekannt, daß die Früchte der Opuntien (tunas) in ihrer Heimat ein beliebtes Obst darstellen und selbst die Sprosse als Gemüse gegessen oder als Viehfutter verwendet werden.

Die ungefüllten gelben oder roten Blüten der Opuntien ähneln denen der Heckenrosen, und die feigenähnlichen Früchte könnten auch bei uns geschält und gegessen werden.

Als Zimmerpflanzen werden kleinbleibende, allerdings meist auch blühunwillige Opuntien angeboten. Folgende Arten bereichern das umfangreiche Angebot:

Austrocylindropúntia verschafféltii: In ihrer bolivianischen Heimat wächst sie gedrungen und fast kugelig. In unserem sonnenärmeren Klima werden die mattgrünen, gefelderten Triebe länger und tragen bei Austrieb schmale Blätter. Bei einem Stand an «frischer Luft» vor dem Südfenster bleiben die Triebe kurz und blühen prächtig orangerot mit bis zu 5 cm Durchmesser erreichenden Blüten.

Opúntia micródasys: Es ist die am häufigsten angebotene Art. Ihre rundlichen Glieder sind mit einer Vielzahl gelber, glochidientragender Areolen übersät, so daß der Name «Goldopuntie» tatsächlich gerechtfertigt ist. Von der gleichen Art existieren Varietäten mit weißen bzw. rötlichen Glochidien.

Opúntia fícus-índica vertritt die großen, ansehnlichen Opuntien. Wer ein bis auf den Boden reichendes Südfenster für einen hellen, kühlen Winterstand und während des Sommers einen sonnigen Terrassenplatz bieten kann, hat auch an den repräsentativen, blaubereiften und großgliedrigen Pflanzen seine Freude.

Opuntie, *Opúntia spp.*

Phyllokaktus

Blattkaktus

Phyllocáctus-Hybriden
Epiphýllum-Hybriden

Alle Blattkakteen-Züchtungen besitzen als leicht wachsende Topfpflanzen große, farbenprächtige Blüten und erfreuen sich deshalb seit etwa einem Jahrhundert ungebrochenen Ansehens bei den Liebhabern dieser einheitlichen Kakteengruppe.

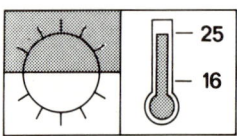

Im Sommer luftig, halbschattig und mäßig warm halten. Nach der Blüte ist auch ein geschützter Stand im Freien möglich.

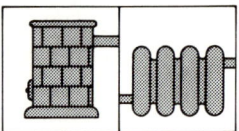

Wenn die Wintertemperaturen eingehalten werden, ist die Art der Heizung nur von untergeordneter Bedeutung.

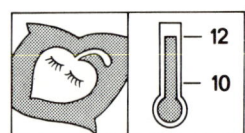

Winterruhe von Anfang November bis Januar. Das Substrat darf nicht völlig austrocknen. Bei Sonneneinstrahlung dürfen 12 °C überschritten werden. Sobald sich Knospen zeigen, ganz allmählich mehr Wasser geben.

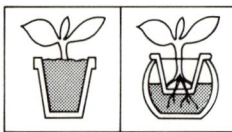

Blattkakteen benötigen nährstoffreiche, lockere Erde. Man verwendet Blumenerde mit Zusatz von $\frac{1}{5}$ Sand und Torf oder mische Lauberde, Komposterde, Torf und körnigen Sand zu gleichen Teilen. Lehm und Kalk schaden.

Immer für milde Feuchtigkeit sorgen, Nässe jedoch vermeiden. Während des Ausbildens von Knospen und von Mitte August bis Ende September 14täglich mit 0,05%iger Lösung aus Kakteennährsalz düngen.

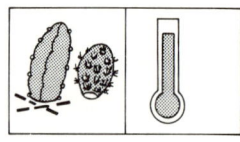

Etwa spannenlange Stecklinge werden Ende März oder im August von vorjährigen Trieben geschnitten. Weiterbehandlung siehe S. 27.

Phyllokakteen sind eigentlich Epiphyten, die in ihrer Heimat im Kronenbereich von Urwaldriesen wurzeln. Die «echten» Blattkakteen sind allerdings heute kaum noch in Kultur, denn sie blühen – wenn überhaupt – nur nachts, besitzen nur kleine Blüten und eine enge Kronröhre. Die Ära der Blattkakteen begann erst, als Gärtner und Liebhaber großblütige, blühwillige und sogar tagblühende Kakteen einkreuzten und damit die schmucken Pflanzen der Gegenwart entstehen ließen.

Während des 2. Weltkrieges verlagerte sich der Schwerpunkt der «Phyllo»-Züchtung vorübergehend in die USA. Dort war schon 1940 die «Epiphyllum Society of America» (ESA) gegründet worden, die vor allem in Kalifornien ein reges Klubleben mit Ausstellungen, Vortragsprogrammen und Pflanzenbewertungen entfaltete. Spezialgärtnereien entstanden nur für Phyllokakteen. Durch erneutes Einkreuzen von großblütigen Kakteen wurden die Blütenformen weiter variiert und ein Typ ausgelesen, der unter Beibehaltung des reichen Farbspektrums bunte Blüten hervorbringt.

Phyllokakteen sind Pflanzen für Liebhaber. Der Zauber ihrer Blüten sucht in der Pflanzenwelt seinesgleichen. In der Farbpalette fehlt außer Grün nur reines Blau. Neben strahlenden Regenbogenfarben gibt es alle Zwischentöne in Pastell. Ebenso variabel sind die Blütenformen: trichter-, becher-, glocken- bis radförmig oder neuerdings sogar völlig unregelmäßig. Der Blütendurchmesser erreicht bis 30 cm und die Kronröhre im Extrem die gleiche Länge. Als große Seltenheit gelten immer noch die gefüllten Blüten des alten Züchters Knebel.

Die Hauptblütezeit liegt von April bis Mai; sie klingt Ende Juni aus. Die Haltbarkeit der Blüten wurde mittlerweile auf zwei Tage ausgedehnt. Unter den vielen Neuzüchtungen sollten wir das schöne, alte *Epiphýllum pfersdórfii* mit den spitzen gelben Knospen, braunroten Hüllblättern und den duftenden gelbweißen Blüten nicht vergessen.

Pflege: Auslichten und Aufbinden. In mehrjährigem Abstand die Wurzeln kräftig kürzen und die Pflanzen auslichten. So bleiben sie handlich und blühen trotzdem reichlich. Nach der Winterruhe setzt schon im Februar der Neutrieb ein. Von da an wärmer stellen, öfter nebeln und wieder feuchter halten. Phyllokakteen neigen zu reichlichem Knospenansatz und ebensolchem Abwerfen bei Nahrungsmangel. Das kann wenigstens zum Teil durch Gaben von Düngerlösung abgefangen werden. Gedüngt wird auch noch einmal im Spätsommer zur Hauptwachstumszeit der Phyllokakteen.

Blattkaktus, *Phyllocáctus-Hybride*

Säulenkaktus

Céreus spp.

•

Die großen und meist raschwüchsigen Säulenkakteen der sonnendurchfluteten Tropen sind als imposante Erscheinungen begehrte Sammel- und Pflegeobjekte vieler Kakteenliebhaber.

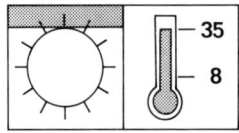

Sie gedeihen im Sommer am sonnigen Fenster bzw. an geschütztem, warmem Freiplatz unmittelbar vor einer Südwand.

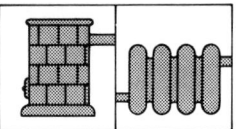

Werden die Winterbedingungen eingehalten, ist die Heizungsart unproblematisch. Ein Platz in einer sonnigen, aber ungeheizten Veranda ist während des Winters am besten geeignet.

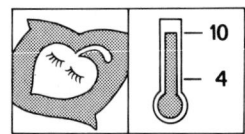

Kühle und trockene Überwinterung wird von der Mehrzahl der Arten verlangt. Dabei darf so gut wie nicht gegossen werden.

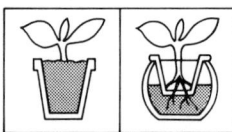

Kakteenerde bietet die beste Entwicklungs- und Wachstumsgrundlage. Von Triebbeginn bis Anfang August sollte mit Kakteennährsalz (1 g/l) alle 14 Tage gegossen werden.

Im Sommer verbrauchen die wachsenden bzw. hoch aufragenden Säulen reichliche Wassergaben. Hydrokultur ist zwar möglich, bringt letzten Endes aber keine Vorteile gegenüber der problemlosen Erdkultur.

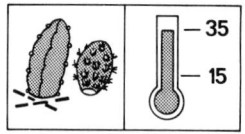

Ausgereifte Triebspitzen werden ab Ende März vom Körper getrennt, zugeschnitten und nach gründlichem, oft Wochen dauerndem Abtrocknen auf Kakteenerde gesetzt bzw. nach dem Rat auf S. 27 behandelt.

Der Name gründet sich nach lat. cereus = wachsartig, wachsfarben auf den reifartigen Wachsüberzug vieler Arten, der sicherlich einen Verdunstungsschutz bietet. Die große Gruppe Céreus ist heute allerdings in eine Vielzahl von kleineren Gattungen aufgeteilt, die aber meistens die alte Gattungsbezeichnung noch im Namen führen.

Für die Pflege in den Zimmern sind Arten gefragt, die wärmeren Winterstand mit Raschwüchsigkeit vereinen. Falls in der Wohnung eine bis auf den Boden verglaste Tür zum Balkon, der Loggia oder Terrasse vorhanden ist, sollte man die Überwinterung dort bei geringen Wassergaben versuchen. Es darf dabei nur so viel gegossen oder auch gesprüht werden, daß der Pflanzenkörper nicht zu sehr schrumpft, Neutrieb aber unter allen Umständen bis zum März vermieden wird. Dafür sind folgende Arten geeignet:

Haageocéreus: vielrippige, lang grannenartig und mehrbig bestachelte Säulen, die dem Pfleger jedoch nicht über den Kopf wachsen und dadurch vielleicht die besten Partner unter den Cereen für einen ständigen Zimmerstand sind.

Isolatocéreus dumortiéri: hellgrüne Färbung, 5 bis 6 Rippen, zuweilen schraubig gedreht.

Greisenhaupt, *Espostóa lanáta:* Die 5 bis 12 cm dicken Säulen bilden etwa 20 Rippen aus. Lange weiße Haare umspinnen den gesamten Pflanzenkörper und verdecken dabei sogar das Blattgrün.

Perlbandkaktus, *Marginatocéreus marginátus:* Er ist nach den dicht zusammenstehenden Areolen benannt, die von weitem wie ein an der Pflanzensäule herablaufendes weißes Perlenband aussehen. Temperaturen unter 8 °C sind ihm gar nicht zuträglich.

Céreus jamacáru und *peruviánus:* raschwüchsige, ansehnliche, 4- bis 8rippige Säulen mit tief eingesenkten Furchen. In Südamerika werden die Pflanzen bis 10 m hoch und wachsen kandelaberartig verzweigend. Große Blüten von 15 bis 18 cm Länge erscheinen aber auch hier leider nur an alten Pflanzen.

Pilosocéreus pálmeri: kräftige, blaubereifte Säulen mit langen, flockig zusammengeballten weißen Haaren am Scheitel und an den Rippenanfängen. Die Areolen auf den 7 bis 9 tiefen Rippen tragen kräftige Bedornung. An alten Pflanzen brechen in der Nähe des Scheitels 6 cm lange, leuchtend rote Blüten hervor, die sich mehrere Tage halten.

Akérsia roseiflóra: goldgelb, borstig bedornt, vielrippig, höchstens 1,20 m erreichend, blüht bereits mit 25 bis 30 cm Höhe am sonnigen Fenster. Im Winter aber möglichst kühl halten (unter 8 °C).

Säulenkakteen, Arrangement auf einer Kakteenschau

Königin der Nacht *Selenicéreus spp.*
Peitschenkaktus

Schlangenkakteen

*Aporocáctus
flagellifórmis,
Hylocéreus,
Eriocéreus spp.*

Schon der Name «Königin der Nacht» bringt den Zauber dieser wunderbaren Blüten zum Ausdruck, die sich zwar nur für eine Nacht öffnen, aber damit den Besitzer für die Mühen der Pflege eines ganzen Jahres vielfach entschädigen.

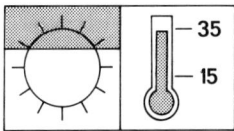

Wärme, Feuchtigkeit und Halbschatten tragen zum guten Gedeihen der Pflanzen wesentlich bei.

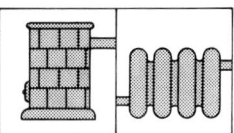

Wenn die Wintertemperaturen eingehalten werden können, spielt die Art der Heizung keine Rolle. Bei Zentralheizung müssen die Pflanzen während des Winters in ein besonderes Quartier gebracht werden.

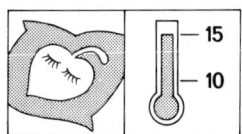

Im Winter sind die Pflanzen bei über 10 °C zu halten, und möglichst bei Luftfeuchtigkeit von über 60 %. In Hydrokultur im Winter die Nährsalzlösung ausgießen, nur wenig Wasser einfüllen.

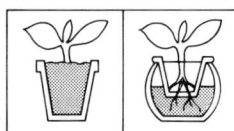

Schlangenkakteen benötigen ein humus- und torfhaltiges Substrat, man verwendet Blumenerde anstelle von Kakteenerde. Lehm und Kies in der Erdmischung schaden, Hydrokultur in 0,1%iger Nährsalzlösung ist gut möglich.

Im Sommer reichlich gießen, im Winter durch geringste Wassergaben (Besprühen) der Pflanzenumgebung Schrumpfen und Wurzelverlust vermeiden. Während der Vegetationszeit alle vier Wochen düngen (1 g Kakteennährsalz/l).

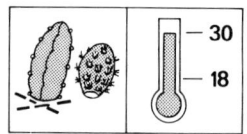

Kopfstecklinge, die im ausgereiften, vorjährigen „Holz" geschnitten werden, wurzeln nach gründlichem Abtrocknen der Schnittstelle leicht an, zumal an den Trieben meist Luftwurzeln vorgebildet sind.

Wir fassen hier verschiedene Kakteengattungen mit ähnlicher Lebensweise und ähnlicher Gestalt mit dünnen, klimmenden oder hängenden Trieben zusammen, zumal sie ähnliche Lebensbedürfnisse haben:

Mondkaktus, *Selenicéreus spp.*
Hierher zählen die Königinnen der Nacht, die jeder Kakteenfreund mindestens einmal in seinem Leben zur Blüte bringen möchte. Die hier abgebildete Pflanze hat in einer warmen, ferngeheizten Wohnung – als Steckling in ein Hydrogefäß eingesetzt und bei Überwinterung im kühleren Schlafzimmer – nach 5 Jahren erstmalig und dann regelmäßig geblüht. Es kann also nicht so schwer sein, wie es nur zu oft befürchtet wird. Allerdings erwecken die Pflanzen in den restlichen 330 Tagen des Jahres, wenn die Spannung der Knospenentwicklung und Blütenentfaltung abgeklungen ist, gar keinen königlichen Eindruck.
Selenicéreus pteránthus ist die am meisten verbreitete Art der Königinnen bzw. Prinzessinnen der Nacht. Ihre 4- bis 6kantigen blaugrünen Triebe sind rot überlaufen. Die reinweißen Blütenblätter entfalten sich am Abend, sind von einem Strahlenkranz goldbrauner Hüllblätter umgeben und vergehen in den Morgenstunden.
Selenicéreus grandiflórus ist die von Haiti stammende «echte» Königin der Nacht. Ihre Blüten duften besonders stark nach Vanille. Sie ist sehr empfindlich und deshalb meist nur als Kreuzungspartner in den wüchsigeren Hybriden enthalten, denen sie den schweren Vanilleduft mitgegeben hat. Daneben existieren weitere Arten mit geringerer Eignung für die Zimmerkultur als Liebhaberobjekte für Spezialisten.

Peitschenkaktus, *Aporocáctus flagellifórmis:* Seine schlanken Arme hängen von Felsnischen oder Bäumen bzw. im Zimmer aus einer Ampel herab. Im März zeigen sich die roten Blütenknospen als Beweis guter Pflege und als Zeichen des nun einsetzenden Triebes, der mit verstärktem Gießen und gelegentlichem Düngen (0,1%ige Kakteennährsalzlösung) zu unterstützen ist.
Eriocéreus sind schlanke, kriechend-klimmend-aufstrebende, dünntriebige Kakteen mit ähnlich großen Blüten wie bei den Königinnen der Nacht. Allerdings fehlt ihnen der Strahlenkranz der Hüllblätter. Ihre Blüten öffnen sich schon während des Tages. Sie benötigen als Bodenbewohner Kakteenerde und einen trockenen, kühlen Winterstand.

Königin der Nacht, *Selenicéreus pteránthus*

Mammillarien

Warzenkakteen   *Mammillária spp.*

Warzenkakteen zieren durch lang anhaltenden Blütenflor, der meist in Form von Kränzen rings um den Scheitel hervorbricht. Da es kleine Pflanzen sind, finden sie auf jedem noch so schmalen Fensterbrett einen Platz zum Leben und Blühen.

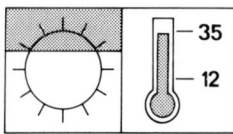

Die behaarten Arten wollen vollsonnig stehen, während die frischgrünen Mammillarien im Frühling als Verbrennungsschutz leichte Schattierung benötigen.

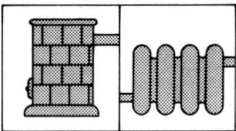

Wenn die Winterruhe eingehalten wird, gedeihen Mammillarien während der Vegetationsperiode auch bei modernen Heizungsverfahren auf dem Fensterbrett.

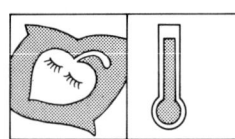

Ab November werden Warzenkakteen bei 5 bis 10 °C Wärme trocken gehalten. Bei dunklem Winterstand muß im März zunächst leichter Schatten durch die Gardine oder aufgelegtes Seidenpapier gegeben werden.

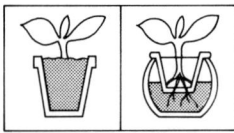

Es wird Kakteenerde verwendet. Hydrokultur lohnt sich nicht. Umgetopft wird nur alle 2 bis 3 Jahre.

Während der Blüte- und Wachstumszeit ist die Erde immer feucht zu halten. Gedüngt wird alle 4 Wochen mit 0,1%iger Lösung von Kakteennährsalz in Wasser (1 g/l).

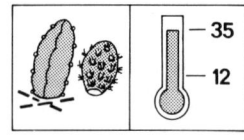

Fast alle Arten wachsen gruppenbildend, so daß junge Triebe leicht abgetrennt und nach dem Abtrocknen zur Bewurzelung gebracht werden können.

Der Name leitet sich von Mamilla, der Verkleinerungsform von Mamma = Warze bzw. Wärzchen, ab.

Sonne mögen fast alle Mammillarien. Das Südfenster ist für sie gerade gut genug. Über Sommer gedeihen sie auf dem Balkon oder auch nur außen auf dem Fensterbrett in frischer Luft, so wie die abgebildete Pflanze, zur vollsten Zufriedenheit. Warzenkakteen sind Flachwurzler. Man sollte deshalb Schalen anstelle der tieferen Töpfe verwenden und auf dem Boden mit einer Scherbenschicht für guten Wasserabzug sorgen, denn gegenüber stauender Nässe sind sie, wie alle Kakteen, sehr empfindlich.

Durch vielfältige Sprossung an der Basis der Stämmchen wachsen die meisten Arten in Gruppen. Ihre Blüten sind zwar klein, stehen aber meistens in Kranzform um den Scheitel, so daß selbst einzelne Pflanzen von besonderem Reiz sind, zumal im Herbst die roten Früchte nochmals zieren. Die schönsten oder empfehlenswertesten kleinwüchsigen Warzenkakteen sind:

Mammillária bocasána: weiß behaart, hakige Mitteldorne, Blüten gelblich, rot gestreift.

M. centricírrha: frischgrün, kontrastierende Dornen, rote Blüten.

M. élegans: Dornen weiß, braun gespitzt, karminrote Blüten.

M. grácilis: kugelige Pflanzen, weiß bedornt, gelblichweiße Blüten.

M. prolífera: sehr klein, aber stark sprossend, gelbliche Blütenkränze, viele rote Früchte.

M. rhodántha: rot bedornt, karminrote Blütenkränze.

M. zeilmanniána: blüht schon als winziger Sämling leuchtend purpurrot.

Zylindrisch aufrecht wachsende Arten:

Mammillária hamáta und *M. wíldii:* hakig bedornt, Blüten leuchtend rot.

M. hidalgénsis: Scheitel weißwollig, sonst dunkelgrün, karminrote Blüten, schwarzgespitzte Dornen.

M. íngens: 20 cm Höhe erreichend, Dornen bis 4 cm lang, der vorstehenden Art ähnlich.

M. mazatlanénsis: große, 25 mm im Durchmesser erreichende, rosarote Blüten.

M. spinosíssima: die abgebildete Pflanze. Ähnlich sind *M. bélla, coronária* und *nunézii.*

M. chionocéphala: weißwollig, schneeweißes Haupt, von Kränzen roter Blüten eingefaßt.

Leptocládia elongáta: sehr schlank bis zylindrisch, gelblichweiße Blüten.

Mammillarie, Mammillária spinosíssima

Gynura

Gynúra aurantiáca,
G. scándens,
G. sarmentósa = procúmbens

Der Wert von Gynura wurde erst in den letzten Jahren erkannt, als man harte und widerstandsfähige, aber vom tristen Grün abweichende «bunte» Blattpflanzen für die modernen, lufttrockenen Wohnräume suchte.

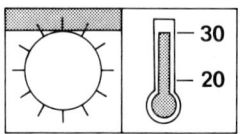

Gynura wollen hell, sonnig und warm stehen, damit ihre interessante Blattfärbung besonders kontrastreich ausgebildet wird.

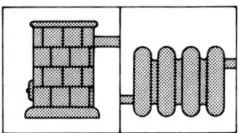

Die Art der Heizung ist ohne Belang, wenn die Wintertemperaturen nicht unter 18 °C abfallen. Gynura halten sich darum ganz ausgezeichnet im modernen Wohnklima.

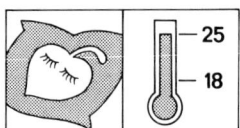

Durch einen hellen Winterstand kann man dem Vergeilen der Triebe entgegenwirken. Zur Not schneidet man die schnellwachsenden Pflanzen im Frühjahr kräftig zurück.

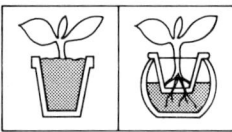

Gynura wachsen sowohl in Blumenerde wie auch in Hydrokultur zur vollen Zufriedenheit. Am besten wirkt in den Stuben *G. sarmentósa* als Ampelpflanze.

Die Erde ist gleichbleibend feucht zu halten. In Hydrokultur verwende man ganzjährig 0,1%ige Lösung, und man gieße damit auch die in Erde wurzelnden Pflanzen alle 4 Wochen.

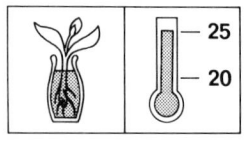

Kopfstecklinge wurzeln bei 20 bis 25 °C willig in einem Wasserglas. Nach dem Einwurzeln kappen, damit Mehrtriebigkeit erzielt wird.

Der Reiz der Pflanzen besteht in der überraschenden blau-violetten Färbung der Blattunterseiten und der zarten flaumigen Behaarung. Beides steht in interessantem Kontrast zum Grün des Blattwerks. Blüten erscheinen zwar Ende Juni/Anfang Juli, besitzen jedoch keinen Schmuckwert. Entscheidend für das dekorative Äußere ist ein heller, sonniger Platz. Nur bei einfallendem Sonnenlicht kommt die Behaarung zur Geltung, und für die kontrastierende Blattfärbung ist ein sonniger Stand überhaupt Grundbedingung.

Mit dem Namen hat Comte Alexandre-Henri Gabriel de Cassini (1781 bis 1832), ein französischer Botaniker und Jurist, der Nachwelt ein vielleicht unlösbares Rätsel hinterlassen. Denn griechisch gyne = Weib und oura = Schwanz ergeben in keinerlei Kombination einen logischen Zusammenhang mit Eigenschaften unserer Pflanzen. Es fehlt darum auch an einer Übersetzung des Namens ins Deutsche.

Insgesamt sind etwa 24 Arten der Gattung aus den wärmeren Regionen Asiens und Afrikas als Kräuter bzw. Halbsträucher bekannt. Bis in die Wohnungen haben sich nur wenige Arten vorgewagt und im eigentlichen Sinne als Zimmerpflanzen nur die folgenden durchgesetzt:

Gynúra sarmentósa ist eine Hängepflanze. Die gelappten, länglich zugespitzten Blätter an den überhängenden Ranken empfehlen einen erhöhten Stand oder sogar die Verwendung als Ampelpflanze. Im Laufe des Frühsommers schließen die Ranken mit endständigen Blütenständen kleiner gelber Korbblüten ab. Sie wachsen dann nicht weiter und müssen zurückgeschnitten werden. Gynura treibt jedoch willig aus, falls man nicht über Stecklingsvermehrung mit einer Jungpflanze von neuem beginnen will.

Gynúra aurantiáca und *G. scándens* besitzen die gleiche kontrastierende Blattfärbung, wachsen jedoch als Halbsträucher mit größeren, grobgezähnten Blättern an wiederum unverzweigten Stengeln aufrecht, ohne das gefällige Äußere der vorstehenden Art zu erreichen.

Unter den Korbblütlern werden nur wenige weitere Arten gelegentlich in den Zimmern gepflegt, denn der Aufwand für Gerbera (unhandlich, gedeiht nur in feuchtwarmem Gewächshausklima), Chrysanthemen und Winterastern (Freilandpflanzen, die im Herbst eingetopft und nur während der Blüte im kühlen Zimmer gehalten werden können) lohnen den hohen Pflegeaufwand nicht. Daneben gibt es einige Sukkulenten aus den Gattungen *Senécio* und *Othónna,* für die sich nur der Spezialist interessiert.

Gynura, *Gynúra aurantiáca*

Zinerarie

Aschenblume   *Senécio cruéntus,*
S.-Cruéntus-Hybriden

Leberbalsam

Agerátum houstoniánum

Gerade dann, wenn zum Winterausklang das Verlangen der Menschen nach bunten Frühlingsfarben am größten ist, erfreuen uns die Zinerarien mit unübertrefflichem Blütenschmuck in fast allen Farben.

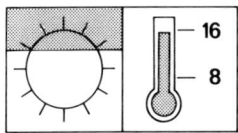

Zinerarien sollen hell, aber nicht vollsonnig, luftig und kühl stehen. Bei frostfreiem Wetter hält ihr Flor außen vor der Balkontür am längsten an.

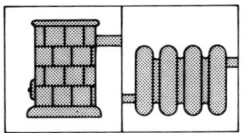

Als einjährige Pflanzen können Zinerarien in jedem Raum für mehr oder weniger ausgedehnte Zeit gehalten werden, bis sie nach der Blüte ihre Aufgabe erfüllt haben.

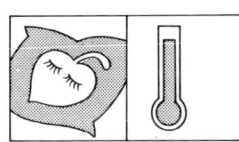

Eine Ruhezeit entfällt, auch der Gärtner zieht Zinerarien in jedem Jahr neu aus Samen heran.

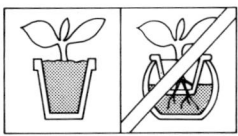

Die Pflanzen werden nur während der Zeit ihres Flors, ohne umzutopfen, in der vom Gärtner bereiteten Erde gepflegt.

Zinerarien müssen gleichmäßig feucht bis naß stehen. In den warmen Wohnungen ist es am besten, den Untersetzer ständig mit Wasser gefüllt zu halten. Düngen mit 0,1%iger Nährsalzlösung kann die Blütezeit verlängern.

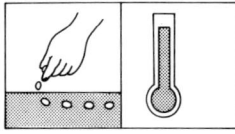

Anzucht aus Samen ist zwar prinzipiell möglich, man überlasse die Vermehrung jedoch zweckmäßigerweise den Gärtnern.

Zinerarien sind nur kurzfristige Gäste in unseren Wohnungen. Nach der Blüte vergehen die Pflanzen, und man wirft sie ohne Gewissensbisse weg, weil die nächste Generation neu aus Samen herangezogen werden muß. Den geringen Preis lohnen sie mit buntem Blütenschmuck in vielfältigster Variation. Nur Orange fehlt bislang in der Farbenpalette, sonst wäre das Spektrum des Regenbogens komplett.

Ihren Namen Zinerarie tragen sie nach der früheren, inzwischen überholten wissenschaftlichen Bezeichnung Cineraria von lat. cinis = Asche, nach der tristen, grauen Blattfarbe der botanischen Stammform. Zur Zeit stehen sie in der Gattung *Senécio,* ohne daß die längst eingebürgerte Bezeichnung Zinerarie damit verschwunden wäre. Im eigentlichen Sinne sind es Kreuzungsprodukte, also Hybriden, mit deren prächtigem Blütenschmuck die Gärtner all ihr züchterisches Können zum Ausdruck bringen. Der Volksmund gebrauchte früher, als es die modernen Pflanzenschutzmittel noch nicht gab, die weniger schöne, aber zutreffende Bezeichnung Läuseblume für die Zinerarien. Sie stammt aus der Zeit, in der man die Blattläuse mit den Pflanzen gratis erwarb und dann nicht mehr los wurde. Heute trifft weder das eine noch das andere zu, aber die Vorliebe von Blattläusen gegenüber Compositen, z. B. auch Gynura, sei damit nicht bestritten.

Leberbalsam

Ebenfalls zu den Korbblütlern zählt eine der ältesten Zimmerpflanzen, das einfarbige, aber vielköpfige Blausternchen bzw. Leberbalsam = *Agératum houstoniánum.* Es sind Einwanderer aus Mexiko und Peru, die früher bei Verdauungsbeschwerden als Heilpflanzen verwendet wurden und wegen ihres guten Rufes von griech. agératos = nicht alternd sogar ihren wissenschaftlichen Gattungsnamen erhielten. Die deutschen Namen beziehen sich zum einen nochmals auf die angebliche Heilwirkung, zum anderen auf die vielen hübschen blauen Blüten.

Ageratum dienen zwar vorwiegend als Rabatten- und Balkonpflanze, werden jedoch gelegentlich auch in den Stuben gepflegt. Sie blühen von Juli bis in den Oktober hinein, vertragen mehr Sonne und Wärme als die Zinerarien, sind aber sonst ebenso zu behandeln. Wenn man die vergehenden Blütenköpfchen ständig entfernt, hält der Flor über Monate an. Im Herbst vergehen die Pflanzen und werden wie die Zinerarien aus Samenanzuchten im nächsten Jahr neu erworben.

Zinerarien, *Senécio-Cruéntus-Hybriden*

Grünlilie

Graslilie   *Chloróphytum comósum*

Schlangenbart

Ophiopógon spp.

Durch ihre Anspruchslosigkeit sind Grünlilien mit ihren weißgestreiften Blättern, den an den lang herabhängenden Ausläufern gebildeten Jungpflanzen nach wie vor beliebte Zimmerpflanzen.

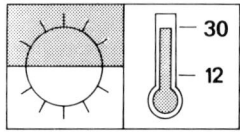

Grünlilien stellen keine besonderen Pflege- oder Standortansprüche, jedoch pralle Sonne von den Pflanzen abschirmen.

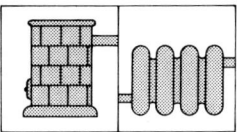

Die Pflanzen gedeihen zwar in einem mittleren Temperaturbereich am besten, vertragen aber auch trockene, warme Luft.

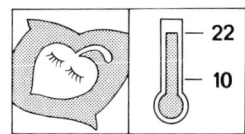

Ohne ausgeprägte Ruhezeit. Die Pflanzen verbleiben ganzjährig am gleichen Standort. Bei Fernheizung den Untersetzer immer mit Wasser gefüllt halten.

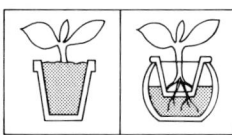

Jede nahrhafte Erde ist ihnen zusagend. Man topfe mindestens alle 2 Jahre in neue Blumenerde; in Hydrokultur wachsen sie zu üppigen Pflanzen heran.

Während des ganzen Jahres auf gleichmäßige Feuchtigkeit der Erde achten und im Sommer regelmäßig düngen.

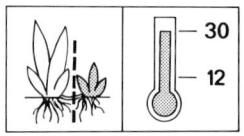

Die an den Ausläufern entstehenden Jungpflanzen werden abgetrennt, im Wasserglas bewurzelt und eingepflanzt.

Grünlilien stammen aus Südafrika; es gibt sie als einfache grüne Stammform wie auch als gestreifte Varietät (*Cloróphytum comósum var. variegátum*). Beide sind hübsche Zimmerpflanzen, obwohl die gestreiften allgemein bevorzugt werden. Schon zu Goethes Zeiten waren sie beliebte Gewächse, die vor allem wegen der besonderen Jungpflanzenbildung das Interesse erregten.

Ihr Gattungsname Chlorophytum leitet sich von griech. chloros = grün und phyton = Pflanze ab, der Artname von lat. comosus = schopfartig, charakterisiert die am Blütenstand bzw. an den Ausläufern erscheinenden Jungpflänzchen. Der Name der Varietät variegatus ist mit bunt zu übersetzen und bezieht sich auf die grün/cremefarbenen bzw. grün/gelblich gestreiften Blätter, wobei die hellen Streifen sowohl innen als auch außen am Blatt verlaufen können.

Die wie ein einziger Blattschopf wirkende Pflanze besitzt dickfleischige Wurzeln; sie verlangt gute Bewässerung, vor allem auch während des Winters in der geheizten Wohnung, verträgt im Sommer einen halbschattigen Platz auf einer Loggia, wobei sich die Blattfärbung besonders kontrastreich ausbildet und ältere Pflanzen mit ihren vielen herabhängenden Trieben in einer Ampel einen originellen Anblick bieten.

Die Blüten selbst sind unscheinbar, doch gerade an ihren Trieben entstehen später die Jungpflanzen, so daß man Grünlilien, ähnlich wie Brutblatt und Judenbart, als lebendgebärend bezeichnen könnte. Der einzige Nachteil der Pflanzen besteht darin, daß die Blattspitzen zurücktrocknen, und zwar um so mehr, je trockener das Wohnklima ist.

Schlangenbart, *Ophiopógon spp.*
Es sind äußerst haltbare Zimmerpflanzen, die sich vor allem an schattigen Standorten auch unter ungünstigen Lebensbedingungen bewähren. Sie wachsen als horstbildende Stauden, und die seit alters her bekannten Kulturformen sind ebenso gestreift wie die Grünlilien. Ihre Blätter sind jedoch steifer, und es fehlen den Schlangenbärten die für die Grünlilien so typischen Ausläufer mit den Kaskaden herabhängender Jungpflanzen.

Vermehrt wird durch Teilung der Horste beim Umtopfen, wofür jede nahrhafte, möglichst lehmhaltige Erde verwendet werden kann.

Ophiopógon japónicus wird mit schmalen, grasartigen Blättern nur 15 bis 20 cm hoch und eignet sich dadurch selbst zur Terrarienbepflanzung. O. jabúran kommt in Größe und Wuchsform bis auf die fehlenden Ausläufer im Erscheinungsbild den Grünlilien am nächsten.

Grünlilie, *Chloróphytum comósum*

Meerzwiebeln

Urgínea marítima
Ornithógalum caudátum

Zusammen mit Rosmarin sind es die ältesten Zimmerpflanzen. Nachweisbar werden sie nördlich der Alpen schon seit etwa 1000 Jahren von unseren Vorfahren in ihren bescheidenen Behausungen gepflegt. Wir sollten sie deshalb nicht ganz vergessen!

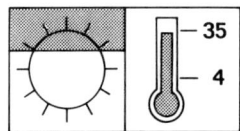

Beide Arten benötigen einen hellen und sonnigen, während des Winters jedoch kühlen Stand.

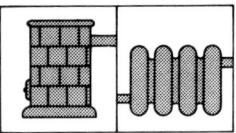

Wenn ein kühler, frostfreier Winterstand gewährleistet werden kann, ist die Art der Heizung ohne Bedeutung.

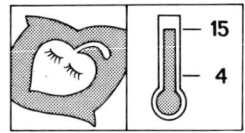

O. caudátum ist immergrün ohne Ruhezeit. *U. marítima* verliert im Frühsommer ihre Blätter und muß dann völlig trocken stehen. Sobald der Blütenstand sich zeigt, wird wieder gegossen.

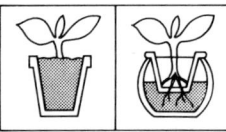

Es sind genügsame Pflanzen, die in jeder sandigen Blumenerde willig wachsen. Man mische am besten zu gleichen Teilen Blumenerde, Kakteenerde und Sand. Hydrokultur lohnt sich nicht.

Während der Wachstums- oder Blütezeit reichlich, während des Winters bzw. der sommerlichen Vegetationsruhe bei *U. marítima* sparsam und vorsichtig gießen. Gelegentliches Düngen ist angebracht.

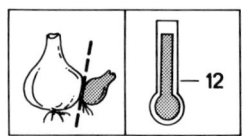

Spätestens beim Umtopfen nach der Blütezeit durch Abtrennen der Tochterzwiebeln, die sich aber auch zu jeder anderen Zeit leicht ablösen lassen.

Meerzwiebeln müssen seinerzeit beliebte und begehrte Zimmerpflanzen gewesen sein, denn sonst hätte man neben der echten *(U. marítima)* nicht auch noch die zum Verwechseln ähnliche falsche *(O. caudátum)* mit Liebe und Leidenschaft gepflegt. Allerdings ließ sich nur die echte roh zum Vergiften von Mäusen und gesotten oder gebraten zum Heilen aller nur denkbaren menschlichen Gebrechen verwenden; denn: Meerzwiebel «heylt die schrunden der füß, ist gut denen so die geelsucht haben und denen so husten, schwerlich athmen und das grimmen im leib haben. Meerzwiebel gebraten über die wartzen gelegt und die erfrornen füß heylt dieselben. Mit honig und essig gebraucht und ingenommen vertreibt die würm und ander ungeziefer im leib.» Da wir jedoch keines der Rezepte ausprobiert haben, wollen wir weder in der Aufzählung wundertätiger Wirkung fortfahren noch dieserhalb Garantie und Haftung übernehmen. Aber das Ansehen, in dem die Pflanzen bei unseren Vorfahren standen, mag verständlich geworden sein. Die aus heutiger Sicht unscheinbaren Einzelblüten an allerdings respektablem Blütenstand, der bei *O. caudátum* im Winter erscheint, mag als Sinnbild trutzigen Lebens gewirkt haben. Daß nur die echten Meerzwiebeln im Sommer blühen, ist unseren Vorfahren wahrscheinlich verborgen geblieben, da beide Arten ja bis in die neueste Zeit miteinander verwechselt worden sind.

Bei beiden Arten werden die Zwiebeln kindskopfgroß. Beide sind Liliengewächse und haben einander sehr ähnliche Blüten und Blütenstände, und doch bestehen Unterschiede zwischen beiden Meerzwiebeln:

Urgínea marítima stammt aus den Landstrichen rings um das Mittelmeer und wächst vor allem an sandigem Meeresufer. Ihren Namen trägt sie nach dem Araberstamm Beni Urgin in der Nordsahara. Die Zwiebelschalen sind mehr oder weniger intensiv rot bis rotviolett gefärbt, und der bis 1 m hohe Blütenschaft erscheint im Sommer an der dann blattlosen Zwiebel.

Ornithógalum caudátum stammt dagegen aus Südafrika. Ihr Gattungsname ist mit Milchstern oder Vogelmilch zu übersetzen, aber die Ableitung ist uns Heutigen nicht mehr klar verständlich. Es sind leicht wachsende Zimmerpflanzen mit grünen Zwiebelschalen, die im Nachwinter zu einer Jahreszeit blühen, in der man auch bescheidenen Blüten mehr Aufmerksamkeit als später im Jahr entgegenbringt.

Bei beiden Arten sitzen die Zwiebeln dem Erdreich auf, und die im Alter großen Zwiebeln sind schon allein etwas Auffallendes und Besonderes auf dem Fensterbrett eines Pflanzenfreundes.

Falsche Meerzwiebel, *Ornithógalum caudátum*

Schopflilie

Eucomis punctáta
= *E. comósa*

Mit ihren walzenförmigen, lampenputzerähnlichen Blütentrauben und dem zusätzlich darüber sitzenden Blattschopf sind die seit langem bekannten Pflanzen nach wie vor eine interessante Bereicherung des Zimmerpflanzenangebotes.

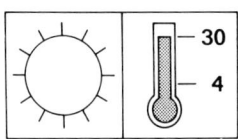
Es sind sonnenhungrige Kalthauspflanzen, deren Überwinterung deshalb während der Heizperiode Probleme im modernen Wohnklima bereitet.

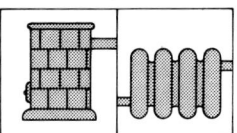
Wenn eine kühle Überwinterung gewährleistet werden kann, spielt die Art der Heizung keine Rolle.

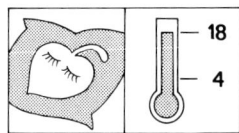
Die im Herbst neu eingetopften Zwiebeln sind möglichst unter 10 °C zu überwintern. Gelegentliches Ansteigen der Temperatur auf Werte bis 18 °C schadet nicht.

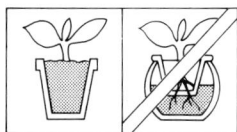
Die Gärtner empfehlen lehmige Misterde. Wir verwenden Blumenerde mit 1/3 Zusatz von Kakteenerde oder 1/3 Sand und befriedigen den Nährstoffbedarf mit Flüssigdüngung.

Bei kühlem Winterstand ganz knapp, im Sommer reichlich gießen und während der Vegetationsperiode wöchentlich einmal mit 0,1%iger Nährsalzlösung düngen.

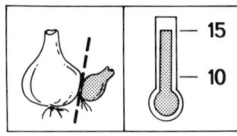
Vor dem Ein- bzw. Umtopfen trennt man Tochterzwiebeln ab und pflegt sie selbständig weiter.

Wer diese interessanten Pflanzengesichter im modernen Wohnraumklima pflegen möchte, sollte trotz der geforderten kühlen Überwinterung den robusten Pflanzen vertrauen. Man gibt ihnen den kühlsten Platz der Wohnung und ist den Pflanzen schon sehr entgegengekommen, wenn 18 °C nicht überschritten werden. Die im Oktober frisch eingetopften Zwiebeln sollten über Winter aber möglichst in einem kühlen Keller oder in vielleicht kühleren Schlafzimmern stehen und nur so viel gegossen werden, daß die Zwiebeln nicht weiter schrumpfen. Mit dem einsetzenden Neutrieb im März werden dann die Wassergaben gesteigert, und während der Vegetationsperiode wird auch zusätzlich gedüngt. Die Zwiebeln sollen übrigens zu einem Drittel aus dem Substrat herausschauen.

Von Juni bis Juli währt die Blütezeit der am häufigsten gepflegten Art *(E. punctáta)*. Über den trichterförmigen, grundständigen violett-rot punktierten Blättern erhebt sich dann der ebenfalls violettrot gezeichnete Blütenschaft bis zu einer Höhe von 50 cm. Er trägt an seiner oberen Hälfte eine dichte Blütentraube aus etwa 75 Einzelblüten. Die Blütenblätter sind anfangs weißlich-cremefarben mit einem grünlichen Längsstreifen, vergrünen aber mit zunehmender Blühdauer. Die ringsum aus der Blütenwalze herausragenden Fruchtknoten sind violett gefärbt, die vielen Staubbeutel intensiv gelb. Die Blütentraube sieht dadurch schmuck und interessant aus und stellt ein ungewohntes Pflanzenbild im Wohnbereich dar. Den Blütenschaft schneidet man nach etwa 6 Wochen ab, wenn er völlig vergrünt ist und allmählich vergeht.

Über Sommer müssen die Pflanzen hell und luftig stehen, bis im Oktober die Blätter einziehen und die Zwiebeln ihre Ruhezeit durchmachen. Sie können dann zunächst, solange keine Frostgefahr besteht, auf dem Balkon bleiben.

Der Name benennt den über der Blütentraube sitzenden Blattschopf, denn griech. eu = schön und kome = schopf wurde zu Eucomis zusammengefügt. In den Stuben werden folgende Arten gepflegt:

Eucomis bícolor: 5 bis 6 Blätter, ungefleckt, Rand gekraust, halb aufrecht stehend, bis 60 cm lang, 7 bis 10 cm breit. Aus Natal, seit 1878 bekannt.

Eucomis punctáta: 6 bis 9 Blätter, aufrecht bis ausgebreitet, mit glattem Rand, unterseits violettrot gefleckt. Aus Südafrika, seit 1783 bekannt.

Eucomis undúláta: Blätter wie vorige, aber breit ausgebreitet oder zurückgeschlagen, am Rande gewellt. Blütezeit März/April, aus Südafrika, seit 1760 bekannt.

Schopflilie, *Eucomis punctáta*

Veltheimie
Lachenalie

Velthéïmia bracteáta

Lachenália-Aloídes-Hybriden

Veltheimien und Lachenalien sind die ersten Blütenpflanzen, die zu Jahresbeginn ihre zartfarbigen schmucken Blütentrauben an langem Schaft nach und nach entfalten.

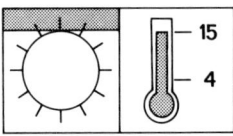

Beide Arten wünschen einen kühlen, aber sonnigen Platz, gedeihen jedoch auch am Ost- oder Westfenster noch zur völligen Zufriedenheit.

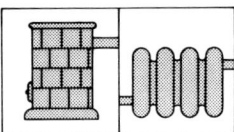

Wenn die Temperaturen am Standort der Pflanzen im Winter nicht über 15 °C ansteigen, ist die Heizungsart ohne Bedeutung.

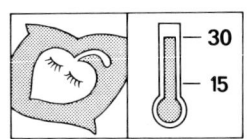

Die Ruhezeit fällt in unseren Sommer, nach dem Absterben des Laubes bleiben die Gefäße mit den Zwiebeln am gewohnten Platze trocken stehen.

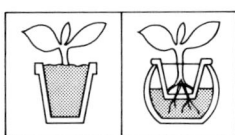

Man mische Blumenerde mit Kakteenerde (1:1). Auch Hydrokultur scheint möglich.

Nach dem Austrieb im August/September reichlich gießen und düngen, stauende Nässe vermeiden.

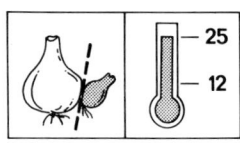

Vermehrt wird durch Abnahme der Brutzwiebeln, die man am Ende der Ruhezeit beim Umtopfen der Altzwiebeln vereinzelt. Sie sollen zu ⅓ aus dem Substrat herausschauen.

Veltheimien sind interessant durch ihren ganz besonderen Blütenstand: Auf längerem Schaft sitzt eine ansehnliche Blütentraube. Als Knospen sind die Einzelblüten zunächst nach oben gerichtet, blühen dann aber hängend oder nickend auf. Auch die gelblichgrünen Blüten mit dem hellroten Blütensaum sind in ihrer Farbigkeit ungewohnt. Der assimilierende «Unterbau» besteht aus einer grundständigen Rosette lackglänzender, dunkelgrüner Blätter mit mehr oder weniger gekräuseltem Rand. Der Blütenschaft wiederum ist rot bis braun gefleckt und die häutige Zwiebel violett gefärbt.

Schwierigkeiten macht die Unterbringung in der ferngeheizten Wohnung. Hält man sie aber so lange wie möglich auf dem Fensterbrett oder auf der Loggia und stellt sie dann in das kühlere Schlafzimmer, hat man ihre Ansprüche schon fast erfüllt. Nur bei Frostgraden müssen Veltheimien während des Lüftens vor der eindringenden Außenluft bewahrt werden. Stehen Veltheimien im Herbst zu warm, dann blühen sie schon vor Weihnachten und vergeilen.

Die Blüten erscheinen normalerweise von Januar bis März. Spätestens im Mai ziehen die Blätter ein, die Ruhezeit beginnt. Man belasse die Töpfe am sonnigen Standort, warte aber mit dem Gießen bis zum Neutrieb gegen Ende August. Die Pflanzen stellen also keine großen Ansprüche und blühen willig Jahr für Jahr. Die Zwiebeln können mehrere Jahre in der gleichen Erde bleiben, wenn man den Nährstoffbedarf durch Nährsalzlösung abdeckt.

Die Heimat der Veltheimien, von denen es mehrere einander recht ähnliche Arten gibt, ist das südliche Afrika. Ihren Namen tragen sie zu Ehren des Botanikers und Schriftstellers August Ferdinand Graf von Veltheim (1741 bis 1801).

Kapschlüsselblumen oder Lachenalien

Sie sind den Velheimien ganz ähnlich, nur kleiner und zierlicher. Sie stammen aus der gleichen Heimat wie die Veltheimien, dem Kapland Südafrikas. Sie sind nach dem Schweizer Botaniker Werner von Lachenal benannt.

Ende August werden mehrere Zwiebeln in einen Topf oder eine Schale gelegt und 2 bis 3 cm mit Erde bedeckt. Die weitere Behandlung entspricht den für die Veltheimien gegebenen Ratschlägen, nur daß die Lachenalien zur Blütezeit eine Temperatur von höchstens 10 °C haben wollen. Ihre Blütenfarben sind je nach Sorte viel bunter als bei den Veltheimien. Über den riemenförmigen, rotbraun gefleckten Blättern erhebt sich zur Blütezeit der 25 cm hohe Schaft mit bis zu 20 glockenförmigen Einzelblüten.

Veltheimie, *Velthéïmia bracteáta*

Zierspargel

Aspáragus densiflórus
'Sprengeri',
A. setáceus = A. plumósus

Vorwiegend als «Bindegrün» verwendete Blatt- und Zierpflanzen, die wegen ihrer zarten und «duftigen» Erscheinung aber auch gern als Zimmerpflanzen gehalten werden.

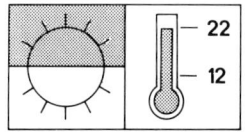

Sie benötigen nicht den hellsten Platz und begnügen sich mit Morgen- oder Abendsonne bei nicht allzu warmem Stand.

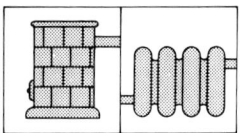

Die Temperaturen während der Heizperiode sollen 22 °C nicht überschreiten. *A. densiflórus* 'Sprengeri' verträgt auch Fern- oder Zentralheizung.

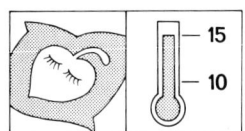

Eine Ruheperiode an kühlerem Stand bei geringeren Wassergaben ist vor allem für *A. setáceus* zu empfehlen, für *A. densiflórus* 'Sprengeri' aber nicht unbedingt erforderlich.

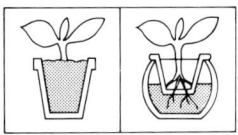

Die Erde soll schwer und nährstoffreich sein; Blumenerde genügt jedoch auch. Hydrokultur ist bei nicht zu hohem Nährlösungsstand möglich.

Die Pflanzen verdunsten viel Wasser. Die Erde muß deshalb ständig und gleichbleibend feucht gehalten werden. Regelmäßiges Düngen (0,1 bis 0,2%ige Düngelösung alle 14 Tage) ist im Sommer erforderlich.

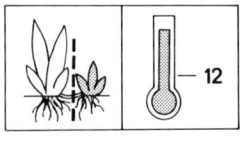

Die Vermehrung erfolgt durch Teilung des Wurzelstocks im Frühjahr beim jährlich notwendigen Umtopfen.

Wer kennt nicht die zierlichen, zartgrünen Wedel des Zierspargels? Sie werden täglich in aller Welt millionenfach in Blumensträuße und Gestecke eingebunden und bringen dort die pflanzlichen Hauptpersonen erst recht zur Geltung. Genauso ist es im Zimmer, wo vor allem Asparagus 'Sprengeri' als Ampelpflanze oder von erhöhtem Stand herabhängend eine reizvolle Bereicherung der Pflanzenausstattung sein kann.

Der wissenschaftliche Gattungsname *Aspáragus* gilt eigentlich dem Gemüsespargel, der seinen Namen nach griech. spargein = sprossen hat, hier noch verstärkt durch die in diesem Sinne wirkende Vorsilbe a-, der also «üppig und stark aus der Erde hervorsproßt». Die Artnamen unserer beiden Zierspargelarten densiflorus (nach densus = dicht und florens = blühend, wegen der dicht stehenden kleinen Blüten) sprengeri (nach Karl Sprenger, der die Art nach Europa brachte) bzw. plumosus (= federig, wegen der zarten Wedel) kennzeichnen innerhalb der vielen Spargelarten die beiden im Zimmer gepflegten Zierpflanzen.

Unter ihnen ist *A. densiflórus* 'Sprengeri' die robustere Art. Sie wurde früher als Bewohnerin der Kalthäuser angesehen, hält, wie die Erfahrung lehrt, über Winter aber selbst im warmen Wohnraumklima aus. Wir schätzen sie deshalb als anspruchslose, dekorative Schmuckpflanze, die gleich gut in warmen wie kühlen Räumen, auf der Veranda oder im Wintergarten gedeiht. Sollte 'Sprengeri' im Winter im überheizten Zimmer doch Schaden genommen haben, dann treibt sie im Frühjahr mit Sicherheit wieder frisch und üppig aus.

Empfindlicher ist dagegen *A. plumósus.* Sie wächst mehr aufrecht mit bis 50 cm hohen, federartig verzweigten Trieben, benötigt im Winter eine Temperatur von etwa 15 °C und verträgt trockene Zimmerluft auf die Dauer nicht.

Eigenartig ist bei den Zierspargelarten, daß die Funktion der Blätter von abgeflachten grünen Miniaturzweigen übernommen wird. Die Blüten sind nur klein, erscheinen aber in großer Zahl. Nach der Bestäubung entwickeln sich daraus hübsche rote Beeren in der Größe von Pfefferkörnern.

Alle Zierspargelarten benötigen nährstoffreiche Erde bzw. regelmäßige Düngergaben während der Wachstumszeit. Beim jährlichen Umtopfen ist darauf zu achten, daß die Pflanzenbasis immer einige Zentimeter unter der Erdoberfläche liegt. Andernfalls verhärtet der Kopf des Wurzelstocks, und es erfolgt nur geringe Triebentwicklung.

Zierspargel, *Aspáragus densiflórus* 'Sprengeri'

Aloe
Áloe spp.

Gasterie
Gastéria spp.

Haworthie
Hawórthia spp.

Sie bringen durch Sukkulenz und bizarre Gestalt angenehme Abwechslung in das übliche Pflanzensortiment und genießen deshalb Gastrecht bei vielen Liebhabern.

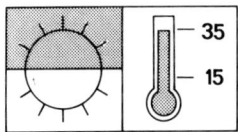

Sie benötigen nur einen relativ hellen Stand. Entgegen der Erwartung vertragen viele Arten die heiße Mittagssonne nicht.

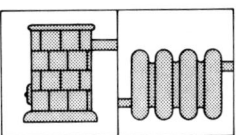

Wenn man die Winterruhe in ähnlicher Weise wie bei den Kakteen einhalten kann, ist die Art der Heizung ohne Belang.

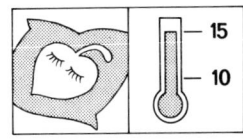

Ideal ist kühle Überwinterung bei 10 °C. Nur im Notfall versuche man «warme» Überwinterung in der hellsten und kühlsten Fensternische der Wohnung.

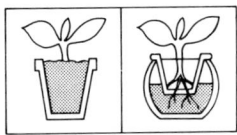

Für Aloe und Gasteria wird Blumenerde mit ⅓ Sand versetzt. Haworthien wachsen am besten in Kakteenerde.

Während der Vegetationsperiode ist ausreichend zu gießen und gelegentlich mit Kakteennährsalz (0,1%ig) zu düngen. Die Hauptwachstumszeit der Haworthien liegt zwischen September und November.

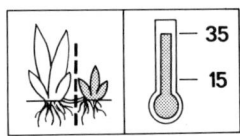

Die seitlich von der Mutterpflanze aus der Erde hervorsprießenden Ableger werden im Frühjahr vereinzelt.

Diese drei Gattungen der Liliengewächse sind unter die Sukkulenten einzureihen. Ihre Heimat ist das südliche Afrika. An einem meist nur kurzen «Stamm» stehen dickfleischige Blätter dicht gedrängt, rosettenartig wie bei den Aloen und Haworthien oder nur in einer Ebene wie bei den Gasterien. Beim Gießen darf kein Wasser zwischen die Blätter gelangen, sonst ist Fäulnis zu befürchten. Am besten bewässert man über den Untersetzer.

Der Blütenschaft tritt bei allen drei Gattungen seitlich neben dem Vegetationskegel heraus. Im Blütenstand sind eine Vielzahl von Einzelblüten zu einer Traube vereinigt. Bei Aloe stehen sie dichtgedrängt an der Spitze des Blütenstandes, wobei sich die öffnenden Blüten nach unten wenden. Bei Gasteria sind die Einzelblüten gleichmäßiger über den Schaft verteilt, hängen ebenfalls abwärts, besitzen aber eine typische, bauchförmige Erweiterung in der Blütenmitte. Bei den Haworthien sind die nur in geringer Zahl erscheinenden Blüten dagegen nach oben gewandt.

Aloe

Sie repräsentieren den kräftigen Wuchstyp mit ansehnlichen Blattrosetten auf mehr oder weniger ausgeprägtem Stamm. Ihr Gattungsname entspricht der Bezeichnung der südafrikanischen Ureinwohner für eine dickfleischige Pflanze, deren eingedickter und bitterer Saft «Aloe» abführende Wirkung besitzt. Seit dem Altertum ist auch die Heilwirkung des frischen Saftes abgeschnittener Blätter bei Verbrennungen und Brandwunden bekannt, und in der Volksmedizin haben die Pflanzen deshalb auch heute noch ihre Bedeutung.

Wenn Aloe rötliche Färbung annehmen, braune Blattspitzen bekommen und die unteren Blätter zu schnell eintrocknen, stehen sie zu sonnig. Vor allem die Tigeraloe ist darin sehr empfindlich. Aloe sind überhaupt viel schattenverträglicher, als man gemeinhin annimmt. Sie stehen dort am besten, wo sie ihre frischgrüne Färbung und die prallsaftige Wuchsform am besten ausbilden können.

Die Tigeraloe, *Áloe variegáta,* andernorts auch unter den Namen Hechtkaktus oder Papageialoe bekannt, ist die in den Stuben häufigste Art. Sie trägt auffällige dreikantige, rinnenförmige, weißgebänderte Blätter. Der Pflanzenkörper ist von oben betrachtet einem Dreispitz ähnlich, der im Alter die Blätter in eine Spirale dreht.

Aloe, *Áloe brevifólia*

Die weiteren bei den Liebhabern gepflegten Arten laufen nur unter der Sammelbezeichnung Aloe. Wir gliedern die empfehlenswertesten hier nach ihren wissenschaftlichen Namen auf:

Áloe arboréscens: Sie trägt ihren Blattschopf auf stabilem Stamm, der in der afrikanischen Heimat sogar mehrere Meter Höhe erreichen kann. Die schmalen Blätter sind nach unten gebogen und an den Rändern kräftig gezähnt.

Áloe férox, die wilde Aloe, bildet keinen Stamm aus, ihr Blattschopf sitzt dem Erdreich auf. Die Blätter sind ringsum mit Zähnchen besetzt und verleihen der Pflanze einen «wehrhaften» Charakter. Ähnlich, etwas kompakter und nur an den Blatträndern bezähnt ist *Áloe brevifólia.*

Áloe concínna ist eine reizende Aloe mit schön weißlich gefleckten Blättern, die locker an einem Stämmchen stehen und mit großen hornigen Randzähnen besetzt sind.

Áloe húmilis ist eine kleinere Art mit nur 5 bis 10 cm langen, über und über gezähnten Blättern. Auch *A. aristáta* bleibt klein. Ihre Blattränder sind mit weißen hornigen Kanten und Zähnchen besetzt.

Gasterien

Bei ihnen stehen die meist langen zungenförmigen Blätter nur in einer Ebene. Ihr Name Gastéria bezieht sich auf die bauchförmige Anschwellung der Blüte, denn lat. «gaster» ist der Bauch. Auch sie verlangen einen schattigeren Stand als man Sukkulenten meist zugestehen will. Selbst für ein Nordfenster sind sie noch gut geeignet. Folgende Arten findet man in den Stuben der Pflanzenfreunde:

Gastéria púlchra ist die am häufigsten zu sehende Art. Ihre Blätter erreichen bis zu 30 cm Länge bei nur 2,5 cm Breite. Die umlaufende hornige Schwiele des Blattrandes faßt die weißgrüne Fleckenzeichnung der Blattfläche dekorativ ein.

Gastéria maculáta ist sehr ähnlich, aber noch auffälliger gefleckt. Ihre Blätter werden «nur» bis 20 cm lang, erreichen aber bis 4 cm Breite und laufen in kurze Spitzen aus.

Gastéria verrucósa heißt die warzige Hirschzungengasterie. Sie ist als interessante Zimmerpflanze ebenfalls verbreitet und verdankt ihre Beliebtheit dem dichten weißen Perlbesatz aus millimetergroßen Wärzchen.

Haworthien

Mit ihren Blattrosetten sehen sie wie kleine Aloen aus. Bei den meisten Arten sind die Blätter jedoch dicht beperlt oder mit auffälligen Schwielen versehen. Den Namen *Haworthia*

bekamen sie zu Ehren des berühmten Sukkulentensammlers und Botanikers Adrian Hardy Haworth, der von 1768 bis 1833 lebte.

Auch die Haworthien lieben allzu starke Sonneneinstrahlung nicht. Man räume sie an einen schattigen Platz, wenn das frische Grün des Pflanzenkörpers schwindet oder sich Verbrennungen zeigen. Haworthien sollten entsprechend ihres heimatlichen Wachstumsrhythmus im Sommer etwas trockener gehalten werden, denn die Wachstumszeit mit reichlicherem Wasserbedürfnis liegt zwischen September und November! Danach müssen sie kühl stehen. «Warme» Überwinterung wie bei Aloen und Gasterien gelingt bei ihnen nicht. Für uns sind folgende Arten interessant:

Haworthia fasciáta ist die gebänderte Haworthie mit länglichen, spitzen Blättern, die unterseits zu Querbinden zusammenlaufende warzige Querwülste ausbilden. Von diesem Typ mit mehr oder weniger dichtem Perlenbesatz gibt es eine Vielzahl einander recht ähnlicher Arten.

Haworthia reinwárdtii wächst säulenförmig empor und ist ebenfalls bänderartig dicht beperlt.

Haworthia viscósa trägt dreieckige Blätter so streng und akkurat übereinander, daß sie eine regelrechte dreikantige Säule bildet. *H. tortuósa* ist dagegen spiralig gewunden.

Haworthia tesseláta bildet niedere Rosetten, deren Blätter geometrisch, fast schachbrettartig gemustert sind, und *H. cymbifórmis* besitzt auffällige glasklare Fensterflecken.

Eine Vielzahl einander ähnlicher Arten mit zum Teil besonderen Pflegeansprüchen, wie z. B. hochsommerlicher Ruhezeit, interessiert vor allem den Spezialisten, der sich in der Fachliteratur orientieren sollte.

Gasterien und Haworthien:
Gastéria púlchra (hinten), *G. verrucósa* (rechts), *Hawórthia reinwárdtii* (links) und *H. fasciáta* (vorn)

Buntnessel

Cóleus púmilis und
Cóleus-Blumei-Hybriden

Es sind anspruchslose, preiswerte, aber dekorative Blattpflanzen, die man im Frühjahr erwirbt und von denen man sich im Spätherbst, wenn der Blattfall nicht abzuwenden ist, wieder trennt.

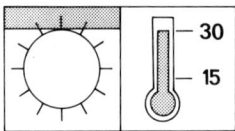

Buntnesseln sind Sonnenkinder, die erst im vollen Licht an einem luftigen Stand, auch auf der Loggia, ihre kontrastreiche Blattfärbung am intensivsten ausbilden.

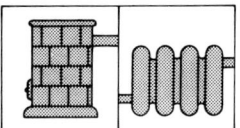

Probleme mit zu trockener Luft bei Zentralheizung gibt es nur dann, wenn man die Überwinterung versucht.

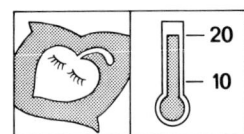

Im Winter den hellsten Platz (am Südfenster) geben. Für feuchte Luft sorgen, die Temperatur um 15 °C halten und Ende Januar kräftig zurückschneiden.

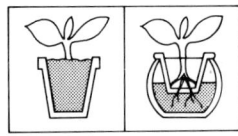

Buntnesseln gedeihen in Blumenerde mit Zusatz von Torf am besten. Stecklinge sollen im März und August in größere Töpfe kommen. Hydrokultur bewährt sich bei den nährstoffzehrenden Pflanzen gut.

Auf ständige, gleichmäßige Ballenfeuchtigkeit ist größter Wert zu legen. Gedüngt wird von März bis Mitte August wöchentlich mit 0,1%iger Nährsalzlösung (1 g/l).

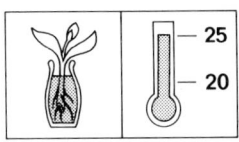

Stecklinge schneidet man im Frühjahr oder im August. Sie wurzeln in Wasser oder im Stecklingssubstrat bei genügender Bodenwärme willig an.

Buntnesseln sind trotz der hellblauen Blütenrispen im eigentlichen Sinne Blattpflanzen, weil das Farbenspiel der Blätter die unscheinbaren Blüten immer übertrifft. Außerdem sollten diese Rispen bald ausgebrochen werden, um das Triebwachstum erneut anzuregen.

Buntnesseln stammen aus dem tropischen Asien und Afrika. Sie kamen 1851 aus Java nach Europa, waren als Gartenformen aber wahrscheinlich schon damals hybridisiert, also keine reinen Arten mehr. Nach 1866 entstanden in England die ersten europäischen Züchtungen, die bereits das prächtige Farbenspiel der Blätter zeigten, das bis heute den dekorativen Wert der Pflanzen ausmacht. Unter den vielen Wildarten gibt es allerdings nur einige wenige ansehnliche Vertreter, die auf den ersten Blick den Gedanken an Zimmerhaltung nahelegen. Einige werden in den Tropen sogar wegen ihrer stärkereichen Knollen feldmäßig angebaut und wie Kartoffeln verwertet.

Die intensivste Färbung zeigt sich bei reichlicher Sonne (obwohl man bei einem Stand hinter Glas die Mittagssonne und den damit verbundenen Wärmestau abhalten sollte), bei lockerem, torfhaltigem, nährstoffreichem Humusboden und bei gleichmäßiger Bodenfeuchtigkeit. Stauende Nässe und kühlen Stand vertragen sie überhaupt nicht! Man beginnt etwa 6 Wochen nach dem Ein- oder Umtopfen mit dem Düngen.

In Hydrokultur werden Buntnesseln schnell üppig, deshalb ist Nährsalz für Kakteen zu empfehlen. Auch in Erde vergrünen sie bei Stickstoffüberschuß. Da sie außerdem sauren Boden lieben, sollte man der Erde etwa ¼ Torf zusetzen.

Mit den kürzeren Tagen und dem Einsetzen der Heizung verlieren die Pflanzen früher oder später ihre Blätter. Man schneidet deshalb schon im August Stecklinge zum Überwintern, falls man sich überhaupt diese Mühe mit den preiswerten Pflanzen machen will. Wird der Versuch trotzdem gewagt, dann darf die Temperatur nicht unter 10 °C absinken. Man gewähre einen hellen Stand am Südfenster, gieße mit Maßen und schneide Ende Januar auf jeden Fall zurück, weil nur von unten neu austreibende Pflanzen dekorativ wirken.

Der wissenschaftliche Name *Cóleus* bezieht sich auf Details im Blütenbau, die Artbezeichnung ehrt den holländischen Reisenden und Botaniker C. L. Blume, der um 1820 Indien bereiste und von dort 3000 Pflanzenarten mit nach Leiden brachte. Der deutsche Name benennt die bunte Gesamterscheinung und die Zugehörigkeit zu den Lippenblütlern.

Buntnessel, *Cóleus-Blúmei-Hybride*

Zimmerlinde
Schönmalve

Sparmánnia africána

Abútilon-Hybriden
(Malvengewächse)

Zimmerlinden und Schönmalven sind Pflanzen aus der Zeit unserer Urgroßeltern, in der man sie wegen ihres prächtigen Laubes und der zarten Blüten in hellen, großen, aber fast ungeheizten Räumen pflegte.

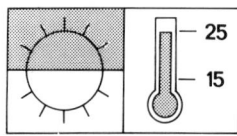

Im Sommer wollen sie hell, aber vor Zugluft und der Mittagssonne geschützt stehen, im Winter richten die Strahlen der tiefstehenden Sonne keinen Schaden an.

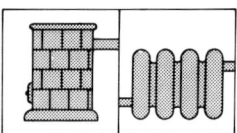

Wenn ein kühler Winterstand gewährt werden kann, ist die Heizungsart ohne Bedeutung. Am besten stehen Zimmerlinden in einer Veranda.

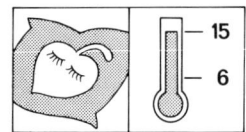

10 bis 15 °C sind die besten Wintertemperaturen. Ältere Pflanzen vertragen kurzfristig – für eine Nacht – auch Temperaturen bis 6 °C herab.

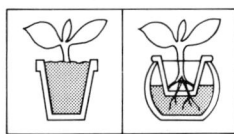

Verpflanzt wird alle 2 Jahre nach der Blüte in Blumenerde, noch besser in Kompost- oder Mistbeeterde, Torf und Sand (3:1:1). Hydrokultur ist geeignet, falls man Raum für die starkwachsenden Pflanzen hat.

Die großblättrigen Pflanzen verbrauchen im Sommer sehr viel Wasser. Im Winter ist nur Ballentrockenheit zu vermeiden. Gedüngt wird während der Wachstumszeit alle 4 Wochen mit Nährsalzlösung (1 g/l).

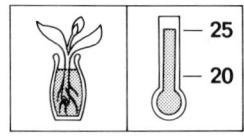

Stecklinge von Triebspitzen (blühen schneller) oder von Seitentrieben (aus der Blattachsel ausbrechen) wurzeln bei warmem Stand im Wasserglas ab Mitte März.

Bereits 1864 beklagten die Autoren von «Wredows Gartenfreund», daß die Zimmerlinden mit den schönen Blumen, die die geringen Mühen ihrer Pflege so reichlich belohnen, mehr und mehr verschwinden. Aber sie brauchen im Winter einen kühlen Stand von höchstens 15 °C Wärme, der den Ansprüchen unserer Zeit an moderne Wohnkultur beim besten Willen nicht mehr entspricht. Dabei blühen sie auch noch im Winterstand von Januar bis März, so daß sie tatsächlich nur in einer Veranda ihren Ansprüchen gemäß gepflegt werden können. Bei guter Ernährung wachsen sie schnell heran. Man zieht sich deshalb beizeiten Jungpflanzen auf oder schneidet die Mutterpflanze nach der Blüte stark zurück.

Ihren Namen tragen sie nach Andreas Sparmann, einem schwedischen Naturforscher, der im 17. Jahrhundert James Cook auf seiner Weltumsegelung begleitete. Da die Pflanzen aus Afrika stammen und darüber hinaus zu den Lindengewächsen gehören, lassen sich die Namen leicht erklären.

Schönmalve

Sie wird auch Sammetpappel genannt und gehört zu den Malvengewächsen, den *Malváceae*.

Wenn wir Schönmalven unmittelbar an die Zimmerlinden anschließen, dann aus zwei Gründen. Zum einen benötigen sie fast die gleiche Pflege wie das vorstehende Lindengewächs, und zum zweiten gehören Linden- und Malvengewächse zur gleichen Pflanzenordnung der Columnifera.

Schönmalven besitzen an dünnen Stielen meist herabhängende glockenförmige Blüten in gelben, orangefarbenen bis roten Tönen. Ihre Blütezeit schließt sich an die der Zimmerlinden an und währt bis in den Herbst hinein. Die Wintertemperaturen sollen 10 °C auf die Dauer nicht überschreiten, und der einzige wichtige Unterschied in den Haltungsbedingungen besteht darin, daß Schönmalven nicht die unhandliche Größe der Zimmerlinden erreichen. Wenn man sie jeweils nach der Blütezeit um ein Drittel zurückschneidet, behalten sie ein Maß, das die Überwinterung auf dem Fensterbrett eines kühleren Raumes ermöglicht.

Die Ableitung ihres Namens geht auf lateinisch a = nicht, bous = Rind und tilos = Durchfall zurück und will sagen, daß Schönmalven früher vielleicht als Mittel gegen Durchfall bei Rindern benutzt worden sind. Glaubt man aber der arabischen Ableitung nach abu = Vater und tilos = Faser, dann handelt es sich um eine alte Faserpflanze.

Zimmerlinde, *Sparmánnia africána*

Hibiskus

Roseneibisch   *Hibíscus rósa-sinénsis*

Hibiskusblüten sind eine wahre Augenweide, aber die Pflanzen wachsen recht sparrig und benötigen einfühlsame Pflege bei einem kühleren Winterstand.

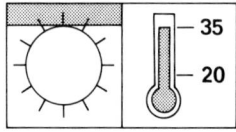

Hibiskus benötigt viel Licht, nur im Sommer müssen die Strahlen der heißen Mittagssonne abgehalten werden. Er gehört im Winter ans Süd-, im Sommer möglichst ans Ostfenster.

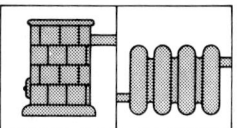

Wenn der geforderte kühle Winterstand eingehalten werden kann, ist die Art der Heizung ohne Bedeutung. Am besten steht Hibiskus auf einer Veranda.

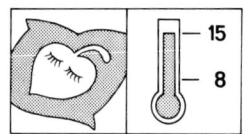

Während der winterlichen Ruhezeit ist bei kühlem Stand weniger zu gießen, der Ballen darf jedoch niemals austrocknen. Bei Überwinterung im Wohnzimmer, ist gleichmäßige Bodenfeuchtigkeit die Hauptbedingung.

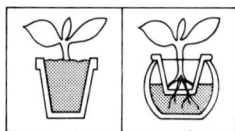

Lockere, nährstoffreiche Erde: Komposterde, Torf, Sand 4:2:1 oder Blumenerde eventuell mit Zusatz von Düngetorf sind geeignet. Hydrokultur empfiehlt sich bei ganzjähriger Haltung in geheizten Räumen.

Während der Vegetationszeit immer für genügend Feuchtigkeit sorgen. Der Ballen darf niemals austrocknen! Von März bis Mitte August alle 14 Tage mit 0,1%iger Nährsalzlösung (1 g/l) düngen.

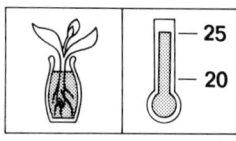

Im Juni Kopfstecklinge mit 6 bis 8 Blättern schneiden, die unteren 2 Blätter entfernen, stecken und für «gespannte» Luft sorgen oder in einem großen Wasserglas bewurzeln lassen.

Die handtellergroßen Hibiskusblüten mit dem weit herausragenden Stempel und den miteinander verwachsenen Staubgefäßen sind tatsächlich eine besondere Zierde. Man denkt unwillkürlich an Palmen, Sand und blumengeschmückte Mädchen an fernen Gestaden der Südseeinseln. Unter den vielen Hibiskusarten der Tropen ist allerdings nur der aus Ostindien und China stammende *Hibíscus rósa-sinénsis* als Zimmerpflanze geeignet. Auch er wächst von Hause aus recht sparrig heran, so daß die Züchtung auf kleinbleibendere Formen mit dichterem Blattstand orientiert ist. Gestauchte Pflanzen werden auch durch Hemmstoffbehandlung gewonnen, so daß die Pflanzen später erst beim Käufer nach dem Abklingen der Behandlung in die Höhe schießen. Die neuen Züchtungen sind aber auch verträglicher gegenüber Lufttrockenheit und höheren Wärmegraden beim Winterstand, so daß man es versuchen sollte, einen Hibiskus auch ohne Veranda oder gedrosselte Heizleistung über den Winter zu bringen. Am besten ist es, die Pflanzen in einem Hydrogefäß zu ziehen, weil dann die notwendige gleichbleibende Wasserversorgung gewährleistet ist.

Inzwischen mag es 25 verschiedene Sorten oder Kulturformen geben, die sich vor allem in der Blütenfarbe und dem Grad der Vervielfältigung der Blütenblätter unterscheiden. Die schlichten, einfachen Hibiskusblüten können in ihrer Eleganz jedoch nicht übertroffen werden, obwohl mancher Pflanzenliebhaber meint, daß gefüllter Roseneibisch sogar noch schöner aussehen oder mehr Rasse und Temperament ausstrahlen könnte als z. B. die hier gezeigten Blüten. Auf jeden Fall hat man die Qual der Wahl unter den Blütenfarben! Von Gelb über Lachs, Rosa und Rot bis Orange und Weiß reicht das Angebot. Bei den helleren Farben kann der Blütenschlund zusätzlich rot gefärbt sein, und wer mit einfarbig grünem Laub nicht zufrieden ist, dem bietet die Varietät coóperi zusätzlich weißgerandete und rotgefleckte Blätter.

Fehlen die Nährstoffe, dann wirft Hibiskus seine Knospen ab, zuviel Stickstoff ergibt wieder zu mastige Pflanzen. Man probiere deshalb einmal Nährsalz für Kakteen aus und wird sicherlich damit zum besten Ergebnis kommen. Wachsen die Pflanzen aber zu unhandlich und sparrig heran, dann schneide man im Frühjahr kräftig zurück.

Der Name Hibiskus soll dem römischen Volksnamen entsprechen und bedürfte dann keiner weiteren Erklärung. Er wird aber auch mit der altägyptischen Götterwelt, u. a. mit Osiris, der Göttin der Fruchtbarkeit, in Verbindung gebracht, die immer von pflanzlichen Attributen umgeben war.

Roseneibisch, *Hibíscus rósa-sinénsis*

Marante

Maránta spp.

Kammarante   *Ctenánthe spp.*
Korbmarante   *Caláthea spp.*

Mit der eindrucksvollen, kontrastierenden, geradezu ornamentalen Zeichnung gehören Maranten zu den reizvollsten Blattpflanzen, selbst wenn ihre Pflege im modernen Wohnbereich viel Aufmerksamkeit erfordert.

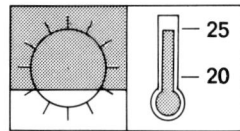 Ein warmer, schattiger bis halbschattiger Standort bei ausreichender Luftfeuchtigkeit kommt ihren heimatlichen Verhältnissen am nächsten.

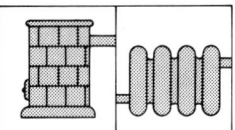 Am besten halten sie sich bei Ofenheizung; bei aufmerksamer Betreuung ist ihre Pflege aber selbst bei Zentralheizung möglich. Ideal ist für sie die Pflanzenvitrine.

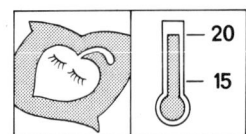 Im Winter stocken Wachstum und Blattentfaltung, aber der Frühjahrsaustrieb überrascht dann durch besondere Farbenfrische.

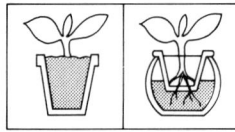 Blumenerde mit Zusatz bis zu ¼ Torf und Sand ist geeignet, falls man keine Spezialmischung (siehe Text) beschaffen kann. Hydrokultur kann versucht werden.

 Der Topfballen darf niemals austrocknen, stauende Nässe führt jedoch ebenfalls zum Ausfall der Pflanzen. Gedüngt wird in der Wachstumszeit regelmäßig alle 14 Tage mit Nährsalzlösung (1 g/l).

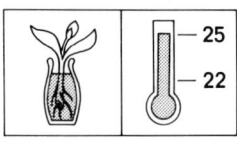 Triebstecklinge wurzeln nur bei hoher Bodenwärme und «gespannter» Luft in Stecklingssubstrat; ebensogut aber auch im Wasserglas von März bis August.

Als Bodenbewohner feuchtwarmer Urwälder benötigen alle Maranten reichliche Luft- und Bodenfeuchtigkeit, Schutz vor direkter Sonne und austrocknender Zugluft, wie sie im modernen Wohnklima leider oft nicht zu vermeiden ist. Maranten sind Flachwurzler, die in Schalen viel besser gedeihen als in den üblichen tiefen Töpfen. Schalen sind auch deshalb zur Haltung zu empfehlen, weil die größere Oberfläche feuchter Erde dem Bedürfnis der Maranten nach Luftfeuchtigkeit entgegenkommt. Rollen sich die Blätter ein, dann ist entweder das Erdreich ausgetrocknet, oder es ist generell in der Wohnung zu trocken. Man kann deshalb schon nach kurzer Zeit feststellen, ob die erworbenen Maranten mit Erfolg zu halten sind.

In den Anzuchtbetrieben werden die Jungpflanzen natürlich unter optimalen Bedingungen herangezogen. Wird dann das Abhärten vor dem Verkauf versäumt und geschieht der Standortwechsel mit der einsetzenden Heizperiode, können Maranten gar nicht anders als mit dem Einrollen ihrer Blätter reagieren, obwohl sie sich bei einfühlsamer Pflege durchaus an das Wohnklima anpassen könnten. Unsere Marante wurde zur Probe in einen Arbeitsraum mit elektrischem Nachtspeicherofen gestellt und wächst dort – allerdings bei aufmerksamer Pflege – zur vollsten Zufriedenheit.

Maranten werden gern zur Schalenbepflanzung verwendet. Wenn dann die einzelnen Pflanzen ihrer unterschiedlichen Lebensbedürfnisse wegen vereinzelt werden müssen, haben die Maranten unter Umständen die Zeit zur Anpassung nutzen können. In eine flache Schale mit grober, brokkiger, torfhaltiger Erde (Lauberde, Heide- oder Rasenerde, grober Torf, Sand im Verhältnis 3:1:1:1) über einer fingerdicken Scherben- oder Kiesschicht gepflanzt, können sie bei regelmäßigem Gießen weiterhin gut gedeihen.

Maránta leuconéura 'Massangeana Tricolor' gilt mit den rot hervorgehobenen Blattadern als die schönste der Art. Andere sind nur durch unterschiedliches Grün gezeichnet. *Caláthea* wächst etwas höher; *C. crocáta* ist die einzige Art mit dekorativen Blütenständen bzw. orangegelben Hochblättern, die zum violett schimmernden Laub monatelang in Kontrast stehen. *Ctenánthe* ist kaum im Angebot; sie wäre nur in einer Vitrine zu halten.

Der Name Maranta wurde von Linné dem venezianischen Arzt Bartolomeo Marante zu Ehren gewählt. Korbmarante bezieht sich auf die langen Blattstiele, die zum Flechten verwendet wurden, und Kammarante auf ein Detail im Blütenbau.

Marante, *Maránta leuconéura*

Gummibaum

Feigenbaum   *Fícus elástica*
Mistelfeige   *Fícus spp.*
Clownfeige

Der altbewährte Gummibaum steht als bekanntester Vertreter der Gattung Ficus einer ansehnlichen und vielgesichtigen Verwandtschaft von dekorativen und teils buntblättrigen Pflanzen vor, die das Zimmerpflanzenangebot bereichern.

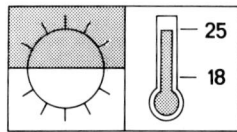

Alle Ficus-Arten wollen zwar hell stehen, aber ungehinderte Sonneneinstrahlung wird im Sommer nicht vertragen. Außerhalb der Heizperiode sind die Temperaturen unkritisch.

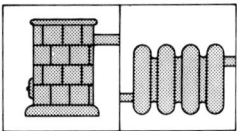

Viele Arten sollten im Winter kühler und feuchter stehen als im modernen Wohnklima möglich. *Fícus elástica* 'Decora', *F. lyráta, F. rubiginósa* und *F. áspera* sind harte Pflanzen für zentralbeheizte Räume.

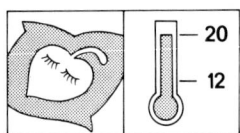

Die Winterbedingungen dürfen nicht zum Neutrieb anregen. 18 bis 20 °C genügen den vorstehend aufgezählten Arten, alle anderen begnügen sich mit 12 bis 15 °C.

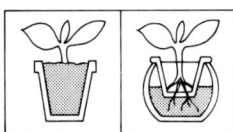

Alle Arten wachsen vorzüglich in Hydrokultur. Als traditionelles Substrat eignet sich nahrhafte, lockere und humusreiche Erde, z. B. Mistbeeterde, Lauberde, Torf und Sand (2:2:1:1).

Im Sommer reichlich gießen, für gleichmäßige Feuchtigkeit des Substrates sorgen. Stauende Nässe bei kühlem Stand führt zu Wurzelfäule. Gedüngt wird während der Vegetationszeit wüchentlich mit Nährsalzlösung (1 g/l).

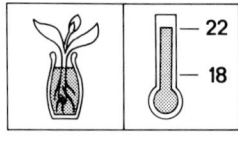

Kopfstecklinge wachsen im Wasserglas oder in Stecklingssubstrat immer willig an. Einzelheiten entnehme man dem Text. Ältere Pflanzen verjüngt man durch Abmoosen.

Zur Gattung Ficus zählen mehr als tausend Arten, die vorwiegend in den Tropen und Subtropen beheimatet sind. Der für alle Arten verbindliche Gattungsname Ficus ist die lateinische Bezeichnung für Feige. Die Artbezeichnung elastica für den Gummibaum leitet sich von lateinisch elasticus = biegsam, dehnbar ab, weil die Pflanzen, wie alle Vertreter der Gattung, einen weißen Milchsaft liefern, der zu Kautschuk verarbeitet werden kann. Der eigentliche Lieferant des Naturkautschuks ist jedoch die zu den Wolfsmilchgewächsen zählende *Hévea brasiliensis,* die man anstelle des Gummibaums als Kautschukbaum bezeichnet. Früher galt allein der allbekannte Gummibaum *Fícus elástica* als Inbegriff einer modernen Blattpflanze, aber heute machen vor allem die «buntblättrigen» Vertreter vieler Ficus-Arten das Rennen in der Gunst der Käufer. Es gibt kaum noch eine Art, von der nicht auch Kulturformen mit hellerer Blattzeichnung bis hin zu rahmfarbenen oder silbergrauen und graugrünen Partien vermehrt werden. Da sie langsamer wachsen und meist auch noch 2 bis 3 °C Wärme mehr vertragen, stehen sie im Kurs natürlich obenan.

Die gleichmäßige Wasserversorgung in Hydrokultur befähigt eine Reihe von Arten, auch im harten Wohnklima auszukommen. Die Stecklingsvermehrung gelingt zudem leicht, so daß man mit Stecklingen bewährter Pflanzen auch einen Gummibaum für die eigenen Ansprüche heranziehen kann. Dazu wird eine Triebspitze zwischen dem 3. oder 4. Blattknoten von oben schräg durchgetrennt. Der Schnitt muß tatsächlich so erfolgen, daß er, über einem Auge ansetzend, schräg nach unten durch den Ring erfolgt, der vom betreffenden Hüllblatt zurückgeblieben ist. In einem Wasserglas bewurzelt sich die Triebspitze, wenn die Blätter mit einem Gummiring zwecks Verminderung der Transpiration zusammengehalten und der Steckling hell aufgestellt wird.

Ältere Pflanzen, die von unten verkahlen und dann recht hochbeinig aussehen, verjüngt man durch Abmoosen, wie es auf Seite 28 beschrieben wurde.

Geeignete Erde für Gummibäume kann man wegen des Nährstoffbedarfs kaum selbst mischen. Blumenerde sollte wenigstens mit ¼ Zusatz von Düngetorf aufgewertet werden. Wenn irgend möglich, beziehe man Erde für Gummibäume aus der Gärtnerei. Umgetopft wird im Frühjahr in nicht zu große Töpfe mit Scherbenunterlage, damit stauende Nässe vermieden wird.

Fícus elástica, der Gummibaum, muß als älteste Zimmerpflanze der Gattung zuerst besprochen werden. Die

Buntblättriger Gummibaum, *Fícus spp.*

ursprünglichen Formen mit den schmalen, länglichen Blättern sind kaum noch im Angebot. Zunächst war es die breitblättrige Form 'Decora', die wegen ihres gefälligeren Aussehens und der gedrängten, dichteren Blattstellung die Stammform in den Hintergrund schob. Später kam die buntblättrige, strohgelb/grün/graugrün-getuschte Kulturform 'Schryveriana' auf den Markt, wurde jedoch bald von den strohgelb umrandeten und gezeichneten Sorten 'Variegata' und 'Doescheri' verdrängt. Seit 1977 ist 'Belga Plant' im Angebot, die, von Dekora abstammend, Buntblättrigkeit mit dem ansprechenden Wuchs der Kulturform 'Decora' verbindet. Ähnliches gilt für die neue 'Moerenhout', die gedrängte Wuchsform mit der Blattzeichnung von 'Schryveriana' besitzt, aber durch die chromgelb schimmernde Blattzeichnung und die lachsroten Hüllblätter eine Sonderstellung einnimmt.

Ficus lyráta, die Geigenfeige, besitzt große, lyraförmige Blätter. Bei gut genährten Pflanzen können nur vier Blätter einen ganzen Quadratmeter bedecken. *Ficus lyráta* braucht im Winter mindestens 18 °C Wärme und verträgt vor allem die trockene Luft der Wohnräume besser als z. B. *Ficus elástica*, benötigt aber auch entsprechenden Platz zu gutem Gedeihen.

Ficus cárica, die gewöhnliche Fruchtfeige mit den eßbaren, wohlschmeckenden Früchten, ist eine Kübelpflanze für einen Standort im Freien, wenn für den Winter ein frostfreies Quartier geboten werden kann. In den Weinbaugebieten ist die Art an geschütztem Standort sogar winterhart, wenn die Pflanzen oder die Samen aus den unmittelbar angrenzenden Gebieten Südeuropas stammen.

Ficus benjamína = F. nítida wächst buschig-verzweigt und zeichnet sich durch überhängende Zweige aus. Wegen der zierlichen Belaubung und des eleganten Wuchses wirken bereits Jungpflanzen recht ansprechend. Besonders beliebt ist die buntblättrige Kulturform 'Hawaii', die auch im erwachsenen Alter mit etwa 1,5 m Höhe durch das bunte Laub interessant und lebendig wirkt. *F. benjamína* darf nicht ständig feucht gehalten, sondern soll nur in größeren Abständen gegossen werden, damit Trocken- und Feuchtzeiten für sie miteinander abwechseln.

Ficus rubiginósa ist am ehesten mit *F. elástica*, dem alten Gummibaum, zu vergleichen, aber die Blätter sind nicht so lederig hart, sondern weich, breiter und leicht gewellt. Auch hier existiert eine bunte Form 'Variegata' mit elfenbeinfarbener und mattgrüner Blattzeichnung, die zwar langsamer heranwächst als die grüne Ausgangsart, aber ihre Beliebtheit gerade der interessanten Blattzeichnung verdankt.

Ficus diversifólia = F. deltoídea wächst aufrecht-verzweigt mit ovalen Blättern. Ihre Stärke besteht im ungewöhnlich starken Fruchtbehang, der von keiner anderen Ficus-Art im Zimmer auch nur annähernd erreicht wird. Die haselnußgroßen Früchte verfärben sich in der Reife von grün nach gelb. In Amerika trägt diese Art wegen der vielen Früchte den hierzulande wenig verständlichen Namen «Mistel-Feige» (= *Mistletoe Fig*).

Ficus cyathistípula ähnelt in Wuchs und Blattform *Ficus elástica*, trägt aber Früchte, die dichtgedrängt stehen.

Ficus pretóriae wirkt zierlich. Die schmalen, langgestreckten, etwas gedrehten Blätter messen 3 cm × 20 cm und erinnern in der Form an *Anthúrium scherzeránum*. Dieser Ficus wächst mehr in die Breite und wird auch zu Schalenbepflanzungen verwendet.

Ficus trianguláris, der Dreiangel-Gummibaum, ist wohl die überraschendste Erscheinung der ganzen Gummibaumverwandtschaft. Seine dreieckigen, etwa 6 cm je Kante messenden lederharten Blätter sitzen wie bei einer Wendeltreppe am zentralen Stamm, und der reiche Fruchtbehang vervollständigt den aus dem gewohnten Rahmen fallenden Eindruck, weil Ficus unter Zimmerbedingungen nur in den seltensten Fällen Früchte ansetzen. Die bunte Kulturform 'Variegata' muß im Winter bei konstanter Temperatur von 18 bis 20 °C gehalten werden.

Ficus áspera 'Parcéllii' empfiehlt sich wegen der absoluten Zimmerhärte und sollte ebenfalls nicht unter 18 °C gehalten werden. Bis 20 cm lange, elfenbeinfarben, weiß, graugrün und dunkelgrün gezeichnete Blätter, der dekorative hängende Wuchs und die walnußgroßen bunten Früchte machen diese Art für das moderne Wohnklima besonders empfehlenswert. In den USA wird die Art – vielleicht wegen des bunten Laubes – als 'Clown Fig' gehandelt.

Ficus sagittáta = F. radícans beschließt die Aufstellung der ansehnlichen Gummibaumarten. Die Zweige hängen auch über, und ihre Blätter sind zumindest durch die dunkleren Blattadern, bei 'Variegata' aber auch durch verschiedene Grünabstufungen mit elfenbein, von dekorativem Reiz.

Ficus púmila schließlich ist eine kleinblättrige Kletterform für einen Stand im Blumenfenster oder in der Pflanzenvitrine. Dort eignet sie sich als Bodendecker oder zur Hintergrundbegrünung, vor der sich der zeitweilige Schmuck von Blütenpflanzen kontrastreich abheben kann. Sie wächst aber auch am Moosstab, an einer Torfwand oder hängend als Ampelpflanze recht dekorativ, zumal auch von ihr buntblättrige Formen gezogen werden.

Kletterfeige, *Ficus púmila*

Mittagsblumen
Lebende Steine

Arten und Gattungen aus der Familie der Mittagsblumen

Kinder der Sonne sollte man die Mittagsblumen nennen, weil sie ihre großen, farbigen, seidenglänzenden Blüten nur den Sonnenstrahlen entgegenrecken.

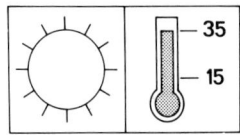

Eine heiße Südwand oder das sonnenumflutete Südfenster sind der richtige Aufenthaltsort für alle Arten Mittagsblumen.

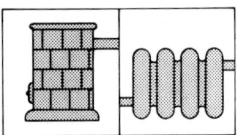

Wenn die Überwinterung in einem kühlen und trockenen Quartier gewährt wird, spielt die Art der Heizung keine Rolle.

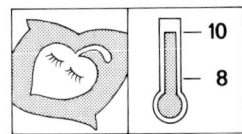

Die Überwinterung erfolgt wie bei den Kakteen, kühl und fast trocken. Lebende Steine dürfen im Winter nicht gegossen werden. Lampránthus werden weit zurückgeschnitten.

Kakteenerde ist am besten geeignet. Für die Lebenden Steine vermischt man sie nochmals mit Sand (1:1) und deckt sie 1 cm mit reinem, grobem Sand ab. Für Lampránthus größere Töpfe wählen.

Im Sommer bei heißem, austrocknendem Standort reichlich gießen. Vom Beginn der Blütezeit an kann mit Kakteendünger (1 g/l) alle 14 Tage gegossen werden, wenn die Pflanzen in ganz magerer Erde stehen.

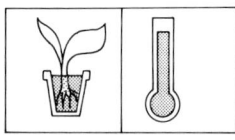

Die strauchigen Arten werden durch Stecklinge alljährlich im August verjüngt bzw. vermehrt, die sukkulenten durch Aussaat herangezogen, die Lebenden Steine durch Teilung der Pflanzenpolster oder Samen vermehrt.

Die Blüten aller Mittagsblumen sind durch die leuchtenden Farben und ihren Seidenglanz von ganz besonderem Reiz. Bei den kleineren Arten verdecken sie oftmals den ganzen Pflanzenkörper. Die erste Bekanntschaft mit Mittagsblumen sollte man jedoch mit den strauchigen *Lampranthus* schließen, für die sicherlich in jeder Wohnung ein geeigneter sonniger Platz gefunden wird. Nach den unterschiedlichen Wuchsformen unterscheidet man:

Arten mit überhängenden, rankenden, «normalen», verholzenden Trieben aus den Gattungen *Delospérma*, *Lampránthus* und *Oscularia*:
Ihre Ranken fallen vom Fensterbrett oder aus einer Ampel herab. Reich blühen sie nur an einem warmen, vollsonnigen Standort. Der Sommerhitze sind sie mit den verholzenden Stengeln und den rundlichen bis dreikantigen fleischigen Blättern bestens angepaßt. Bei nassem und kühlem Stand blühen sie nicht, und bei stauender Nässe gehen sie mit Sicherheit zugrunde. Am reichsten blühen einjährige Pflanzen von Juni bis September. Gedüngt wird nur im zweiten Jahr nach eventueller Überwinterung. Dabei die Pflanzen radikal zurückschneiden und für das dritte Jahr wieder Stecklinge bereiten. *Lampránthus conspícuus* ist die hierzulande härteste Art, am reichsten blüht die Kulturform 'Feuer von Granada'.

Faucária umfaßt Arten, deren 6 oder 8 kompakte, eckige, gezähnte Blätter so angeordnet sind, daß sie bei einiger Phantasie geöffnete Raubtierrachen erkennen lassen. So gibt es den «Katzenrachen», den «Wolfsrachen» und den «Tigerrachen». Alle Arten besitzen im Vergleich zum winzigen Pflanzenkörper geradezu riesige goldgelbe Blüten bis zu 5 cm im Durchmesser.

Lebende Steine

Die Wachstumszeit währt von April bis Anfang Oktober, die Blütezeit liegt hier im Norden im September. Die Erde muß nährstoffarm und mit Sand abgedeckt sein, damit stehendes Wasser von den Pflanzen abgehalten wird. Mitten im Überwinterungsstand wird der neue Pflanzenkörper ausgebildet, der den alten aufzehrt und ihn zuletzt wie eine trockene Papierhülle beiseite drängt. Erst im Mai darf wieder gegossen werden.

Lebende Steine, *Conophýtum spp.* (links oben),
Wolfsrachen, *Faucária spp.* (rechts oben),
Lebende Steine, *Conophýtum wiggétiae* (links unten),
Mittagsblume, *Lampránthus conspícuus*

Myrte

Brautmyrte   *Mýrtus commúnis*

Solange Myrten mit ihrem zarten Laub und den wohlriechenden weißen Blüten als Brautschmuck dienen, werden sie auch als Zimmerpflanzen immer wieder gefragt sein, selbst wenn ihre Überwinterung im modernen Raumklima einige Sorgen bereiten kann.

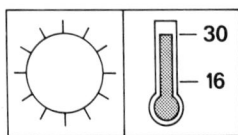

Den Bedingungen ihrer südlichen Heimat entsprechend, muß ein vollsonniger Stand gegeben werden. Die Temperaturen sind während des Sommers dabei völlig unkritisch.

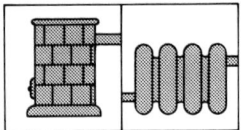

Wenn ein kühler Winterstand gewährt werden kann, ist die Art der Heizung belanglos. Ideal ist der Aufenthalt in einer Veranda.

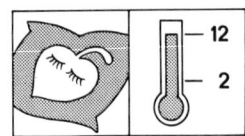

Während des Winters führt ein zu warmer Stand zum Vergeilen der Pflanzen. Sie können selbst im Keller oder im Treppenhaus stehen, wenn nur die Temperatur nicht zu sehr ansteigt.

Blumenerde ist geeignet. Die Gärtner mischen jedoch Komposterde, Lauberde, Torf und Sand (2:2:1:1). Eine Scherbenunterlage gewährt den nötigen Wasserabzug. Hydrokultur empfiehlt sich nicht.

Die Erde darf weder austrocknen noch ständig naß sein. Wasserabzug (Scherbenunterlage, sandige Erde) muß gewährleistet sein. Gelegentliches Düngen ist zwischen März und August zu empfehlen.

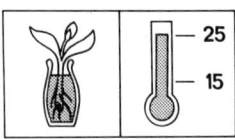

Triebspitzen (etwa 5 cm lang) im Frühjahr von blühfreudiger Pflanze dicht unter einem Blattpaar schneiden, untere Blätter entfernen, mehrere in einen kleinen Topf stecken, unter Glasschutz oder Folie bewurzeln lassen.

Myrten gelten seit dem Mittelalter als Symbol der Unschuld und als Schmuck für Braut und Bräutigam. Solange wenigstens die Braut, wie 1583 erstmalig bei einer Hochzeit der Fugger in Augsburg, mit Myrtenspitzen geschmückt ihr Ja-Wort gibt, wird gewiß auch der Versuch gemacht, den Brautschmuck in einer Vase noch einige Tage zu erhalten. Da Myrten aber sehr lange frisch bleiben und in den meisten Fällen sogar Wurzeln treiben, werden sie wohl immer auch in einem Zimmerpflanzenbuch beschrieben werden müssen!

Ursprünglich galt Rosmarin wegen seiner vielfältigen heilkräftigen Wirkungen für Jahrhunderte als Brautschmuck. Weshalb sich dieser Wechsel zur Myrte im Mittelalter vollzogen hat, ist uns Heutigen sicher nicht mehr vollständig aufzuklären. Zum einen mögen die grazileren und darüber hinaus wohlriechenden Blüten der Myrten zur Erklärung beitragen, zum anderen aber auch der Aufschwung der Medizin, der man mit ihren «neumodischen» Methoden allmählich mehr zu vertrauen schien als dem seit heidnischer Zeit verehrten Rosmarin. Dabei hat die Myrte durchaus auch ihre Verbindung zu den alten Göttern; die Griechen hatten sie der Aphrodite geweiht, die Römer der Venus. In der Bibel galt aber nur die Myrte als Symbol des Gelobten Landes. Da Blätter und Beeren der Myrten durch Destillation ein wohlriechendes Öl liefern, das früher als Schönheitsmittel in Gebrauch war, sind die heutigen Bräute mit Myrten gewiß nicht schlechter bedient als früher mit dem Rosmarin.

Trotzdem wollen wir die beiden Widersacher Myrte und Rosmarin hier gemeinsam besprechen. Zwar gehört Rosmarin zu den Lippenblütlern, aber neben der Verwendung als Brautschmuck und der gleichen Heimat sind auch die gleichen Pflegeansprüche beider Pflanzen ausreichender Grund. Nur in bezug auf Heilwirkung hat Rosmarin heute wieder so hohes Ansehen wie in alter Zeit und steht mit Kamille, Thymian, Melisse, Hopfen, Mistel und Minze in der Naturmedizin ganz vorne an.

Einen Nachteil gegenüber der Myrte weist die Beschäftigung mit Rosmarin allerdings auf: Bei zu guter Pflege geht er im Winter mit Sicherheit zugrunde! Die Pflanzen wollen kühl und sie müssen trocken stehen! Im Sommer vertragen sie die trockene Hitze unserer Wohnungen, gleich, ob unmittelbar hinter dem Südfenster, über dem Heizkörper oder draußen auf der Loggia; aber im Winter dürfen es höchstens 5 °C an einem hellen Platz mit fast trockenem Erdballen sein. Am besten, wenn man irgendein Unkraut mit im Topf beläßt und (auch im Sommer) erst wieder gießt, wenn dieses zu welken oder gar zu vertrocknen beginnt.

Brautmyrte, *Mýrtus commúnis*

Brunfelsie

Brunfélsia pauciflóra

Außer den ständig angebotenen Nachtschattengewächsen existieren eine ganze Reihe von selteneren Arten, unter denen die Brunfelsie mit ihren großen lavendelfarbenen Blüten die altehrwürdigste und vielleicht sogar die schönste ist.

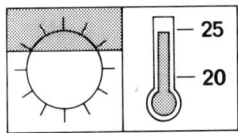

Brunfelsien benötigen einen halbschattigen, luftigen Stand; stauende Wärme und Lufttrockenheit sind ihnen abträglich.

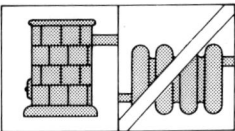

In zu trockenen Räumen verlieren Brunfelsien ihr Laub, während sie im traditionellen Wohnklima, möglichst am Fenster, gut gedeihen.

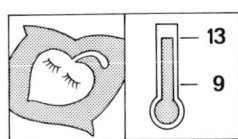

Zum Blütenansatz ist ab Ende Oktober bzw. im Winter eine Ruheperiode an hellem, aber kühlem Stand um 12 °C zu gewähren. Dabei ist auch das Gießen einzuschränken.

Blumenerde ist gut geeignet; die Gärtner mischen dagegen Lauberde, Rasenerde, Torf und Sand (2:2:1:1:). Hydrokultur ist nicht zu empfehlen.

Während des Sommers ist auf gleichmäßige Feuchtigkeit des Substrates zu achten und zwischen April und August regelmäßig alle 14 Tage mit 0,1%iger Nährsalzlösung zu gießen.

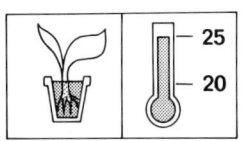

Die Gärtner vermehren durch Aussaat. Stecklinge (von 8 bis 10 cm Länge) wurzeln selbst bei hoher Bodenwärme und gespannter Luft nur dann mit leidlichem Erfolg, wenn Bewurzelungshormon angewendet wird.

Mit dem wissenschaftlichen Namen wird Otto Brunfels geehrt; er wurde 1488 in Mainz geboren, studierte zunächst Theologie, wandte sich dann der Medizin zu, wirkte in Bern als Arzt und betrieb naturwissenschaftliche Studien. In seinem dreibändigen Pflanzenbuch von 1532 und 1536 ergänzten Holzschnitte die Beschreibungen, in denen erstmals auch die deutschen Namen mit angeführt wurden. Nach Linnés Worten ist er der «älteste Vater» der Botanik. Er starb 1535 in Bern.

Seitdem Brunfelsien durch Kältebehandlung zu jedem gewünschten Termin zur Blüte gebracht werden können, werden sie auch in Jahreszeiten angeboten, die bis zur einsetzenden Heizperiode eine genügend lange Frist zur Freude an den bis 5 cm im Durchmesser erreichenden wohlriechenden Blüten lassen. Ihre Haltbarkeit in modernen trockenen Räumen ist tatsächlich schlecht, und da die Pflanzen als Voraussetzung neuen Blütenansatzes unbedingt eine winterliche Ruheperiode bei kühlem Stand durchmachen müssen, bedarf es einfühlsamer Pflege, wenn man Brunfelsien zur Zufriedenheit halten will. Während der geforderten Ruhezeit bei etwa 12 °C dürfen die Pflanzen über 6 bis 8 Wochen hinweg nur so wenig gegossen werden, daß gerade das Austrocknen vermieden wird. Sobald sich danach im Frühjahr der neue Austrieb zeigt, werden die alten Triebe um ein Drittel gekürzt und zugleich in neue Erde umgetopft. Den Blütenansatz kann man unterstützen, wenn man bei Austriebsbeginn mit stickstoffreicher Nährsalzlösung düngt.

Unter den Nachtschattengewächsen existieren viele weitere Arten, die gelegentlich angeboten werden. Allein die Gattung Solánum mit insgesamt 1200 Arten weist ein Dutzend Zimmerpflanzen auf, die hell, sonnig, im Winter bei etwa 18 °C, aber nicht in zu trockener Luft gepflegt werden wollen. Sie zieren entweder mit dekorativem Laub, mit farbigen Früchten, zum Teil aber auch bunten Blüten, die an Kartoffeln oder Nachtschatten erinnern.

Auffallende, bunte Blüten besitzt die Schmetterlings- oder Spaltblume = *Schizánthus-Wisetonénsis-Hybriden*. Die Stöckchen werden als farbenfreudige Aufmerksamkeit gern zu den Festen und Feiertagen zwischen Ostern und Sommeranfang angeboten. Es sind einjährige krautige Pflanzen, die wie die Pantoffelblumen nach der Blüte ihren Zweck erfüllt haben. Sie vertragen Temperaturen bis 4 °C herab, halten sich also gleich Azaleen und Primeln auch auf der Loggia sehr gut, solange sie nur über den Untersetzer gegossen werden, weil Wassertropfen im Herzen der Pflanze immer zu Fäulnis führen.

Brunfelsie, *Brunfélsia pauciflóra*

Korallenkirsche

Solánum capsicástrum
S. pseudocápsicum

Zierpaprika

Spanischer Pfeffer   *Cápsicum ánnuum*

Den Reigen der vielgesichtigen Blatt- und Blütenpflanzen ergänzen diese beiden Verwandten von Kartoffel und Tomate mit schmückendem Fruchtbesatz vom Frühherbst bis tief in den Winter hinein.

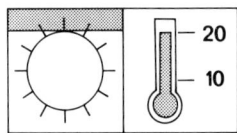

Als Saisonpflanzen können beide Arten in jedem Raumklima, allerdings aber nur für mehr oder weniger kurze Zeit, als besondere Schmuckpflanzen gehalten werden.

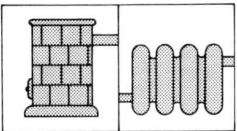

Ideal ist ein Stand auf dem Fensterbrett eines mildgeheizten Zimmers bzw. in einer kühlen Veranda.

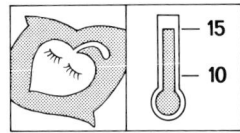

Will man die Pflanzen weiterkultivieren, dann halte man die empfohlenen Temperaturen ein und schneide nach dem Abfallen der Früchte Anfang März kräftig zurück.

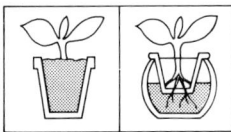

Im Frühjahr wird in nährstoffreiche Kompost- oder Mistbeeterde mit Zusatz von lehmiger Rasenerde umgetopft. Blumenerde erfüllt ihren Zweck nur, wenn im Sommer mit Nährsalzlösung nachgedüngt wird.

Vor allem während der Heizperiode darf der Topfballen nicht austrocknen. Gedüngt wird erst mit Erscheinen des Fruchtansatzes für etwa 2 Monate wöchentlich mit 0,1%iger Nährsalzlösung (1 g/l).

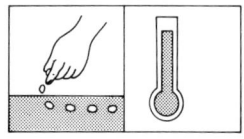

In den Gärtnereien wird durch Aussaat Anfang März die neue Verkaufsware herangezogen. Der Liebhaber sollte sich damit begnügen, seine Topfpflanzen möglichst lange am Leben zu erhalten.

Außer den für unsere Ernährung so notwendigen Kartoffeln, Tomaten, Eierfrüchten und den Paprikafrüchten behaupten Nachtschattengewächse auch als Zimmerpflanzen einen festen Platz im Angebot. Das Besondere der hier vorgestellten Arten besteht in den schmucken, zunächst gelbgrünen, bald aber über Gelb, Orange nach Korallenrot sich verfärbenden Früchten.

Bei uns werden die aus Südamerika stammenden, strauchigen, mehrjährigen Pflanzen in der Regel einjährig kultiviert. Sollte aber die Überwinterung gelungen sein, wird im Vorfrühling (März) kräftig zurückgeschnitten, umgetopft und wärmer gestellt. Ab Mai sollten Korallenkirschen auf der Loggia hell und sonnig gehalten werden. Zu lang aufstrebende Triebe werden dabei zurückgeschnitten, um eine ausgeglichene, gefällige Oberfläche des Busches zu erhalten, aber im Hochsommer darf der Blütenansatz nicht gestört werden. Im Herbst werden die Pflanzen ins Haus genommen und in der angegebenen Weise kühl und hell an einem Ort aufgestellt, an dem die zierenden Früchte auch gut zur Geltung kommen. Sie verfärben sich im Verlaufe des Herbstes immer mehr in ein schmuckes Korallenrot und machen dem Namen des Stöckchens alle Ehre.

Zierpaprika

Zusammen mit den eingangs angeführten Kulturpflanzen brachten die Galeeren, die nach der Entdeckung der Neuen Welt schon bald den Austausch der verschiedensten Naturreichtümer und Kulturgüter bewerkstelligten, auch die scharfen Früchte des in Europa ja ebenfalls unbekannten Paprikas mit in die Alte Welt. Hier bürgerte sich zunächst der Name «Spanischer Pfeffer» aus ganz erklärlichen Gründen ein, während sich erst später die aus dem Sanskrit stammende Bezeichnung «paprika» für Beeren mit scharfem Geschmack durchsetzte.

Unter etwa 30 Arten von Paprika werden für das Zimmer nur niedere Wuchsformen von *Cápsicum ánnuum* zur Zeit der Fruchtreife, also während des Herbstes, angeboten. Im Gegensatz zu den im Reifezustand korallenroten Beeren des Korallenbäumchens verfärben die reifen Paprika, die übrigens reizvoll über das Laubwerk emporragen, über Rot bis nach Violett. Auch hier haben die Pflanzen in der Regel ihren Zweck erfüllt, wenn die Früchte unansehnlich werden.

Korallenkirsche, *Solánum capsicástrum*

Orchideen

Eine Vielzahl von Arten aus etwa 200 Gattungen

Orchideen gelten seit jeher nicht nur als die schönsten, sondern auch als die begehrenswertesten unter allen Pflanzen dieser Erde. Von den Liebhabern wird ihre Haltung im Zimmer als die Krönung der Pflanzenpflege angesehen.

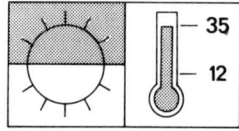

Die meisten Orchideen verlangen einen halbschattigen Stand. Ständiges Dämmerlicht oder grelle Mittagssonne sind gleichermaßen nachteilig. Am besten gedeihen sie an einem Ost- oder Westfenster.

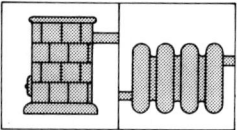

Nach den im eigenen Heim gegebenen Temperaturen während des Winters suche man «seine» Orchidee aus. Eine relative Luftfeuchte von etwa 65 % ist jedoch Bedingung jeder Orchideenhaltung.

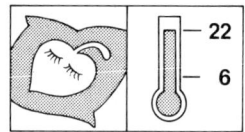

Die meisten Orchideen besitzen eine ausgeprägte Ruhezeit, in der bei niederen Temperaturen das Gießen stark einzuschränken ist. Höhere Luftfeuchtigkeit muß jedoch immer gewährt werden.

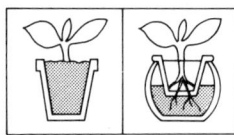

«Orchideensubstrat» besteht aus Farnwurzeln (Osmunda), Torfmoos (Sphagnum), Baumrinde und Buchenlaub, meist 3:2:1:1 gemischt. Man beschafft es sich aus einer Spezialgärtnerei. Hydrokultur beginnt sich durchzusetzen.

Gleichmäßige Feuchtigkeit des Substrates schadet. Man gieße zweimal wöchentlich durchdringend, lasse dazwischen das Substrat austrocknen. Hohe Luftfeuchtigkeit ist Bedingung! Gedüngt wird mit nur 0,05%iger Nährsalzlösung.

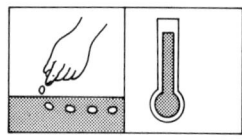

Die Anzucht gelingt nur in Spezialgärtnereien.

Orchideen stammen aus den verschiedensten Gebieten der Erde. Selbst in unserer Heimat existieren viele Gattungen sogenannter Freilandorchideen. Mit Ausnahme der Frauenschuhe sind ihre Blüten jedoch klein und ihre Haltung im Zimmer wegen der strengen Winterruhe, die dem Klima unserer Breiten angepaßt ist, nicht möglich. Anders ist es schon mit den sogenannten Tibetorchideen aus dem Himalajagebiet. Es sind unserem Frauenschuh vergleichbare Erdorchideen, die sich vor allem zur Pflege im Zimmer als «Fensterbrettorchideen» eignen. Die Mehrzahl der Orchideenarten stammt jedoch aus den tropischen Regenwäldern. Für sie sind die Existenzbedingungen in den Wohnungen wegen der geringen Luftfeuchte nicht optimal und für empfindliche Arten nur in Pflanzenvitrinen zu gewähren. Unter den rund 25 000 Orchideen gibt es aber zwei Dutzend Arten, die von Haus aus als genügsame und harte Pflanzen auch für einen normalen Zimmerstand geeignet sind. Diesen wollen wir hier unsere besondere Aufmerksamkeit widmen, denn es sind so begeisternd schöne Arten darunter, daß dort, wo der sprichwörtliche Wille vorhanden ist, auch der Weg zu ihrer erfolgreichen Pflege gefunden werden kann. Wer nämlich Rittersterne oder gar Jakobslilien Jahr für Jahr zum Blühen bringt, hat schon so viel Einfühlungsvermögen bewiesen, daß er als Krönung seines Hobbys durchaus zur Orchideenpflege übergehen und es mit den traditionellen Fensterbrettorchideen versuchen sollte. Dabei sind *Pleióne formosána, Lycáste skínneri, Paphiopedílum* (mehrere Arten Venusschuh), Kahnlippe *(Cymbídium spp.)* und Hohlnarbe *(Coelógyne cristáta)* die geeignetsten «Beginnerpflanzen».

Wer eine dieser Orchideen auf dem Fensterbrett zur Blüte brachte, wird sich bald die Frage vorlegen, ob der höhere Aufwand zur Pflege von Warmhausorchideen in einer Pflanzenvitrine nicht zuviel Kraft von den sonstigen Hobbys abzweigt und ob die Begeisterung so tragfähig ist, Orchideen auch im nichtblühenden Zustand über Monate hinweg aufmerksam zu betreuen. Guter Wille allein verhilft nämlich keiner dieser Orchideen zum Leben oder gar zum Blühen. Im nichtblühenden Zustand bieten Orchideen außerdem gar keinen Schmuck, verlangen unter allen Zimmerpflanzen aber mit den höchsten Betreuungsaufwand. Wer also aus diesen oder anderen Gründen auf den hohen Pflegeaufwand verzichten, aber trotzdem die Blütenpracht fremdländischer Orchideen im eigenen Heim bewundern möchte, der hole sich blühende Pflanzen aus der Gärtnerei ins Haus und gebe sie nach dem Abblühen wieder in sachkundige

Oncidie, *Oncídium varicósum var. rogérsii*

Hände zurück. Das ist überhaupt der beste Weg der Pflege von Warmhausorchideen, wenn kein eigenes Gewächshaus zur Verfügung steht. Man hat immer blühende Pflanzen im Heim, kann sein Können und sein Einfühlungsvermögen beweisen und spart trotzdem den Pflegeaufwand während der langen blütenlosen Zeit, in der die meisten Orchideen aus den Tropen eben doch am besten in einem Gewächshaus untergebracht sind.

Der Name Orchidee leitet sich von den sogenannten Bulben her, in denen viele Arten Reserven für die Ruhezeit und den nachfolgenden Blütenaustrieb speichern. Wegen ihrer Ähnlichkeit mit männlichen Keimdrüsen heißen sie nach griech. orchis = Hoden eben Orchideen und die Gattung Orchis zu Deutsch auch Knabenkraut. Alle mit solchen Bulben versehenen Orchideen machen eine Ruhezeit durch, in der nur so wenig gegossen werden darf, daß die Bulben höchstens geringfügig schrumpfen. Orchideen ohne solche Speicherorgane werden dagegen «ganzjährig», also ohne Ruhezeit, kultiviert.

Die Bulben selbst sind z. B. bei den Knabenkräutern paarweise unterirdisch angelegt. Bei anderen Orchideen sind es dagegen mehr oder weniger rundliche bis flaschenförmige Gebilde des Stengelgrundes. Vor dem Beginn der Ruhezeit wird jeweils eine neue Bulbe angelegt, während die älteren, hinten stehenden, allmählich vergehen.

Über das Gießen wurde in der Datenleiste zwar das Wesentliche gesagt, aber es muß hier deshalb noch einmal eindringlich wiederholt werden, weil sich bei einer Vielzahl von Orchideenliebhabern die Meinung festgesetzt hat, daß Orchideen in ständig feuchten Gebieten zu Hause sind und darum nicht genug gegossen werden könnten! Dieses große Feuchtigkeitsbedürfnis bezieht sich jedoch nur auf den Feuchtigkeitsgehalt der Luft. Im Wurzelbereich dagegen ist der Wechsel zwischen durchdringender Bewässerung und Austrocknung unter Vermeiden jeglicher stauender Nässe das Geheimrezept erfolgreicher Orchideenpflege. Die Wurzeln der Orchideen besitzen eine Außenschicht, die zum Aufnehmen von Luftfeuchtigkeit und Sauerstoff befähigt ist. Orchideenwurzeln sind geradezu lufthungrig! Diese Doppelfunktion der Wasseraufnahme und der Beteiligung am Gasaustausch muß unter allen Umständen erhalten bleiben. Aus dieser Besonderheit wird verständlich, daß das Kultursubstrat für Orchideen grob und durchlässig sein muß, und aus dem gleichen Grunde werden die Epiphyten unter den Orchideen in Lattenkörben kultiviert, keinesfalls in «geschlossenen» Tontöpfen. Im Sommer wird deshalb nur zweimal wöchentlich, im Winter nur alle 7 bis 10 Tage einmal durchdringend gewässert.

Höhere Luftfeuchte kann am besten in einer Pflanzenvitrine geboten werden. Die im weiteren Text für die Pflege auf dem Fensterbrett empfohlenen Orchideen gedeihen aber schon über einer wassergefüllten Schale, so wie es das Bild des Frauenschuhs zeigt. In ein geeignetes flaches Gefäß (es kann auch eine Fotoschale sein) werden je nach Größe und Bedarf ein bis mehrere irdene Blumentöpfe verkehrtherum eingesetzt, die Zwischenräume mit Kies oder Blähton ausgefüllt und etwa daumenbreit Wasser eingefüllt. Die Gefäße mit den Orchideen (aber auch Flamingoblumen, Ananasgewächsen und anderen feuchtigkeitsliebenden Pflanzen gefällt diese Art der Pflege) stellt man auf die Blumentopfsockel, so daß die Pfleglinge im feuchten Luftraum gut gedeihen können, ohne daß ihre Wurzeln im Wasserstau Schaden nehmen.

Über das Gießen lassen sich angesichts der unterschiedlichen Bedürfnisse kaum verallgemeinernde Angaben machen. Nährsalzgaben im Gießwasser (nur 0,05prozentig!) schaden während der Vegetationsperiode nicht. Die differenzierteren Ansprüche bestimmter Arten entnehme man dann der Fachliteratur.

Als sogenannte Fensterbrettorchideen eignen sich vorwiegend Erdorchideen aus kühleren Klimabereichen. Wir haben sie nach den Temperaturansprüchen während der Ruhezeit in Pflegegruppen unterteilt. Für einen Aufenthalt in den ständig geheizten modernen Wohnräumen empfiehlt sich die Einrichtung einer Pflanzenvitrine als Krönung der Haltung von Epiphyten, wie es Orchideen aus den Tropen nun einmal sind. In der Einteilung der Pflegegruppen halten wir uns aber zunächst an die einprägsamen Vergleiche, wie sie in der Fachliteratur neuerdings gebracht werden:

Zufriedene und gesunde Kakteen und Clivien zeigen an, daß es am Pflanzenstandort während des Winters kühl ist (5 bis 10 °C). Unter diesen Bedingungen gedeihen Frauen- bzw. Venusschuh aus dem Himalaja, weiterhin *Pleióne formósana* und *P. lampríchtii*, die sogenannten Tibetorchideen, auch die Hohlnarbe, *Coelógyne cristáta* und die kälteliebende *Odontoglóssum críspum*.

Venusschuh, *Paphiopedílum insígne*
Die erdbewohnende Gattung ist in Asien beheimatet. Unter den etwa 50 Arten eignet sich vor allem *P. insígne* für eine Haltung unter den angegebenen Bedingungen. Da Venusschuhe keine Speicherorgane ausbilden, müssen sie auch während der Ruhezeit im Vorwinter feuchter gehalten werden. Die Blütezeit liegt von Dezember bis März. Umgetopft

Venusschuh, *Paphiopedílum hybrídum*

wird alle drei Jahre nach der Blüte. Dabei sind die Wurzeln zu schonen und eine Scherbenunterlage zum besseren Wasserabzug einzubringen. Venusschuhe vertragen kein direktes Sonnenlicht!

Tibetorchideen, *Pleióne formosána* und *P. limpríchtii*
Die Pflanzen werden schon seit 150 Jahren in England auf den Fensterbänken kultiviert. In ihrer Heimat (*P. formosána* stammt aus Taiwan, *P. limríchtii* aus Tibet) gedeihen sie in Höhen über 1500 m an den Ufern von Schmelzwasserläufen. Es sind die idealen Pflanzen für einen Start in das Leben mit Orchideen, da man mit ihnen den Rhythmus des Orchideenlebens genau kennenlernt: ruhende Bulbe, Blütenaustrieb, Blattanlage, Ausbildung einer neuen Bulbe, Vergehen des Blattes, Ruhezeit.

Die ruhende Bulbe wird im März aus dem Topf herausgenommen und in frisches Substrat soweit eingesenkt, daß sie zur Hälfte herausschaut. Dazu werden Sumpfmoos, Torf und halbverrottetes Buchenlaub zu gleichen Teilen gemischt, nach dem Einsenken der Bulbe jedoch allein mit Sumpfmoos abgedeckt.

Zunächst erscheint im April eine reizende Orchideenblüte auf 10 bis 15 cm hohem Stengel. Die Pflanzen wirken am besten, wenn sie zu mehreren nebeneinander in einem geeigneten Gefäß kultiviert werden. Im Mai treibt das Blatt, das im Laufe des Jahres eine neue Bulbe an seiner Basis ausbildet. Über Sommer können Pleionen an geschützter, halbschattiger Stelle auch im Garten oder auf einem Balkon (aber immer in feuchtes Erdreich eingesenkt) stehen. Dünger darf Pleionen jedoch niemals gegeben werden! Im Herbst schwindet das Blatt. Jetzt wird das Substrat nur noch ganz leicht feucht gehalten, bis sich dann die kühle (4 bis 8 °C) und trockene Überwinterung anschließt. Das Schrumpfen der Bulben ist durch höhere Luftfeuchte zu verhindern.

Im Verhältnis zu den kleinen Pflanzen danken überraschend große, zartviolette Blüten dem Liebhaber die aufmerksame Pflege. *Pleióne limríchtii* ist in allem kleiner, eignet sich aber ebenso zur Pflege auf der Fensterbank.

Hohlnarbe, *Coelógyne cristáta*
Auch die Hohlnarben stammen aus dem Himalaja, allerdings von den klimatisch begünstigten Südhängen. Sie wünschen deshalb während der Wachstumszeit (Mai bis August) feuchtwarme Bedingungen, während der Ruhezeit (Oktober bis Dezember) jedoch einen kühlen Stand. Hohlnarben sind Epiphyten. Man pflegt sie deshalb in Lattenkörben oder in durchbrochenen Tonschalen. Die ab Januar erscheinenden weißen Blüten erreichen bis 8 cm im Durchmesser, besitzen einen gelben Mittenfleck (siehe Foto) und vergehen

schließlich im Laufe des März. Sie zählen zu den dankbarsten Zimmerorchideen, deren Pflege dem künftigen Orchideenliebhaber zuerst empfohlen werden kann. In der Ruhezeit ist das Gießen so weit einzuschränken, daß die Bulben leicht einschrumpfen. Im Sommer ist Freilandkultur, hängend an einem schattigen Standort, möglich.

Odontoglossum, *Odontoglóssum críspum*
Die Gebirgslagen Kolumbiens mit Höhen von 2500 bis 3000 m sind die Heimat dieser ausgesprochenen Kalthausorchidee (vergl. auch die nachfolgende Pflegegruppe unter *Odontoglóssum*). Die Haltung entspricht ganz den für die Hohlnarben gegebenen Empfehlungen. Je Bulbe werden zwei bis drei Blätter ausgebildet. Die Blütenrispe trägt bis zu 20 sternenförmige Blüten, die bis zu 10 cm im Durchmesser erreichen können. Von Oktober bis März währt die Blütezeit. Während des Sommers ist ebenfalls für feuchte Luft zu sorgen, so daß auf den riskanteren Freiluftaufenthalt lieber verzichtet werden sollte, falls man nicht in Gewässernähe wohnt. Die Blüten sind ganz verschieden gefärbt: rosa, weiß, rot getupft oder bräunlich marmoriert.

Oncidie, *Oncídium ornithorhýnchum*
Unter den vielen Arten der Gattung ist *O. ornithorhýnchum* aus Mexiko und Guatemala mit ihren vielblütigen Rispen rosaroter duftender Blüten eine reizende und empfehlenswerte Zimmerorchidee für einen kühlen, aber hellen Stand. An eiförmigen Bulben sitzen je 2 schmale, 30 cm lange Blätter. Der verzweigte Blütenschaft hängt über und trägt zwar nur kleine (bis 2 cm im Durchmesser erreichende), aber in ihrer Vielfalt dennoch prächtig wirkende Blüten, die auffällig nach Vanille duften. Blütezeit: Oktober bis Dezember. Ruhezeit mit geringen Wassergaben nach der Blüte bis März. Dieses Oncídium könnte auch zusammen mit den Arten der folgenden Pflegegruppen gehalten werden.

Liegen die Temperaturen zwischen 10 und 18 °C, entsprechen die Lebensbedingungen denen des sogenannten temperierten Hauses. Dann werden aber neben Begonien, Anthurien, Azaleen und Alpenveilchen auch *Cymbidien*, *Odontoglóssum*, *Cattléyen* neben *Paphiopédilum venústum* und *Lycáste skínneri* bei guter Pflege blühen und gedeihen können:

Kahnlippe, *Cymbídium spp.*
Die Vertreter dieser Gattung stammen aus Südchina, Assam und Nordaustralien. Für den Zimmergärtner

Cymbídium spp. (oben links),
Coelógyne cristáta (oben rechts),
Pleióne formosána (unten)

empfehlen sich die neuerlich gezüchteten Zwergcymbidien, die im Sommer wärmeverträglicher sind und die trotz ihrer handlichen Größe immer noch sehr ansehnliche Blütenrispen hervorbringen. In der Wahl des Gefäßes – Korb oder Topf – überlassen sie dem Liebhaber die Entscheidung. Ihre Bulben stecken halb im Boden und werden zum Teil von der Vielzahl schilfartiger Blätter verdeckt. Mitten in unserem Winter treiben sie die Rispen mit den handtellergroßen, wochenlang haltbaren Blüten von unterschiedlicher Farbe. Gelbgrüne bis weinrote Farbtöne überwiegen. Ab März sind Wärme, Licht und Feuchtigkeit zu gewähren; es ist regelmäßig zu düngen. Von Juni bis September ist ein halbschattiger Stand im Garten möglich. Bis Anfang August haben sich die neuen Bulben gebildet. Jetzt sind sie trockener und kühler zu halten, bei einem Stand auf der Veranda ist auch nachts zu lüften. Im Herbst und im Winter sollen etwa 16 °C als Durchschnittstemperatur angestrebt werden, bis sich dann Anfang Dezember mit dem Knospenansatz der Kreis des Jahres wieder schließt. Das Substrat und die Bulben werden auch während der Blüte nur durch Sprühen leicht angefeuchtet. Verpflanzt wird alle 3 Jahre im Frühjahr nach der Blüte.

Lycaste, *Lycáste skínneri = L. virginális*

Etwa 40 Arten wurden von der Wissenschaft der Gattung mit dem griechischen Mädchennamen untergeordnet, obwohl alle auf den Karibischen Inseln und von Mexiko bis Brasilien beheimatet sind. Die seltene weiße Varietät unserer Art ist übrigens die Nationalblume von Guatemala. Ihre Bulben werden etwa 10 cm groß, die zwei bis drei Blätter je Bulbe bis 60 cm lang. Die wächsernen, duftenden, einzeln stehenden Blüten auf etwa 30 cm langen Stielen erreichen bis 15 cm im Durchmesser. Sie sind meist rosa gefärbt, und die purpurfarbene Lippe hat einen weißfleckigen Vorderlappen. Sie zählen mit zu den schönsten Zimmerorchideen. Die Blütezeit liegt zwischen November und März. Mit dem Einsetzen des Laubfalls (und damit dem Beginn der Ruhezeit) soll den Pflanzen durch feinstes Versprühen von Wasser nur so viel Feuchtigkeit zugeführt werden, daß die Bulben nicht schrumpfen. Die Kultur empfiehlt sich in Töpfen mit guter Drainage.

Cattleyen, *Cattleya spp.*

Cattleyen sind nach dem englischen Gärtner und Botaniker W. Cattley benannt. Es existieren etwa 40 Arten in Süd- und Mittelamerika. Die vorwiegend kleinen und damit für den Zimmergärtner besonders geeigneten Epiphyten besitzen spindelförmige Bulben bis zu 3 Blättern. Die Blüten sind bei mehreren Arten sehr ansehnlich, groß, schön gefärbt und sitzen zu mehreren an einem Schaft. Für die meisten Pflanzenliebhaber verkörpern sie den Typ der Orchidee schlechthin. Für jede der Pflegegruppen gibt es geeignete Cattleyen. *C. aurantíaca* mit orangeroten und *C. cítrina* mit zitronengelben Blüten gehören in die erste Gruppe für kalte Überwinterung. Zu den Arten mit temperierten Ansprüchen zählen die rosa- bis violettblütigen Arten *C. skínneri, harrisoniána, intermédia* und *loddigésii.* Gelbliche Blüten mit rotbrauner Punktierung besitzen *Cattleya aclándiae* und *C. guttáta.* In die nachfolgende Gruppe mit den Ansprüchen des Warmhauses würden Brassocattleyen (die Lufttrockenheit besser tolerieren) gehören, in eine Pflanzenvitrine dagegen die gelbblühende *C. dowiána.*

Wenn wir mehrere Cattleyenarten aufzählten, dann mit dem Wunsch, daß der Liebhaber in der Regel nur die blühenden Pflanzen im Zimmer pflegen sollte, nach der Blüte die Pflanzen jedoch wieder in die sichere Umgebung eines Gewächshauses, einer Pflanzenvitrine oder überhaupt in die Hände eines Orchideengärtners gibt.

Odontoglossum, *Odontoglóssum gránde* und *cirrhósum*

Die Gattung ist in den Gebirgslagen von Mexiko bis Bolivien mit reichlich 100 Arten verbreitet. Der wissenschaftliche Name läßt sich mit Zahnlippe übersetzen und bezieht sich auf den Bau der Blütenlippe. Die Bulben der beiden angeführten Arten tragen ein bis zwei Blätter und während der Blütezeit ansehnliche Rispen sternförmiger Blüten bis zu 15 cm im Durchmesser. Ihrer Herkunft aus den feuchten und kühlen Gebirgslagen entsprechend, sind sie vor allem in unserem Sommer möglichst kühl, luftig und schattig zu halten.
O. cirrhósum: Blüten weiß, karminrot gefleckt. Blütezeit April bis Juni, Ruhezeit Oktober bis April. Während der Ruhe trocken halten, nur wenig sprühen, erst mit dem Blütenaustrieb wieder gießen.
O. gránde = Rossioglóssum gránde: Blüten gelb mit braunroter Querbänderung. Blütezeit September bis Dezember, Ruhezeit Dezember bis März; dabei das Schrumpfen der Bulben durch Sprühen mit Wasser vermeiden.

Oncidie, *Oncídium tigrínum*

Neben *O. omithorhýnchum* (siehe vorstehende Pflanzengruppe) ist auch *O. tigrínum* für einen hellen (Ost- oder Westfenster) Zimmerstand geeignet, benötigt jedoch die Wärmeverhältnisse, die dem temperierten Haus entsprechen. Den

Odontoglóssum gránde = Rossiglóssum gránde (oben links),
Lykáste skínneri (oben rechts),
Dorithaenópsis-Hybride (unten links),
Vuylstekeára-Hybride (unten rechts)

großen Bulben entspringen zwei bis drei Blätter. Der aufrechte Blütenschaft trägt von Oktober bis Dezember eine Anzahl duftender, goldlippiger, gelbbraun getigerter großer (bis 7 cm Durchmesser) Blüten. Eine kurze kühl-trockene Ruhezeit ist von August bis Oktober einzuhalten, bei der die Bulben jedoch nicht schrumpfen dürfen.

Oncídium críspum ist der vorstehenden Art ähnlich, muß jedoch weniger hell, höchstens halbschattig am Nordwest- oder Nordostfenster stehen.

Sophronitis, *Sophronítis coccínea* -

Die Gattung vereinigt nur einige kleine Arten aus Mittelgebirgslagen Südbrasiliens. Sie gedeihen am besten auf einem Block rissiger Rinde, auf dem sie mit ein wenig Pflanzmaterial festgebunden werden. Es sind reizende Pflanzen für Liebhabersammlungen. Die Bulben dieser Epiphyten tragen nur ein Blatt und wirken im nichtblühenden Zustand recht unscheinbar. Erst wenn sich die großen und prächtigen Blüten öffnen, bestaunt man dieses Wunder an Farbenpracht. Unter den beiden empfehlenswerten Arten besitzt *S. cérnua* kleinere (3 cm Durchmesser) leuchtend zinnoberrote Blüten mit orangefarbenem bis gelbem Lippengrund, *S. coccínea* dagegen leuchtend scharlachrote Blütenblätter mit ebenfalls orangefarbenem bis gelbem Lippengrund.

Beide Arten blühen zwischen November und Februar, die Ruhezeit ist nur leicht angedeutet (unmittelbar vor der Blüte).

Stanhopea, *Stanhópea hernandézii*

Es sind Epiphyten, deren Blüten immer nach unten aus dem Substrat herausbrechen. Man verwendet deshalb nur Lattenkörbe zur Kultur dieser dankbaren Orchidee mit den großen weißgelben, violettgefleckten Blüten. Die Blütezeit liegt zwischen Juli und September, die Ruhezeit von Oktober bis März. Dabei ist die Temperatur auf etwa 12 bis 15 °C abzusenken. Mit gelegentlichem Besprühen des Pflanzsubstrates wird das Schrumpfen der Bulben und das Abfallen der Blätter verhindert. Während der Wachstumszeit ist feuchte Wärme zu bieten und alle 14 Tage mit Nährsalzlösung (nur 0,05%ig) zu düngen.

Venusschuh, *Paphiopedílum spp.*

Venusschuhe wurden bereits unter den Kalthausorchideen charakterisiert. Unter etwas wärmeren Verhältnissen lassen sich die Arten *C. callósum, venústum* und wiederum *insígne* pflegen. Daneben existiert eine große Zahl von Hybriden. Alle zählen mit den sehr haltbaren weiß-grün(-purpur) gestreiften Blüten zu den am meisten kultivierten Orchideen. Blütezeit: Spätherbst oder Winter.

Wo Weihnachtssterne, Usambaraveilchen, Gummibäume und tropische Farne wachsen, werden am Tage um 20 °C Wärme erreicht, des Nachts erfolgt eine Temperaturabsenkung auf 2 bis 3 °C. Unter der Voraussetzung einer Luftfeuchtigkeit von etwa 70 Prozent wachsen dann aber auch *Phalaenópsis* und die schmalrippige *Doritaenópsis.*

Phalaenopsis, *Phalaenópsis spp.*

Der wissenschaftliche Name ist von griech. phalaina = Nachtfalter und opsis = Aussehen abgeleitet. Er bezieht sich nur auf die Form der großen, schmetterlingsähnlichen, dekorativen Blüten. Die Arten sind über Indien, Indonesien, die Philippinen und Neuguinea bis Nordaustralien verbreitet. Alle leben als Epiphyten, ohne jedoch Bulben auszubilden, in Klimabereichen, die kaum jahreszeitliche Schwankungen aufweisen. Eine Zimmerpflege sollte sich deshalb auf die Blütezeit beschränken, weil diese Orchideen im Warmhaus oder in der Pflanzenvitrine besser aufgehoben sind. Zur Pflege im Warmhaus sind hohe Luftfeuchte bei reichlicher Schattierung notwendig. An kurzem stabilem Stengel sitzen bei *Phalaenópsis* zweizeilig angeordnet fleischige Blätter, während der Blütenstand seitlich herausbricht.

Die herrlichen Blütenrispen zeichnen sich durch lange Haltbarkeit aus (12 bis 16 Wochen). Die Farbpalette umfaßt weiß, weiß mit roter Lippe, gelb, rosa und violett.

Doritaenopsis, *Doritaenópsis spp.*

Es sind Hybriden aus *Phalaenópsis x Dorítis.* Sie vereinen die intensiven Blütenfarben der Doritis mit der ansprechenderen Form der Phalaenopsisblüten. *Doritaenópsis* sind härter als die *Phalaenópsis* und bei guter, einfühlsamer Pflege auch für eine Haltung auf dem Fensterbrett geeignet. Sie blühen hauptsächlich vom Spätsommer bis zum Winter. Die Kultur kann hängend in Orchideenkörben, besser aber in Töpfen oder durchbrochenen Orchideenschalen über dem Wassergefäß auf der Fensterbank erfolgen. Bei zu schattigem Standort läßt die Blühwilligkeit nach. Nach der Blüte reichen 16 °C Wärme bei mäßiger Feuchtigkeit aus. Die etwas fleischigen Blätter dürfen dabei jedoch nicht schrumpfen. Eine Düngung mit 0,05%iger Nährsalzlösung alle 2 bis 4 Wochen ist vorteilhaft.

Phalaenópsis-Hybride (oben),
Dendróbium-Nóbile-Hybride (unten links),
Phalaenópsis-Hybride (unten rechts)

Palmen

Sammelbegriff für eine Vielzahl von Arten
in etwa 60 Gattungen

Durch die Ferienreisen nach dem Süden sind Palmen wieder zu Ansehen gekommen. Unter den beschriebenen Arten ist jedoch allein das Kokospälmchen, *Microcoëlum weddeliánum,* für einen Stand in dauerbeheizten Wohnräumen geeignet.

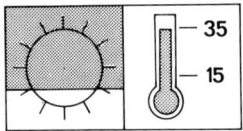

Wärme, Feuchtigkeit, aber auch Schatten sind die Lebensbedingungen für Palmen, die man hierzulande meist nur im Sommer leicht erfüllen kann.

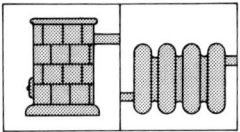

Außer dem Kokospälmchen benötigen alle anderen Arten einen etwas kühleren Winterstand, am besten in einer Veranda oder in einem Wintergarten bei geringer Heizung.

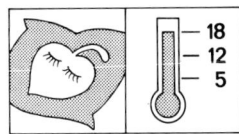

Je nach den Wintertemperaturen des Raumes suche man sich aus einer der drei Pflegegruppen eine geeignete Palme aus. Im Winter nicht zu naß halten!

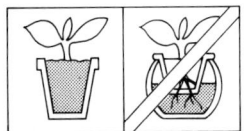

Palmen benötigen ein nährstoffreiches, durchlässiges Substrat: Mistbeet- oder Komposterde, Laub- oder Heideerde, Lehm und Sand (3:1:1:1). Eine Scherbenunterlage gewährt den notwendigen Wasserabzug.

Die Erde darf niemals austrocknen, aber «nasse Füße» werden nicht vertragen. Mit Hornspänen (der Erde im Verhältnis 1:50 untermischen) oder regelmäßigen sommerlichen Nährsalzgaben (2 g/l) düngen.

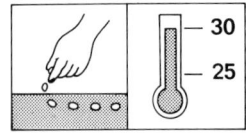

Dem Liebhaber gelingt die Anzucht von Dattel- und Zwergpalmen; «Kerne» zwei Tage in warmes Wasser legen (30 bis 35 °C), dann in feuchte Sägespäne stecken, warm stellen und geduldig warten.

Obwohl Palmen vor allem in den Tropen und Subtropen beheimatet sind und von Hause aus Wärme und hohe Luftfeuchtigkeit beanspruchen, benötigen sie in unserem Klima während des Winters einen relativ kühlen Stand. Nur das Kokospälmchen hält bei guter Pflege in den warmen Wohnräumen aus. Früher hielt man Palmen im Wintergarten und gab ihnen während des Sommers einen geschützten Platz im Freien. Sie nehmen bei voller Sonne jedoch nur Schaden, so daß man sie lieber ganzjährig an ihrem Platz belassen sollte. In geeigneten Räumen halten sich die Jungpflanzen einiger Arten bei halbschattigem Stand überraschend gut, und zur Not kann man ja immer noch die pflanzliche Dekoration wechseln, wenn der gute Wille bei der Haltung von Palmen doch nicht zum Erfolg führen sollte. Die trockene Luft überheizter Räume vertragen die meisten Palmen nämlich nicht. Ihre Blattspitzen bzw. die Randpartien der Fiederblättchen vertrocknen dann, und schon bald wird die ganze Pflanze unansehnlich.

Entgegen der landläufigen Meinung benötigen Palmen zu gutem Gedeihen keine Sonne, sondern einen zwar hellen, aber schattigen Platz, genau so, wie es das Sonnensymbol in der Datenleiste anzeigt. Die tiefstehende Wintersonne richtet dagegen keinen Schaden an.

Palmen brauchen ausreichende Wassergaben, ohne stauende Nässe zu verlangen. Im Sommer muß bei heißem Wetter dann zweimal gegossen, im Winter dagegen sehr maßvoll mit dem nassen Element umgegangen werden. Für höhere Luftfeuchtigkeit sind alle Palmen dankbar. Die Wedel sind in entsprechenden Abständen abzuwaschen und dabei vom Staub zu befreien. Auch ein warmer Sommerregen kann dazu mit gutem Erfolg genutzt werden.

Jüngere Pflanzen werden im Frühjahr umgetopft, ältere können zwei und mehr Jahre im gleichen Gefäß verbleiben. Alte Dekorationspflanzen vertragen ein ganzes Jahrzehnt im gleichen Kübel. Beim Eintopfen ist die Erde fester als bei anderen Pflanzen üblich anzudrücken bzw. einzufüllen, weil Palmen mit ihren stabilen Wurzeln sonst den Wurzelballen aus dem Gefäß herausdrücken.

Der Name Palme leitet sich von lat. palmátus = handförmig ab. Damit ist die Wedelform der Fächerpalmen gemeint, bei denen alle Fiederblättchen einem Ausgangspunkt am Ende des Blattstiels entspringen, wie z. B. bei den Livistonien oder Zwergpalmen. Ebenso dekorativ wirken jedoch die am Blattstiel verteilten Fiederblätter, wie bei der Dattelpalme.

Dattelpalme, *Phoénix canariénsis*

Unsere Einteilung der Palmen in drei Pflegegruppen richtet sich allein nach den Temperaturansprüchen während des Winters. In den sonstigen Ansprüchen gibt es dagegen kaum Unterschiede.

Palmen für einen warmen Winterstand bei 18 bis 22 °C:

Kokospälmchen, *Microcoēlum weddeliánum*
Sie sind die einzigen Palmen, die bei guter Pflege auch im modernen Wohnklima ausdauern. Gute Pflege heißt: Feuchthalten des Pflanzensubstrats, Begrenzen der winterlichen Raumtemperatur auf höchstens 22 °C und regelmäßiges Abwaschen des Staubes auf den Wedeln.

Kokospälmchen wachsen recht langsam, geraten deshalb nicht so schnell außer Form und können ohne weiteres 10 bis 12 Jahre alt werden, bevor ein Zimmer üblicher Größe auch für sie zu klein wird. Sie stammen aus Brasilien, haben mit dem Lieferanten der Kokosnüsse aber gar nichts gemein. Die beiden vorderen Fiederblättchen sind immer am Grunde verbunden und meist auch noch mit einem der nachfolgenden Blättchen völlig verwachsen, so daß man sie sicher ansprechen kann. Mit 5 Jahren haben sie etwa 1 m Höhe erreicht, und schon bei jungen Palmen zieren Blüten- und Fruchtstände in Gelb bis Korallenrot mit später schwarzen Früchten (Foto Seite 33).

Palmen für einen Winterstand bei 12 bis 15 °C:

Bergpalmen, *Chamaedórea élegans*
Ihre Heimat sind die feuchten und schattenspendenden Bergwälder von Mexiko und Guatemala. Es sind ebenfalls kleine Palmen, die im Zimmer höchstens 2 m Höhe erreichen. Das zierliche Stämmchen trägt den Schopf der etwa 1 m langen, anmutig überhängenden Wedel. Die 12 bis 14 Fiederblättchenpaare stehen nahezu rechtwinklig von der Mittelrippe ab, nur das vordere Paar nimmt etwa die Verlängerung der Wedelachse auf. Gelb bis orangerote, duftende Blütenstände erscheinen ebenfalls schon bei jüngeren Pflanzen (Foto Seite 33).

Kentien, Howe-Palmen, *Hóweia spp.*
Es sind aufstrebende Palmen mit lang gestielten Wedeln, die bereits in der Jugend sehr dekorativ wirken. Sie stammen von der Lord-Howei-Insel im Stillen Ozean, womit zugleich der aktuelle Name erklärt ist. Früher waren sie nach dem englischen Gärtner W. Kent benannt. Es existieren zwei Arten mit den folgenden Merkmalen:
Hóweia belmoreána: gedrungener Wuchs, rötliche Blattstiele, bläulichgrüne Fiederblättchen, unverzweigte Blütenstiele.

Hóweia forsterána: schlanker Wuchs, grüne Blattstiele, frischgrüne Fiederblättchen, verzweigte Blütenstiele.

Die Howe-Palmen vertragen im Winter Temperaturen bis 5 °C herab, sind gegenüber direkter Sonneneinstrahlung aber extrem empfindlich!

Livistonien, *Livistóna spp.*
Es sind Fächerpalmen, bei denen alle Fiederblättchen aus einem Zentrum entspringen. Ihren Namen tragen sie zu Ehren des schottischen Barons of Livistone. Die beiden hier vorzustellenden Arten sind:
Livistóna chinénsis aus Südchina, Blattstiele schwach bestachelt, Wedel dunkelgrün.
Livistóna austrális aus Australien, Blattstiele stark bestachelt, Wedel heller grün als bei der vorigen Art.

Palmen für einen Winterstand bei 5 bis 10 °C:

Zwergpalmen, *Chamaērops húmilis*
Es sind die einzigen in Europa heimischen Palmen. Sie wachsen rings um das Mittelmeer und nach Norden bis Nizza. Auch auf der Krim gedeihen sie ganzjährig im Freien. Ein Stämmchen wird erst im Alter ausgebildet. Die halbkreisförmigen Wedel sind vom Rand her bis zur Basis hin geschlitzt, und ihr Stiel ist scharf bedornt. Unter allen Palmen sind die Zwergpalmen die zierlichsten, sie nehmen viele Jahre sogar mit einem Platz auf dem Fensterbrett vorlieb. Während des Sommers können sie im Freien stehen und vertragen dann auch einen vollsonnigen Stand, wenn sie nach dem Winter allmählich daran gewöhnt werden.

Dattelpalmen, *Phóenix canariénsis, roebelénii* und *loureírii*
Die Griechen kannten Dattelpalmen aus Phönikien, dem heutigen Syrien, und sie gaben ihnen bzw. ihren Früchten den Namen ihrer Heimat. Unter den etwa 10 Arten der Gattung stammen die in den Zimmern gehaltenen «Dattelpalmen» jedoch von den Kanarischen Inseln. Da sie sich alle aus Samen sehr leicht heranziehen lassen, sind auch die echten Dattelpalmen, *Phóenix dactylífera*, wenigstens als Jungpflanzen weit verbreitet. Der stricknadelartige erste Trieb entfaltet sich erst sehr spät. Die Jungpflanzen benötigen einen fensternahen, aber keinesfalls sonnigen Platz. Die erste Überwinterung sollte bei 15 bis 18 °C erfolgen, später sind 10 bis 12 °C ideal.

Dattelpalmen sind von straffem, fast strubbeligem Wuchs. *Phóenix canariénsis* besitzt gefaltete Fiederblättchen, *Ph. roebelénii* und *loureírii* sind dagegen viel zartere Erscheinungen mit überhängenden Wedeln und herabhängenden dünnen Fiederblättchen.

Kentie, *Hóweia forsterána*

Passionsblume

Granadilla   *Passiflóra caerúlea*

Die Lieblingsblumen unserer Großeltern sind heute wieder ganz modern. So auch die Passionsblumen mit den großen, interessanten und prächtigen Blüten von 8 bis 10 cm Durchmesser, die wegen ihres auffälligen Blütenbaus zu phantasievoller Deutung Anlaß geben.

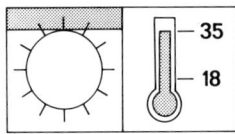

Passionsblumen gedeihen an einem sonnigen und luftigen Platz bei beliebigen Sommertemperaturen am besten. Bei zu dunklem Stand bilden sie dagegen kaum Blüten aus.

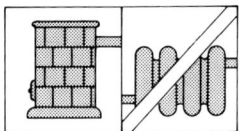

Ohne einen kühlen Winterstand zeigen sie gar keinen Blütenansatz. Das traditionelle Wohnklima mit Ofenheizung oder ein Stand·in einer Veranda bieten deshalb die besten Bedingungen.

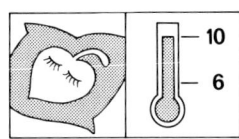

Von November bis Januar währt die Ruhezeit, in der nur bei kühlem und fast trockenem Stand die Blütenknospen angelegt werden.

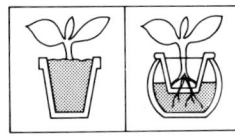

Ein nährstoffreiches Substrat aus Mistbeet- oder Komposterde, Torf und Sand (3:1:1) wird von den Gärtnern bereitet. Haltung in Hydrokultur ist zu empfehlen (Nährsalzlösung 1 bis 2 g/l).

Gleichmäßige Feuchtigkeit des Wurzelballens ist vor allem bei einem sonnigen Stand zu gutem Gedeihen notwendig. Gedüngt wird von Mai bis August alle 14 Tage mit Nährsalzlösung (0,1- bis 0,2%ig).

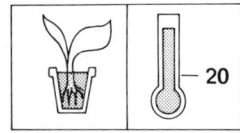

Im Juni oder Juli eine Ranke in Abschnitte mit 2 bis 3 Blättern zerteilen. In kleinen Töpfen mit Torf-Sand-Mischung (1:1), bei gespannter Luft, Schatten und mittlerer Wärme bewurzeln sie in etwa 4 Wochen.

Von faszinierender und eigenartiger Schönheit sind die Blüten der Passionsblumen, deren einzelne Teile in verschiedenen Tönungen von Weiß und Gelb, Blau, Violett und Orange miteinander harmonieren. Ein blau oder violett gespitzter Fadenkranz umgibt Staubbeutel und Fruchtblätter. Es ist kein Wunder, daß man diesen exotischen Blüten mystische Bedeutung unterlegte. In den drei Narben glaubte man die Nägel, in den Staubbeuteln die Wundmale und im Fadenkranz die Dornenkrone Christi zu erkennen. Diese religiöse Deutung führte sogar zu einer Änderung des ursprünglichen Namens, denn die seinerzeit bekannten Arten waren im 16. Jahrhundert als Granadilla aus Südamerika zu uns gebracht worden. In ihrer Heimat schätzte man sie vor allem wegen der wohlschmeckenden Früchte.

Passionsblumen sind in allen Arten üppige Rankenpflanzen. Sie sind vielfach gekreuzt worden, aber als Zimmerpflanzen hat sich die reine Art *Passiflóra caerúlea* als die härteste durchgesetzt, während die meisten Arten der Gattung durch zu üppigen Wuchs aus dem Rahmen des im Zimmer Vertretbaren herausfallen. *Passiflóra caerúlea* zeigt weiße Blütenblätter mit blauer Strahlenkrone und purpurnem Griffel. *P. violácea* hat violette Blütenblätter und eine weiße, violett gespitzte Strahlenkrone. Die schönste Art wird in *P. racemósa* gesehen, die scharlachrote Blütenblätter und einen blaugespitzten Strahlenkranz besitzt. Hybriden zwischen diesen Arten und wiederum anderer Färbung befinden sich zusätzlich im Angebot.

Für eine erfolgreiche Pflege im Zimmer ist zu beachten, daß die Passionsblumen nicht nur viel Licht, sondern auch Sonne an einem möglichst luftigen Stand benötigen. Da sie lange Ranken bilden, werden sie an Spalieren meist im Kreis geleitet. Man kürzt die Ranken übrigens im Frühjahr auf 6 bis 8 Augen zurück, um guten Austrieb und reichen Blütenansatz zu erreichen. Wenn sie gar nicht blühen, dann kappe man den Haupttrieb bis auf 4 bis 6 Blätter. Von den dann austreibenden Seitentrieben lasse man wiederum nur je 2 bis 3 Blätter stehen, denn Passionsblumen blühen fast ausschließlich an den Seitentrieben. Im Sommer können sie auch auf der Loggia oder auf dem Balkon stehen. Heiße Mittagssonne halte man jedoch von ihnen ab.

Auch in Hydrokultur muß die winterliche Ruhezeit eingehalten werden. Die Nährlösung wird dann ausgegossen und der Kies nur einmal wöchentlich benetzt, das durchgeflossene Wasser jedoch wieder ausgeschüttet.

Der wissenschaftliche Name ist wie der deutsche von lat. passio = Leiden und flos = Blume zusammengesetzt.

Passionsblume, *Passiflóra caerúlea*

Pfeffer
Pfeffergesicht

Píper nígrum

Peperómia spp.

Außer dem dekorativen, aber empfindlichen *Píper ornátum* sind Pfeffergewächse robuste Mitbewohner unserer Wohnungen, die als Blattpflanzen mit dem interessanten Farbmuster der Peperomien belebend zum Zimmerschmuck beitragen.

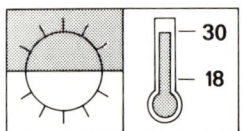

Sie wünschen alle einen hellen, jedoch vor direkter Sonneneinwirkung geschützten, ganzjährig warmen Stand.

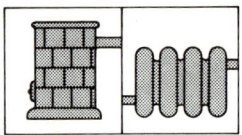

Bei gleichmäßiger Feuchtigkeit des Erdreiches wird die trockene Zimmerluft selbst bei Fernheizung gut vertragen.

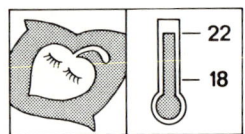

Sie halten sich in geheizten Räumen auch im Winter gut und können am gewohnten Platz verbleiben.

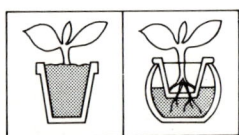

Blumenerde verrichtet ihren Dienst, auch wenn die Gärtner Laub- und Mistbeeterde, Torf und Sand im Verhältnis 2:2:1:1 mischen. Hydrokultur ist möglich.

Gelegentliches Austrocknen schadet nicht, wohl aber stagnierende Nässe. Gleichmäßige Feuchtigkeit mit regelmäßigen Nährlösungsgaben im Sommer tragen am besten zu langer Haltbarkeit der Pfeffergewächse bei.

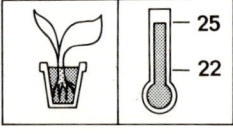

Vermehrt wird durch Stecklinge, die sich allerdings nur bei hoher Bodenwärme und gespannter Luft in Stecklingssubstrat (Torf und Sand 1:1) bewurzeln.

Piper ist der lateinische Name der Pflanzen, der sich von griechisch péperi ableitet, der Bezeichnung für den Gewürzpfeffer. Der schwarze Pfeffer, *Píper nígrum,* ist nach der schwarzen Farbe der getrockneten Beeren benannt, liefert aber auch den weißen Pfeffer, wenn die Früchte entsprechend behandelt werden.

Zimmerhart ist innerhalb der Gattung Piper nur dieser schwarze Pfeffer, der nach den Empfehlungen der Datenleiste zu behandeln ist. Er ähnelt den Philodendren und wird gleich diesen als indifferente Grünpflanze verwendet. Daneben existieren mit *Píper crocátum, P. ornátum, P. porphyrophýllum* und *P. sylváticum* buntgefleckte und überaus dekorative Arten, die jedoch nur in Pflanzenvitrinen bei gleichmäßiger Luftfeuchte und gleichbleibend höherer Temperatur zu halten sind. Am meisten verbreitet unter ihnen ist *Píper ornátum* mit den ornamental gemusterten, rosa bis weißlich gefleckten Blättern.

Pfeffergesicht, *Peperómia*

Auch hier ist der Pfeffer über griech. péperi ergänzt durch griech. homoíos = gleich, ähnlich im Pflanzennamen enthalten, denn einige Peperomen sehen der nahe verwandten Gattung Piper recht ähnlich und sind darüber hinaus mit viel mehr Arten als die Gattung Pfeffer unter den Zimmerpflanzen verbreitet. Schon auf den ersten Blick sind sie durch ihre weißlichen oder elfenbeinfarbenen Anteile in den nur noch partieweise grünen Blättern als Pfeffergesichter zu erkennen.

Die Zahl der Arten ist so groß, daß sie hier gar nicht alle genannt werden können, zumal sie einander doch sehr ähneln. Wir wollen hier nur zwischen den aufrecht wachsenden und den Hängeformen unterscheiden. Zu den ersteren zählt als bekannteste Art *Peperómia obtusifólia* (jetzt *clusiifólia*), das stumpfblättrige Pfeffergesicht, das etwas starr und steif, aber dennoch interessant emporstrebt und ein wirkungsvolles Pendant zu anderen Grünpflanzen bildet. Weitere Arten besitzen schildförmige Blätter (*P. arifólia* und *P. argyréira,* letztere mit roten Blattstielen), blasig aufgetriebene Blattpartien (die Waschbrettpflanze *P. caperáta*), zweiseitig zugespitzte Blätter *(P. glabélla)* und andere interessante Blattformen und -zeichnungen (*P. obtusifólia* s. Seite 33 vorn).

Unter den hängenden Arten sind *P. rotundifólia* mit kleineren runden Blättern und *P. sérpens* 'Variegata' mit den rahmweiß gezeichneten Blättern zu nennen, die oft zur Schalenbepflanzung verwendet werden.

Pfeffergesicht, *Peperómia sérpens* 'Variegáta'

Alpenveilchen

Cyclámen pérsicum

In ihrer Beliebtheit scheinen Alpenveilchen von allen Modeströmungen unberührt zu sein, denn sie sind in Mitteleuropa nach wie vor die am meisten gekauften Zimmerpflanzen.

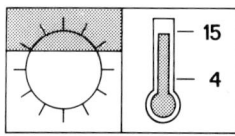 Alpenveilchen wollen im blühenden Zustand hell aber kühl stehen, wofür sich ein Platz zwischen einem Doppelfenster nach Westen oder Osten als der am besten geeignete erweist.

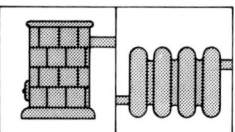 Man kann Alpenveilchen in jedem Raumklima pflegen, doch der Blütenschmuck hält bei Ofenheizung am kühlen Fenster am längsten an.

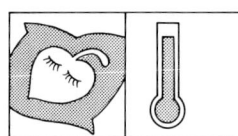 Nach dem Abblühen (etwa im April) trocken stellen, damit das Laub abstirbt. Standort und Temperatur sind dabei unkritisch. Erst mit dem Neutrieb (Juli/August) wieder gießen und an den alten Platz räumen.

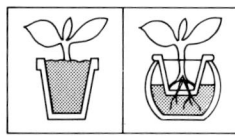 Am Ende der Ruhezeit die alte Erde ausschütteln und in einen nur wenig größeren Topf mit frischer Blumenerde neu einsetzen. Die Knolle soll zur Hälfte aus der Erde herausschauen. Hydrokultur ist möglich.

 Während der Blütezeit ist unbedingt auf gleichmäßige Feuchtigkeit der Erde zu achten. Mit Nährsalzlösung (1 g/l) alle 14 Tage gießen. Dabei das Herz der Knolle nicht benetzen.

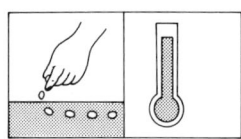 Der Pflanzenfreund beschränke sich darauf, Alpenveilchen möglichst lange im Flor zu halten und auch in den Folgejahren wieder zur Blüte zu bringen. Die Anzucht aus Samen gelingt nur den Spezialgärtnereien.

Die ersten Alpenveilchen gelangten bereits im Jahre 1656 von Persien (dem heutigen Iran) nach Frankreich. Die Pflanzen stammen also aus dem östlichen Mittelmeergebiet. Zwar ist das verwandte Wald-Alpenveilchen, *Cyclámen purpuráscens*, bis in den Alpen- und Karpatenraum vorgedrungen, aber der Name Alpenveilchen ist dennoch sehr unglücklich gewählt, weil es sich bei allen 14 Arten der Gattung Cyclámen nicht um Veilchen, sondern um Primelgewächse handelt. Der wissenschaftliche Name ist dagegen leicht und eindeutig zu erklären: Cyclamen leitet sich von griech. kýklos = Kreis oder Scheibe bzw. kykláminos = kreisförmig ab – unter Bezugnahme auf die runde Knolle –, und die Artbezeichnung persicum verweist auf die Herkunft.

Der bemerkenswerteste Teil der Pflanze ist die mehrjährige, im Umkreis tatsächlich runde, in der Längsachse jedoch plattgedrückte Knolle. Darauf sowie auf die frühere Verwendung als Viehfutter beziehen sich ältere volkstümliche Namen wie Erdscheibe, Erdkugel, Walderdäpfel und Saubrot.

Je nach den Temperaturen zum Jahreswechsel blühen die Pflanzen auch von Hause aus von November bis März. Die Wildformen sind allerdings kleinblütig, dafür aber blühwillig und reichblühend. Neuerdings hat man sie wieder in die traditionellen Zuchtlinien eingekreuzt, zierliche und reichblütige Hybriden, wie z. B. die «Kleine Dresdnerin», sind das Ergebnis.

Die ursprünglichen Blütenfarben sind weiß bis rosa mit dunklerem Schlund. Die heutigen Züchtungen sind intensiver gefärbt und umfassen die gesamte Farbpalette von Weiß bis Violett. Daneben sind Pflanzen mit gefüllten Blüten und solche mit gekrausten bzw. gewellten Blütenblättern ausgelesen und als «Papilio», «Victoria» oder «Rokoko-Alpenveilchen» in den Handel gebracht worden. Außerdem gibt es auch Pflanzen mit kammartigem Aufwuchs auf den Blüten, radförmige oder sogar glockenförmige Blüten. Bei Liebhabern finden solche «Entgleisungen» der Natur große Beachtung. Sie sind den normalblütigen Pflanzen jedoch meist genetisch unterlegen und lassen sich nicht mit den gleichen Erfolgen vermehren und aufziehen wie die altbewährten Züchtungen.

Die Pflegeansprüche für Alpenveilchen sind schnell zusammengefaßt: schattiger und kühler Stand, Temperatur möglichst nicht über 12 °C, nicht über die Heizung und nicht ans Südfenster stellen, mit zimmerwarmem, kalkarmem Wasser gleichmäßig feucht halten und niemals ins Herz der Pflanzen gießen. Verwelkte Blüten wie Blätter sind herauszuzupfen, weil Stengelreste zu Fäulnis führen können.

Alpenveilchen, *Cyclámen pérsicum*

Primeln

Schlüsselblumen   *Prímula spp.*
Prímula-Vulgáris-Hybriden
Prímula-Elátior-Hybriden

In ihrer Vielfalt von Arten und Sorten sind Primeln nicht nur die buntesten, sondern auch die preiswertesten Verkünder des Frühlings im Pflanzenangebot nördlich des Böhmerwaldes und der Alpen.

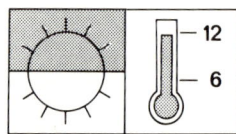

Alle Primeln wünschen während ihres Zimmeraufenthaltes einen hellen, jedoch keinesfalls vollsonnigen Platz bei nur mäßigen Temperaturen.

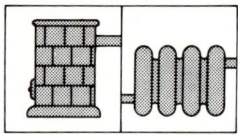

Die geforderten Wintertemperaturen bzw. ein kühler Fensterplatz lassen sich nur bei Ofenheizung oder einem Platz in einer Veranda erfüllen.

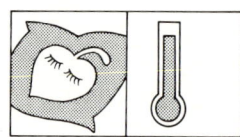

In den meisten Fällen haben Primeln ihre Aufgabe mit Ende der Blütezeit erfüllt. Nur für Becherprimeln lohnt eine Weiterpflege über mehrere Jahre.

Gut verrottete Erde aus Komposterde, Torf und Sand (3:1:1) dient als Kultursubstrat beim jährlich notwendigen Umtopfen der Becherprimeln.

Der Wurzelballen darf niemals austrocknen. Das zarte Laub verdunstet viel Wasser, so daß regelmäßig zu gießen ist. Bei ganzjähriger Haltung ist alle 14 Tage mit Nährsalzlösung (1 bis 2 g/l) zu düngen.

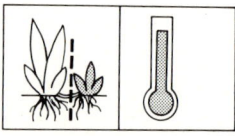

Vermehrt wird beim Liebhaber durch Teilung kräftiger Stöcke, in den Gärtnereien durch Aussaat.

Primeln gehören zusammen mit Schneeglöckchen, Krokus und Blaustern zu den ersten Vorfrühlingsblühern. Lat. prima = die erste wurde mit der Verkleinerungssilbe - ula zum Gattungsnamen der vielgesichtigen und vielgestaltigen Primeln zusammengezogen. Als erste im Jahr blühende Pflanzen schließen sie gleichsam den Blütenhimmel auf, so daß «Himmelschlüssel» und «Schlüsselblume» als Bezeichnungen des Volksmundes ebenso leicht erklärbar sind.

Die Mehrzahl der Arten bewohnt die Hochgebirge Europas und Asiens. Sie sind also von Natur aus an volles Sonnenlicht bei niederen Temperaturen gewöhnt und müssen in den Stuben entsprechend behandelt werden. Hinter den Fensterscheiben würde die Mittagssonne mit ihren aufheizenden Strahlen eher schaden als nützen, so daß zur Pflege nur ein heller, aber kein vollsonniger Platz empfohlen werden kann. Da in den Wohnungen praktisch immer frühlingsmäßige Bedingungen herrschen, kommen sie schon zur Blüte, wenn die Sonne nach dem winterlichen Tiefstand ihre Bahn nur um ein Geringes ausgeweitet hat.

Die großflächigen, aber zarten Blätter verdunsten viel Wasser. Beim Gießen sollte das Laub jedoch nicht benetzt werden, weil sich unter Umständen Grauschimmel einstellen kann. Es wird also nur die Erde angefeuchtet bzw. gleich über den Untersetzer gegossen.

Die Gattung Primula vereint etwa 500 Arten, unter denen mindestens 75 – neben einer Vielzahl von Kulturformen – als Garten- und Zimmerpflanzen besonders gezogen und verbreitet sind. In den Stuben werden vor allem folgende Arten gepflegt:

Chinesenprimel, *Prímula sinénsis = P. praênitens*
Sie kamen ab 1821 als erste der fernöstlichen Primeln nach Europa. Dabei handelte es sich schon um eine Kulturform, die seit Jahrhunderten in chinesischen Gärten angebaut wurde. Die ursprüngliche Wildform ist bis heute nicht bekannt.

Chinesenprimeln tragen eine endständige Blütendolde mit bis zu 12 Einzelblüten oder 2 bis 3 übereinanderstehende Blütenquirle. Im Sortiment herrschen die roten Töne vor. Die Blütezeit liegt im Dezember und Januar. Da um diese Zeit jedoch noch Alpenveilchen und Azaleen den Blumenmarkt beherrschen, sind Chinesenprimeln nicht mehr so zahlreich wie in früheren Zeiten im Angebot. Von den um die Mitte unseres Jahrhunderts bekannten 50 Sorten werden heute nur noch wenige gehandelt. Zu erkennen sind Chinesenprimeln an dem weit aufgeblasenen Kelch, der am

Fliederprimel, *Prímula malacoídes*

Grunde am breitesten ist. Die 7- bis 9lappigen Blätter sind am Rande gezähnt. Nach der Blüte lohnt weitere Pflege nicht.

Becherprimel, *Prímula obcónica*
Im Jahre 1879 war Samen der Becherprimeln von Wildpflanzen in China gesammelt und nach Europa gebracht worden. Den deutschen Namen tragen sie nach der Form des Blütenkelches, der am oberen Rand seine größte Weite erreicht. Die Pflanzen bilden Blütenschäfte mit einer Dolde bis zu 13 Blüten, seltener mit 2 bis 3 übereinanderstehenden Blütenquirlen. Als besonders lang blühende Topfpflanzen mit ansehnlichen Blüten spielen sie im Angebot eine dominierende Rolle. Bei guter Pflege kann man sie mehrere Jahre halten. Sie blühen dann lange Zeit, wenn sie ab und zu gedüngt und regelmäßig gegossen werden. Auch hier sind die Blütenfarben Weiß, Rot und Blau mit allen möglichen Zwischentönen.

Wenn nicht die leidige Sache mit dem Primin wäre, würden die Becherprimeln noch größere Bedeutung erlangen. Ihre Blätter sind mit feinen Brennhaaren besetzt, die bei empfindlichen Menschen Juckreiz mit nachfolgendem Hautausschlag hervorrufen. Trotz aller Rezepte und Empfehlungen, bestimmte Seife oder Gegenmittel anzuwenden, sollte man im wahrsten Sinne des Wortes die Finger von den Becherprimeln lassen, wenn man dafür empfänglich ist, zumal es unter den weiteren Arten ebenso schöne und pflegenswerte Vertreter gibt. Vor allem darf man, nachdem man Primeln angefaßt hat, mit den Händen nicht das Gesicht berühren, weil der vom Primin hervorgerufene allergische Hautausschlag die empfindlichere Gesichtshaut besonders unangenehm reizt. Die Züchtung bemüht sich darum, priminfreie Kulturformen anzubieten.

Fliederprimel, *Prímula malacoídes*
Auch Fliederprimeln stammen aus China. Sie werden in ihrer Heimat als Ackerunkraut betrachtet, in Europa gelten sie dagegen mit ihren duftenden Blüten von Februar bis April als besonders geschätzte Topfpflanzen. Sie haben zwar nur kleinere, dafür aber zahlreiche Blüten, die an hohen Schäften etagenartig (bis zu 6 Etagen) übereinanderstehen und damit zur Bezeichnung Etagenprimel beigetragen haben. Die Farbpalette reicht von Rosa, Rot und Karmin bis zu Lachs, Lila und Blauviolett. Ihre Blütenkelche sind trichterförmig nach oben geweitet und laufen in 6 Zähne aus. Nach der Blüte werden die einjährigen Pflanzen nicht weitergepflegt; sie könnten dann nur noch zur Samengewinnung dienen.

Kewensisprimel, *Prímula kewénsis*
Im Jahre 1899 wurde im Kew-Garden zu London eine gelbblühende Primel entdeckt. Es handelte sich dabei um einen Artbastard zwischen *P. floribúnda* und *P. verticilláta,* der ohne menschliches Einwirken spontan entstanden war. Seine leuchtend gelben Blüten brachten erfreuliche Abwechslung in das sonst ganz auf Rot und seine Abstufungen in Richtung Weiß und Blau ausgerichtete Primelsortiment. Die Ursprungspflanzen waren zwar steril, aber nach Chromosomenverdopplung setzten die Pflanzen Samen an, so daß die sensationell gelb blühende Primel vermehrt werden konnte. Sie werden auch gern zur Schalenbepflanzung als farbliches Pendant zu den andersfarbigen Primeln verwendet.

Kissenprimeln, «F 1-Primelhybriden»
Heute sind die Augen der Käufer auf diese neuesten Züchtungen gerichtet, deren Ursprungs- oder Ausgangsformen aus unserer eigenen Heimat stammen. Keine anderen Primelarten, ja nicht einmal andere Topfpflanzen, bieten eine Farbskala in so vollen, satten Tönen von Weiß, Elfenbein, Gelb, Goldorange über Apricot, Rosa, Lachs, Scharlachrot, Rotbraun, Hell- und Dunkelblau bis Violett. Dazu gesellen sich verschiedene bunte Augentypen, samtglänzende Blütenblätter und Leuchtkraft verbinden sich mit edler Blütenform in ansehnlicher Größe. Dem Gärtner imponiert die einfache und kurze Kultur bei nur geringem Wärmebedarf. Verwunderlich ist es also nicht, daß diese Primeln bei Erzeugern und Käufern so beliebt geworden sind.

Aus europäischer Sicht ist es erstaunlich, daß die bei uns heimischen Gartenpflanzen zwar seit eh und je auch verfrüht werden, aber erst einmal um den Globus gereicht werden mußten, ehe europäische Züchter sie neu entdecken konnten. In Kalifornien gelang die Auslese neuer Farben, die Japaner vermehrten die besten Züchtungen, und die Europäer kommen erst jetzt auf die Idee, die Pflanzen vor ihrer eigenen Haustür ebenfalls züchterisch zu bearbeiten. Heute sind gerade diese «Europäer» aus dem aktuellen Primelsortiment nicht mehr wegzudenken.

Übrigens kann man die F 1-Hybriden nach der Blüte im Garten auspflanzen. Dabei ist der Wurzelstock zu zerreißen, damit neue starke Wurzeln die Pflanzen im Erdreich verankern.

Kissenprimeln, *Prímula-Hybriden*

Klimme

Russischer Wein   *Císsus spp.*

Die vorgestellten Klimmen sind als Schling- oder Rankenpflanzen interessante Partner im Grünpflanzenangebot mit besonderer Eignung für nicht zu trockene Räume bei Temperaturen um 18 °C.

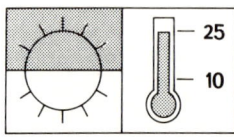

An einem halbschattigen Stand gedeihen Klimmen während des Sommers in jedermanns Wohnung. Einige Arten für Vitrinenhaltung sind dem Text angefügt.

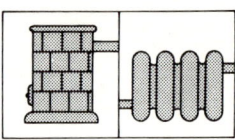

Trockene Luft wird bei höheren Temperaturen nicht vertragen. Ein kühler Platz am hellen Fenster oder sogar der Aufenthalt in einer Veranda gewährt die besten Lebensbedingungen.

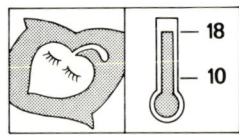

Die Vorzugstemperatur liegt während des Winters bei 15 °C. *C. antárctica* verträgt Temperaturen bis 5 °C herab. Einige wärmebedürftigere Arten für die Haltung in einer Pflanzenvitrine sind im Text beschrieben.

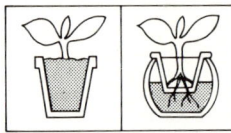

Komposterde, Torf und Sand (4:1:1) bzw. handelsübliche Blumenerde dienen als Kultursubstrat beim jährlich zu empfehlenden Umtopfen. Hydrokultur gelingt nur mit *Císsus rhombifólia*.

Das Substrat ist ständig feucht zu halten, Ballentrockenheit führt zu Blattfall. Während der Wachstumszeit alle 14 Tage düngen (1 g/l), aber im Winter bei kühlem Stand nur sehr maßvoll gießen.

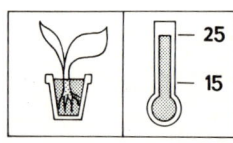

Kopfstecklinge bewurzeln sich leicht zwischen März und August im üblichen Stecklingssubstrat (Torf und Sand zu gleichen Anteilen vermischt).

Klimmen erfreuten sich früher großer Beliebtheit und galten als Zimmerhelden unter Wohnbedingungen mit ihren gemäßigteren Wintertemperaturen bei Ofenheizung. Der wissenschaftliche Name weist mit der Gattungsbezeichnung Cissus von griech. kissus = Efeu auf das ähnliche Erscheinungsbild und die ähnliche Lebensweise, der Artname auf die Heimat, die südliche Halbkugel der Erde, hin. Zwar ist die Bezeichnung antarctica irreführend, denn so weit in Nähe des Südpols wachsen mit Sicherheit keine Klimmen mehr, aber aus dem Blickwinkel Europas sind Australien (*Císsus antárctica*), Chile (*C. striáta*) und das tropische Afrika (*C. rhombifólia*) doch recht weit im Süden gelegene Herkunftsländer. Weil *Císsus antárctica* aus seiner australischen Heimat zuerst nach Petersburg gebracht wurde und sich dort größter Beliebtheit erfreute, heißt diese Art bis auf den heutigen Tag auch noch Russischer Wein.

Die Zimmerpflanzen unter den Rebengewächsen entsprechen nicht alle dem Schema der Datenleiste. Wir unterscheiden deshalb 3 Pflegegruppen mit spezifischen Bedürfnissen an Temperatur und Luftfeuchtigkeit:

Die Klimmen mit den in den Datenleisten erfaßten Lebensansprüchen

Russischer Wein, *Císsus antárctica*
Der Russische Wein weist unter allen Arten mit 5 bis 18 °C den größten Temperaturbereich für gutes Gedeihen auf. Schon der Name Russischer Wein beweist die Verträglichkeit gegenüber niederen Wintertemperaturen, denn im alten Petersburg wäre angesichts der sprichwörtlichen russischen Winter eine wärmebedürftige Pflanze mit Gewißheit nicht zu so großer Beliebtheit gelangt.

Im Zimmer können die Pflanzen sowohl an einem Spalier klimmend wie auch aus einer Ampel herabhängend gehalten werden. Volle Sonne wird nicht vertragen, aber trotzdem gedeihen die Klimmen während des Sommers auch an einem schattigen Balkonplatz ganz ausgezeichnet. Hydrokultur gelingt nur bei niedrigem Nährlösungsstand, aber viel problemloser und sicherer ist die Haltung in Erde, selbst wenn es nur «normale» Erde aus dem Blumengeschäft sein sollte. Während der Vegetationszeit werden die nötigen Nährstoffe dann alle 14 Tage mit Nährsalzlösung (1 g/l) zugeführt.

Russischer Wein, *Císsus antárctica*

Císsus rhombifólia
Als unverwüstlicher und dankbarer Vertreter der Klimmen gilt auch diese Art mit den dreigeteilten Blättern, deren gegenüberstehende Teilblätter teils nur spitzoval, das Endblättchen aber dem Artnamen entsprechend immer rhombisch geformt ist. Außer der allgemeinen Bezeichnung für Klimme gibt es für diese aus Natal und Transvaal stammenden Pflanzen keine zutreffende deutsche Bezeichnung. Sie sind noch anspruchsloser als Russischer Wein und trotzdem wüchsiger und schattenverträglicher als *Císsus antárctica*. Selbst in Hydrokultur wachsen sie überaus zufriedenstellend und gelten sogar als Standardpflanzen für Hydrokultur, solange der Nährlösungsspiegel gerade nur die Unterkante des Einsatzes erreicht.

Es existieren eine Reihe von Kulturformen, die sich jedoch nur in Blattgröße und Wüchsigkeit geringfügig unterscheiden. Lediglich die dänische Züchtung 'Ellen Danica' verdient mit eichenlaubförmigen Blättern besondere Erwähnung.

Císsus striáta
Die Art stammt aus Chile und Südbrasilien, hat fünfteilige Blätter und entspricht auch vom Wuchscharakter unserem Wilden Wein. *C. striáta* wächst viel langsamer als die vorstehenden Klimmen, aber wir schätzen die samtenen, dunkelgrünen, violett schimmernden Blätter an den roten Trieben. Auf der Suche nach einem besonderen Schmuck der Wohnung ist gerade diese Art dem Pflanzenfreund auffällig und findet sicherlich ihre Verehrer.

Riesenrebe, *Tetrastígma voinieránum*
Sie ist die wuchtigste unter allen Klimmen und führt deshalb den deutschen Namen zu Recht. Die Gattungsbezeichnung Tetrastigma bezieht sich auf die Fruchtblätter mit 4 Narben (tetra-stígma). Ihre handförmigen Blätter sind drei- bis fünffach geteilt, von spitzovaler Form und am Rande gesägt.

Diese üppig emporstrebenden Lianen aus dem Norden Vietnams gedeihen nur in entsprechend großen Räumen, begrünen aber in kurzer Zeit selbst umfangreiche Spaliere oder beispielsweise den unteren, verkahlenden Stamm einer Palme. Am Neutrieb stellt die Spitze nach einer bestimmten Zahl von Blättern das Wachstum ein. Die neuen Triebe verhalten sich ebenso. Die Pflanzen wachsen schubweise und sind nicht etwa krank, wenn das Spitzenwachstum stoppt.

Sommergrüne, laubwerfende Klimmen, die bei niederer Temperatur von nur 5 bis 10 °C überwintern

Jungfernrebe, *Parthenocíssus henryána*
Sie sind unserem Wilden Wein ähnlich, aber von zierlicherem Wuchs. Während des Sommers sind sie schmucke Zimmerpflanzen. Da sie aber im Herbst ihr Laub verlieren, haben sie sich nicht recht einbürgern können. Die samtgrünen Blattoberseiten mit der weißen Aderung und die anfangs roten, später vergrünenden Blattunterseiten zieren in der Vegetationszeit, und im Herbst bieten die sich völlig rot verfärbenden Blätter wiederum farbige Abwechslung. Die Pflanzen sind kühl und trocken zu überwintern. Im Frühjahr wird der Erdballen ausgeschüttelt und in möglichst humose Erde mit geringem Lehmanteil neu eingesetzt.

Scheinrebe, *Ampelópsis heterophýlla = brevipedunculáta*
Auch die Scheinrebe ist wegen des herbstlichen Blattfalls eine seltene, aber schöne Zimmerpflanze, die der vorigen und dem Wilden Wein recht ähnlich sieht. Die Blätter sind jedoch ungleich geformt, bei den neueren Züchtungen schön marmoriert, bei der Stammform grün gefärbt. Die Pflege gleicht der Jungfernrebe.

Klimmen für die Vitrine bei höherer Luftfeuchte und warmer Überwinterung

Parthenocíssus insérta
Diese Jungfernrebe mit den fünfteiligen glänzend grünen Blättern in der Art des Wilden Weines nimmt mit 18 °C vorlieb, benötigt jedoch höhere Luftfeuchtigkeit zum Gedeihen, wie sie wohl nur in einer Vitrine oder einem «Wintergarten» gegeben ist.

Císsus díscolor und *C. amazónica*
Beide sind reizvolle Arten aus den tropischen Regenwäldern und benötigen während des gesamten Jahres 18 bis 25 °C Wärme. *C. díscolor* besitzt samtig-violette Blätter mit silbergrauer Zeichnung und roten Unterseiten, *C. amazónica* dagegen kleinere Blätter mit ebenfalls silbriger Aderung und roten Unterseiten. Es sind Liebhaberpflanzen, die aufmerksame Pflege in der Pflanzenvitrine mit lebhafter und interessanter Blattzeichnung danken. Zur Stecklingsvermehrung sind mindestens 25 °C notwendig.

Jungfernrebe, *Parthenocíssus henryána*

Zypergras
Segge
Simse

Cypérus alternifólius

Cárex morrówii

Scírpus cérnuus

Unter den Sauergräsern ist vor allem das Zypergras mit seinen interessanten Blattschirmen und der guten Haltbarkeit in den Wohn- und Büroräumen eine bekannte und beliebte Zimmerpflanze.

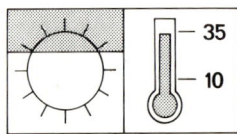
Wärme und Licht bei ständig nassem Stand sind die Lebensansprüche für das Zypergras. Segge und Simse wünschen dagegen einen möglichst kühlen Platz.

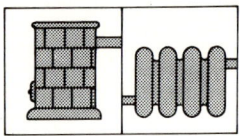
Bei ausreichender Wasserzufuhr toleriert das Zypergras jede Art der Heizung. Simse und Segge eignen sich dagegen für kühlere Räume oder sogar die ungeheizte Veranda.

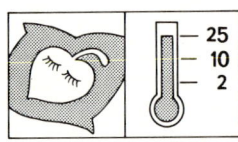
Eine eigentliche Ruhezeit wird von keiner der drei Arten eingehalten. Zypergras benötigt auch im Winter Temperaturen von mindestens 10 °C; Seggen und Simsen begnügen sich dagegen mit 2 bis 8 °C.

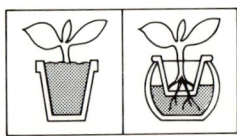
Kompost- und Lauberde, Torf und Sand (2:2:1:1) dient allen Sauergräsern als geeignetes Kultursubstrat. Zypergras gedeiht auch vorzüglich in Hydrokultur.

Alle Sauergräser gedeihen in ständig feuchtem Erdreich am besten. Zypergras verlangt stehendes Wasser im Untersetzer. Seggen und Simsen im Winter trockener halten. Im Sommer mit 0,1%iger Nährsalzlösung düngen.

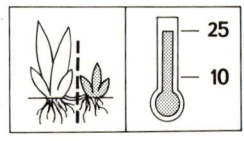
Blattschöpfe vom Zypergras mit kurzem Stielrest in Wasser stecken. Wenn Wurzeln sprießen, eintopfen. Seggen und Simsen durch Teilen kräftiger Pflanzen vermehren.

Zypergras, *Cypérus alternifólius*
Der Name leitet sich von griech. Kypeiros ab, geht aber wahrscheinlich auf kypris, den Beinamen der Aphrodite, zurück, weil die Wurzelknollen, die «Erdmandeln», von *C. esculéntus* im Altertum als Anregungsmittel für den Liebesdienst galten. Der Name Papyrus gilt dagegen für die größeren, verwandten Arten aus dem tropischen Afrika. Unser *C. alternifólius* stammt von Madagaskar und bleibt auch im Zimmer eine handliche Pflanze, die erst mit dem zweiten Blick an die Zeit der Pharaonen und das früher aus dem Pflanzenmark bereitete Papyros erinnert. Es sind unter allen Bedingungen haltbare und dauerhafte Zimmerpflanzen, wenn immer Wasser im Untersatz steht und ein Mindestmaß an Wärme geboten wird. Jährlich soll einmal umgetopft werden, falls man nicht von Anfang an die Haltung in Hydrogefäßen der leichteren Nährstoffversorgung wegen vorzieht. Aber selbst dann muß alle 2 bis 3 Jahre der Wurzelstock von den abgestorbenen Teilen befreit oder doch wieder ein Blattsteckling von neuem eingesetzt werden.

Segge, *Cárex morrówii*
Der lateinische Pflanzenname Carex bedeutet im Deutschen Riedgras oder Segge. Unter den nahezu 1000 Arten der Gattung wird nur *Cárex morrówii* als Zimmerpflanze verwendet. Wie alle Seggen besitzt auch sie dreikantige Stengel und scharfgerandete Blätter mit eingelagerten Kieselsäurekristallen, die zum Namen Sauergras beigetragen haben. *Cárex morrówii* ist eine immergrüne Staude aus dem fernen Japan. Ihre etwa 30 cm aufragenden Blätter sind bei der Zuchtform 'Variegata' weißgesäumt. Es sind anspruchslose Pflanzen, die mit sehr niedrigen Temperaturen vorlieb nehmen und dafür noch an Plätzen gedeihen, die anderen Zimmerpflanzen keine ausreichenden Lebensbedingungen mehr gewähren.

Simse, Frauenhaar, *Scírpus cérnuus*
Auch Scirpus geht auf einen lateinischen Namen zurück, der schon im alten Rom für diese Pflanze gebraucht wurde. Bei unserer Art (die früher auch unter dem Namen *Isolépis gracilis* bekannt war) sind die Blätter fadenartig dünn und hängen im Alter nach allen Seiten über. Die Pflanzen wirken deshalb am besten, wenn sie ihre Stengel und Blätter von einem Podest oder aus einer Ampel herab nach allen Seiten frei entfalten können.

Zypergras, *Cypérus alternifólius*

Begonien

Schiefblatt   *Begónia spp.*

Vielgestaltige und vielgesichtige Pflanzengattung mit mehr als 1000 Arten und Kulturformen, die als Knollenbegonien, Blatt- und Rexbegonien, Blüten-, Strauch- und Hängebegonien sowie schließlich noch als «Fleißige Lieschen» bekannt sind.

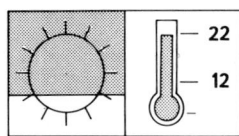

Direkte Sonne wird nicht vertragen, und bei trockener Luft kümmern sie. Findet sich kein halbschattiger Standplatz, dann gedeihen sie nach Nordwest oder Nordost am besten.

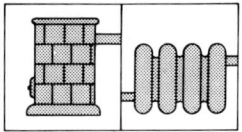

Sie lieben höhere Luftfeuchtigkeit bei mäßiger Wärme und kommen im traditionellen Raumklima mit Ofenheizung am besten fort. Einige Strauchbegonien und die neuen Mexicross-Züchtungen tolerieren auch trockenere Luft.

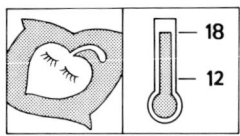

Die einziehenden Arten trocken und warm halten und ab Ende Februar zu neuem Trieb anregen. Die anderen gleichmäßig feucht (aber nicht naß!) über den Winter bringen und nach Blattfall im Frühjahr zurückschneiden.

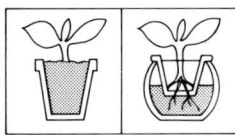

Ein leichtes und lockeres Substrat aus Lauberde, Torf und Sand (3:1:1) sagt am meisten zu. Blumenerde deshalb ¼ Torf und Sand untermischen. Hydrokultur nicht für alle Arten geeignet (siehe Pflanzenbeschreibung).

Es ist nur in den Untersetzer zu gießen, da Blätter und Stengelhals gegen Benetzen empfindlich sind. Von März bis Ende August alle 4 Wochen mit Nährsalzlösung (0,1%ig) düngen.

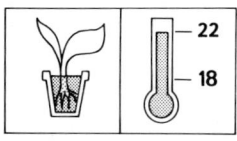

Die stabileren, wenigstens halbstrauchigen Arten vermehrt man durch Kopfstecklinge, Knollenbegonien durch Teilung der Knollen, aber auch durch Blattstecklinge.

Die Familie der Schiefblattgewächse oder Begoniáceae wurde zu Ehren Michael Begons benannt, der im 17. Jahrhundert Gouverneur auf St. Domingo gewesen ist. Sie enthält nur die einzige Gattung *Begónia.* Wegen der vielen Arten und Kulturformen wird es uns nicht leicht gemacht, die Übersicht zu behalten. Nicht ohne Grund heißt die Gattung im deutschen Sprachgebrauch Schiefblatt. In der Tat sind die Blätter auffallend unsymmetrisch und die Pflanzen dadurch bei aller Verschiedenheit als Begonien zu erkennen.

Begonien entstammen alle den wärmeren, subtropischen oder tropischen Regionen der Erde, benötigen zum Gedeihen also Wärme und Luftfeuchtigkeit. Die dickfleischigen, saftstrotzenden Triebe mit den großflächigen Blättern, die bei praller Sonne schnell dahinwelken, geben die Lebensansprüche aller Arten zu erkennen: ein heller, jedoch absonniger warmer Stand bei ausreichender Luft- und gleichmäßiger Bodenfeuchtigkeit. Unser Winter setzt naturgemäß die am tiefsten einschneidenden Lebensbedingungen. Viele der schnellwachsenden Arten reagieren dann mit Blattabwurf und vergeilenden Triebspitzen; sie treiben jedoch im Frühling nach kräftigem Rückschnitt willig wieder aus.

Leicht gelingt die Neuanzucht bei den krautigen Arten durch Blattstecklinge. Dazu werden die kräftigsten Adern des Blattes mit einem scharfen Messer unterhalb einer Verzweigung durchgetrennt. Das Blatt wird danach mit dem Stengelrest als Anker in das Stecklingssubstrat (ein Gemisch aus Torf und Sand im Verhältnis 1:1) gesteckt und die Blattfläche mit Steinchen so beschwert, daß die gesamte Fläche dem Substrat aufliegt. Die Abdeckung mit einer durchsichtigen Kühlschrankdose garantiert gespannte Luft und bei Bodenwärme von etwa 20 °C auch das baldige Hervorsprießen von jungen Pflänzchen an den Schnittstellen. Wenn sie groß geworden sind und allmählich immer mehr frische Luft vertragen, werden sie vereinzelt.

Einige der empfindlicheren Arten geben in unserem Klima nur eine Gastrolle. Sie werden nach der Blüte weggetan, weil wir sie in unseren Wohnräumen ohnehin nicht über den Winter bringen können. Für sie ist Hydrokultur nicht angebracht, ebensowenig für die Knollenbegonien mit ihrer obligatorischen Winterruhe.

Schiefblatt, *Begónia hybrída*

Anders sieht es bei den strauchigen, dauerhaften Arten aus, denen in Hydrokultur während der Heizperiode sogar günstigere Existenzbedingungen geboten werden können. Da Begonien stauende Nässe jedoch nicht vertragen, senke man den Nährlösungsspiegel ab. Sollten die Wurzeln im Winter trotz aller Vorsicht faulen, kann man immer noch Stecklinge herrichten!

Die vielgestaltige Gattung soll hier für den Zimmergärtner etwas übersichtlicher aufgeteilt werden. Begonien sind teils Kräuter, teils aufrecht wachsende Halbsträucher oder sogar Sträucher mit verholzenden Trieben, die aufrecht wachsen, am Boden liegen oder von erhöhtem Standplatz herabhängen. Einige Arten bilden Knollen oder Rhizome, aus denen sie nach der Ruhezeit wieder austreiben. Arten mit dekorativen Blüten stehen andere mit ebenso dekorativen Blättern gegenüber. Die Rex-Begonien und die Rex-Hybriden als die «königlichen» unter den Züchtungen sind «Blattbegonien», ihre Blüten besitzen keinen schmückenden Wert. Das Aussehen der Begonienarten ist ebenso unterschiedlich wie die Lebensansprüche, so daß wir folgende Einteilung treffen:

Blattbegonien

Sie zieren nur durch ihr Laubwerk, ohne jedoch die auffallende und weithin leuchtende Ausstrahlungskraft der Rex-Hybriden zu erreichen. Es handelt sich bei ihnen meist um botanisch reine Arten wie *Begónia coriácea, críspula, goegoénsis, heracleifólia, ólbia, paulénsis, rájah* und *rubélla*, wobei viele der Arten nur den ausgesprochenen Begonienliebhaber interessieren dürften. Die schönsten unter den Wildarten haben die Gärtner jedoch frühzeitig in ihre Hände genommen und Cultivare geschaffen, unter denen *Begónia masoniána* mit den Formen 'Iron Cross' und 'Cleopatra' am meisten verbreitet ist. Aber auch *Begónia imperiális* mit mehreren Zuchtformen und *Begónia manicáta* 'Crispa' und 'Aureomaculata' sind empfehlenswerte Blattbegonien.

Rex-Begonien

Rex-Begonien und die neuen Mexicross-Begonien-Sorten: Sie zieren mit überaus dekorativen, buntgezeichneten Blättern. Farbmuster und Farbenvielfalt lassen sich mit Worten gar nicht beschreiben. Eine der königlichen Hybriden ist sogar nach Aurora von Königsmark benannt, einer der Geliebten Augusts des Starken.

Die älteren Züchtungen «ziehen im Winter ein», d. h., sie verlieren ihr Laub. Man läßt sie dann im Warmen stehen und gewährt ihnen ein Minimum an Feuchtigkeit. Wenn sich im März der neue Trieb regt, wird umgetopft und wieder reichlicher gegossen.

Die neuen Mexicross-Begonien behalten nicht nur ihr Laub, sondern auch ihre interessante Blattfärbung während des Winters. Sie sind darüber hinaus weniger empfindlich gegen trockene Luft und widerstandsfähiger oder sogar resistent gegenüber Mehltau. Die Fachleute sprechen deshalb von «Zimmerhelden» unter den neueren Begonien-Züchtungen. Ihre Blätter sind zwar kleiner als bei den Rex-Hybriden, aber dafür lassen sie sich auch als Schalenbepflanzung oder zur Bodenbedeckung verwenden. Ihr größter Vorzug besteht jedoch darin, daß sie ganzjährig ohne ausgesprochene Ruhezeit in den Stuben aushalten.

Strauchbegonien

Sie sind vorwiegend botanisch reine Arten, die aufstrebend heranwachsen und deren Stengel zumindest in den unteren Teilen verholzt. Dem winterlichen Blattfall, vor allem im Bereich der Stengelbasis, begegnet man mit einem radikalen Rückschnitt im März, der die Pflanzen zu neuem Austrieb vom Stengelgrund her veranlaßt und schnell wieder ansehnliche und voll belaubte Begonien garantiert. *Begónia crédneri, B. maculáta, B. metállica* und *B. incána* sind die härtesten Arten für das Zimmer. Die in unseren Augen schönste Vertreterin ist jedoch die *Begónia-Coróllina-Hybríde* 'Lucerna', eine Kreuzung aus *B. coróllina* x *B. richardsiána*. Sie zeichnet sich durch glänzend grüne, silbern getupfte Blätter, Frohwüchsigkeit, Zimmerhärte und rosarote Blüten in ansehnlichen Trugdolden aus.

Begónia-Coróllina-Hybríde

Hängebegonien

Diese empfindlichen und anspruchsvollen Pflanzenschönheiten benötigen vor allem genügend Luftfeuchtigkeit zum üppigen Gedeihen. Wir kennen sie als überaus dekorativen Zimmerschmuck vornehmlich aus alten Bauernhäusern in wasserreichen Gegenden, und mancher Pflanzenliebhaber mag bedauern, gerade ihnen in seiner Neubauwohnung keine Gastfreundschaft anbieten zu können. Pflanzenbücher nennen *Begónia glaucophýlla, B. scándens* und *B. convolvulácea* sowie unter den Lorraine-Begonien die langlebige Kulturform 'Eges Favorit' mit hängendem Wuchs. Wir aber fotografierten *Begónia péndula* im Dörfchen Carwitz an den drei Feldberger Seen.

Wer den Versuch wagt, Hängebegonien zu pflegen, sollte mehrere Trieb- oder Kopfstecklinge mit jeweils zwei Blättern am Rande eines kleinen Tontopfes entlang stecken und bei genügender Bodenwärme und Luftfeuchte zur Bewurzelung bringen. Später verpflanzt man ein- bis zweimal, ohne den Wurzelballen dabei zu beschädigen.

Blütenbegonien

Lorraine-Begonien
Diese Hybriden aus *Begónia socotrána x B. drégei* sind typische Winterblüher, die vor allem um die Weihnachtszeit herum angeboten werden. Die abgeblühten Pflanzen werden in der Regel weggetan, weil die Weiterpflege in der Mehrzahl der Fälle kaum Erfolg hat. Die einfachen Einzelblüten erreichen die Größe eines Markstückes und wirken durch ihre Vielzahl und die meist rosarote Farbe, die in einem hübschen Kontrast zum hellen Grün des Laubwerkes steht.

Elátior-Begonien
Auch sie sind wie die Lorraine-Begonien Kreuzungen, an denen *Begónia socotrána* als Ausgangsform, hier aber in Kombination mit Knollenbegonien beteiligt ist. Die Blüten dieser Hybriden sind voller und farbenfroher als bei den Lorraine-Begonien. Sie blühen schon ab September, aber ihre Haltung über den Winter ist auch problematisch. Erst die neuen Rieger-Züchtungen scheinen darin Abhilfe zu bringen. Sie gelten als robust und blühwillig, so daß der Pflanzenfreund sein Können daran beweisen und die ganzjährige Kultur versuchen kann.

Fleißiges Lieschen = *Begónia semperflórens*
Eigentlich kennt man diese «Allerweltspflanzen» von Beeten, Rabatten und Einpflanzungen, aber man kann sie auch im Topf halten und ausnahmsweise sogar in voller Sonne. Über den Winter kommen sie am besten auf dem Fensterbrett einer Küche fort, und über Sommer kann man sie unbeschadet vor das Fenster stellen. Im Frühling zurückgeschnitten und neu eingetopft, erfreuen sie jahrelang mit üppigem Blühen, das den sympathischen Pflanzen den Namen semperflorens = immerblühend und in manchen Gegenden auch den Volksnamen Fleißiges Lieschen eingebracht hat.

Knollenbegonien

Eigentlich gehören sie auf den Balkon, in den Garten, in die schattigere Loggia oder neben den nach Norden gerichteten Hauseingang, kommen aber auch in der Veranda gut fort. Sie stellen ähnliche Anforderungen bezüglich der Luftfeuchtigkeit wie die Hängebegonien. Wenn man sie im Mai erworben hat, und die Pflanzen durch üppiges Wachsen und Blühen angezeigt haben, daß die entgegengebrachte Pflege ihren Lebensansprüchen entsprach, dann läßt man ab Ende September die Pflanzen einziehen.

Spätestens nach der ersten Frostnacht, die die oberirdischen Triebe zum Absterben bringt, nimmt man die Knollen aus der Erde und überwintert sie trocken in Torf oder sandiger Erde, aber gut temperiert (etwa 12 °C). Anfang Februar werden die Knollen hervorgeholt und bei etwa 20 °C angetrieben.

Dazu füllt man Blumentöpfe zu zwei Dritteln mit Substrat (Blumenerde, Torf, Sand im Verhältnis 2:1:1), beginnt aber erst dann zu gießen, und zwar in den Untersetzer, wenn die Augen austreiben und frisches Grün zu sehen ist. Die Knollen müssen natürlich mit der Seite des Wurzelkranzes auf die Erde gelegt werden. Falls man Knollen zur Vermehrung zerschneidet, muß jeder Teil mindestens ein Auge haben, die Schnittflächen sollten außerdem abtrocknen und zur Vorsicht mit Holzkohle eingepudert werden, bevor sie in die Erde gesetzt werden. Wenn sich die Blätter entfalten, wird mit Erde aufgefüllt und reichlicher gegossen.

Hängebegonie, *Begónia péndula*

Pandanus

Schraubenbaum   *Pandánus sánderi,*
                 Pandánus veítchii

Schraubenbäume sind dekorative, respektable Pflanzen für entsprechend große Räume, in denen sie jetzt häufig die Stelle der früher so beliebten Palmen einnehmen.

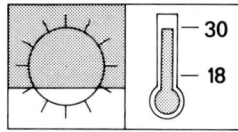

Ein möglichst heller Stand bei den naturgegebenen Temperaturen während des Sommers bietet die besten Existenzbedingungen. Direkte Sonneneinstrahlung ist jedoch abzuhalten.

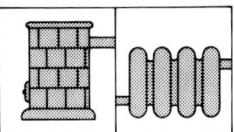

Hohe Lufttrockenheit wird nicht vertragen. Deshalb ist Ofenheizung besser geeignet, wenn nicht durch große Gefäße für Hydrokultur, Luftbefeuchter oder Zimmerspringbrunnen Abhilfe geschaffen wird.

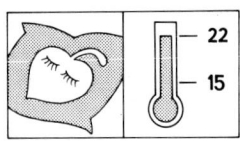

Temperaturen unter 15 °C sowie trockene Luft bei Temperaturanstieg über 18 °C führen zum Verlust. Man sorge deshalb für eine Luftfeuchte von etwa 65 bis 70 %.

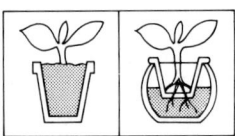

Die stark wachsenden Pflanzen benötigen ein nährstoffreiches Substrat: Mistbeeterde, Lehm, Torf und Sand (3:1:1:1). Hydrokultur ist sehr gut geeignet, wenn entsprechend große Gefäße bereitstehen.

Gleichmäßige Bodenfeuchte ist durch regelmäßiges Gießen zu garantieren und dem hohen Nährstoffbedarf während der Vegetationszeit durch 14tägliches Düngen mit Nährsalzlösung (0,1%ig) zu entsprechen.

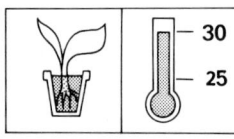

Nebensprosse werden im Frühjahr abgetrennt, in kleine Töpfe in ein Gemisch aus Sphagnum und Sand (1:1) gepflanzt, bei höherer Temperatur und gespannter Luft zum Einwurzeln gebracht.

Mit ihren langen schmalen spitzen schwertförmigen Blättern ähneln die Schraubenbäume den Schopflilien und Drachenbäumen. Jungpflanzen erkennt man gut an der Bezahnung der Blattkanten, während alte Exemplare schon durch ihre Größe jede Verwechslung mit anderen Gattungen ausschließen.

Der deutsche Name Schraubenbaum weist auf die Drehung des Stammes um seine Längsachse, während für die wissenschaftliche Beschreibung der malaiische Name «pandang» als Anhalt diente. Zur Gattung Pandanus gehören etwa 250 Arten, von denen jedoch nur ganz wenige als Zimmerpflanzen geeignet sind. Alle sind aufrecht wachsende Sträucher und Bäume, die sich im Alter immer mehr auf stelzenartigen Wurzeln über das Erdreich erheben. Die schwertförmigen kräftigen Blätter sind äußerst dauerhaft und fest. Sie werden heute noch von den letzten steinzeitlichen Ureinwohnern im Eipomek-Hochtal in Neuguinea zum Abdecken der Hütten verwendet und halten dabei auch den stärksten Regengüssen stand. Die ananasähnlichen Früchte mehrerer Arten wurden früher gegessen, der Blattsaft in der Volksmedizin innerlich bei Ruhr und äußerlich zur Wundbehandlung verwendet. Auf den Südseeinseln werden Wurzel- wie Blattfasern zu Körben und Matten verarbeitet und die bedornten Pflanzen anderswo als lebende Zäune zur Einfriedung von Gärten benutzt.

Pandanus sind wärmebedürftige Pflanzen. Unter 15 °C nehmen sie Schaden. Temperaturen unter 10 °C führen zu ihrem Tod. Zur Überwinterung sind 18 bis 20 °C erforderlich. Höhere Wärme würde gut vertragen, wenn die Luftfeuchte bei etwa 70 Prozent gehalten werden könnte. In Zimmerkultur finden sich deshalb meist nur Jungpflanzen von kleinbleibenden Arten:

Pandánus sánderi. Ihre Heimat ist der Malaiische Archipel. Auf kurzem Stamm stehen zahlreiche meterlange dunkelgrüne Blätter mit gelben Längsstreifen und stark bestachelten Kanten.

Pandánus veítchii. Diese Art ist in der Inselwelt Polynesiens beheimatet. Im Wuchs entspricht sie der vorstehenden *P. sánderi,* die Blätter sind jedoch weiß anstatt gelb gestreift, und die Blattkanten sind etwas weitläufiger bestachelt.

Schraubenbaum, *Pandánus sánderi*

Wachsblumen

Porzellanblumen   *Hoya carnósa*

Allbekannte und unter allen Wohnbedingungen ausdauernde Kletterpflanzen mit dickfleischigen Blättern und herrlich duftenden Dolden aus einer Vielzahl wachsartiger Einzelblüten.

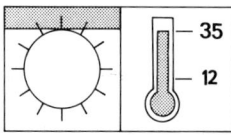

Wachsblumen verlangen viel Licht, vertragen auch volle Sonneneinstrahlung am Südfenster und tolerieren Umweltbedingungen in einem sehr weiten Temperatur- und Feuchtigkeitsbereich.

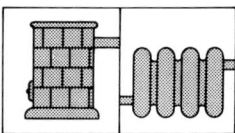

Es gibt keine Einschränkungen seitens der Heizung oder des Raumklimas. Wachsblumen gedeihen selbst in überheizten Büroräumen zur vollsten Zufriedenheit.

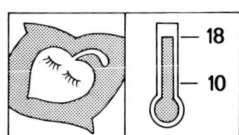

Während der Ruhezeit ist um so weniger zu gießen, je kühler die Pflanzen stehen. Bei Haltung in Hydrokultur ist der Nährlösungsstand stark abzusenken.

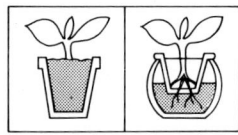

Komposterde, Sand, Torf (2:1:1) oder Blumenerde dienen über einer Kiesschicht als Kultursubstrat. Bei Fernheizung empfiehlt sich die Haltung in Hydrokultur. Umgetopft wird alle 2 bis 3 Jahre.

Im Sommer darf reichlich gegossen werden, aber stehendes Wasser im Untersetzer ist zu vermeiden. Von Mai bis August alle 14 Tage mit 0,1%iger Nährsalzlösung düngen.

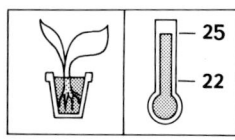

Unter die Erde gelenkte Triebe bilden leicht Wurzeln. Stecklinge im März/April schneiden: Entweder ein Blattpaar mit einigen Zentimetern Stielrest oder ausgereifte Kopftriebe unter Glas in Stecklingssubstrat bewurzeln lassen.

Den Gattungsnamen trägt sie wie alle Wachsblumen nach dem englischen Gärtner und Pflanzenzüchter Thomas Hoý, während nach lat. carnósus = fleischig die saftigen, geradezu sukkulenten Blätter unserer Wachsblume benannt sind. Sie ist in Südchina und Ostaustralien beheimatet.

Unter der Vielzahl der Wachsblumenarten ist *H. carnósa* am widerstandsfähigsten und dadurch am meisten verbreitet. Ihr besonderer Wert besteht vor allem auch in der Ausbildung umfangreicher Blütendolden, durch die der Reiz der sonst fast unscheinbaren, kleinen Einzelblüten vorteilhaft vervielfacht wird. Diese Blütendolden erscheinen willig vom Mai bis in den Herbst. Die fünflappigen Einzelblüten messen etwa 1 cm im Durchmesser. Sie sind weiß oder hellrosa gefärbt, in der Mitte rotgefleckt. Jede Blüte scheidet einen Nektartropfen aus, in dem sich das Licht noch einmal bricht und den wächsernen Glanz der Blüten hervorhebt. Außerdem duften sie ganz im Gegensatz zur sonstigen Verwandtschaft der Seidenpflanzen überaus angenehm. Nach dem Verblühen dürfen die Blütenstiele nicht entfernt werden, weil sich daran – oftmals noch im gleichen Jahr – neue Dolden ausbilden.

Wenn man einen bewurzelten Steckling in Pflege nimmt, dann sollte man den emporstrebenden Trieb mindestens einmal entspitzen, um die Pflanze zum Austrieb der Seitenknospen zu veranlassen. Die langwachsenden Triebe gilt es trotzdem zu bändigen. Das geschieht in der gleichen Weise wie bei den Passionsblumen durch kreisförmiges Anheften an ein Spalier.

Der Standort der Pflanzen soll von April ab möglichst nicht mehr gewechselt werden, weil sonst die Ausbildung der Knospen verzögert oder sogar verhindert werden kann. Der ideale Standort ist ein nach Osten oder Westen zeigendes Fenster. Die Pflanzen gedeihen aber auch am Südfenster, wenn täglich ausreichend gegossen wird.

Von *H. carnósa* existieren Varietäten mit gelblich- bis rotgeranderten bzw. gelblichweiß marmorierten Blättern. Sie zieren mit dem bunten Blattschmuck auch im nichtblühenden Zustand. Daneben gedeiht in den Wohnräumen auch die «Schöne Wachsblume», *Hoya bélla*, als Ampelpflanze. Andere Arten gedeihen nur in Vitrinen oder Pflanzenfenstern bei höheren Wintertemperaturen und höherer Luftfeuchtigkeit, wie z. B. *Hoya cinnamomifólia*.

Wachsblume, *Hoya carnósa*

Kokardenblumen
Ordenssterne
Leuchterblumen

Huérnia spp.

Stapélia spp.

Ceropégia spp.

Die hier vereinigten Pflanzen sind zwar seltener gepflegte, aber reizvolle Zimmerpflanzen für Liebhaber, die sich an den bizarren Gewächsen mit den absonderlichen Blüten erfreuen.

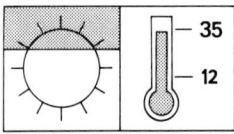

Obwohl sie alle aus heißen Trockengebieten stammen, ist hinter der Fensterscheibe während des Sommers leichte Schattierung notwendig.

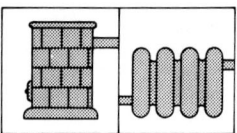

Die Pflege gelingt in jedem Raumklima, wenn die geforderten Wintertemperaturen eingehalten werden können.

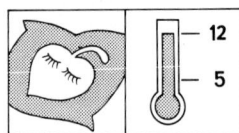

Den Winter überdauern sie bei Temperaturen von höchstens 15 °C. Eine ungeheizte Veranda bietet am ehesten den geforderten hellen, kühlen Stand. Leuchterblumen dürfen im Winter im wärmeren Zimmer bleiben.

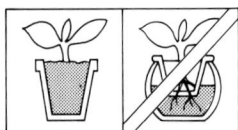

Kokardenblumen und Ordenssterne wachsen gern in flachen Schalen, Leuchterblumen meist als Ampelpflanzen. Alle benötigen Kakteenerde oder ähnlich durchlässige leichte Erde; immer mit Sand abdecken.

Im Sommer wird reichlich gegossen, stehende Nässe ist zu vermeiden. Im Winter entsprechend der Temperatur nur leicht feucht halten. Gedüngt wird während der Vegetationszeit mit stickstoffärmerem Kakteendünger.

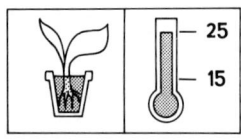

Triebstücke von Kokardenblumen und Ordenssternen an den dünnen Ansatzstellen abtrennen, nach dem Abtrocknen in Kakteenerde stecken, erst nach dem Bewurzeln gießen! Leuchterblumentriebe lenkt man durch Erde.

Kokardenblumen und Ordenssterne

Die fünfzipfligen Blüten aller Seidenpflanzengewächse ähneln hier einem sternförmigen Orden oder den früher gebräuchlichen Kokarden des Militärs. Der ebenfalls gebräuchliche Name Aasblume bezieht sich auf den von den Blüten ausgehenden Geruch, der Fliegen zur Bestäubung anlocken soll.

Wegen ihres kakteenähnlichen Aussehens ist man geneigt, auch bei ihrer Pflege die Maßstäbe der Kakteenhaltung anwenden zu müssen. Es sind jedoch Pflanzen des Unterholzes, die wenigstens in unserem Sommer leichten Halbschatten verlangen, andernfalls stellen sich Verbrennungen ein. Sie benötigen immer ein leicht feuchtes Erdsubstrat, sind aber gegenüber Nässe, besonders am Wurzelhals, empfindlich. Die oberste Erdschicht wird deshalb etwa fingerdick mit körnigem Sand abgedeckt.

Vom Spätsommer an zeigen sich zunächst große Blütenknospen, die, mit einem hörbaren Knall aufspringend, in Sekundenschnelle eine bis auf den Geruch märchenhafte Blüte zur Entfaltung bringen. Nach der Bestäubung durch Fliegen entwickeln sich zwei bananenförmige Schoten, die leichte Flughaarfrüchte enthalten. Wer Spaß daran findet, kann sie auf Kakteensubstrat streuen und nur ganz leicht mit gesiebtem Substrat mehr festlegen als bedecken. Bei milder Feuchtigkeit keimen sie bald aus.

Stapélia variegáta ist die am meisten verbreitete Art. Die größten Blüten besitzt *S. gigantéa* mit einem Blütendurchmesser bis zu 35 cm! Sehr dekorative Arten sind darüber hinaus *S. incomparábilis, grandiflóra, nóbilis* und viele andere. Ähnlich sind die Arten der Gattung *Huérnia, Duvália* und *Piaránthus*.

Leuchterblumen, *Ceropégia spp.*

Es sind Rankenpflanzen mit dünnen Stengeln und gegenständigen Blättern, die als Ampelpflanzen gehalten werden. Das Überraschende sind wiederum die Blüten, die wie ein Wunder der Pflanzenarchitektur einem Kandelaber ähnlich sehen. Bei *C. sandersónii* und *ballyána* kann man sie sogar mit einem Fallschirm vergleichen. Zur Bestäubung werden auch hier Insekten angelockt, die in der Blüte solange gefangen bleiben, bis die Bestäubung erfolgt ist.

Ceropégia radícans besitzt mit 7,5 cm Höhe die größten Leuchterblüten. Die kleinblütige *C. woódii* hält ganzjährig auch in ferngeheizten Wohnungen aus.

Leuchterblume, *Ceropégia stapeliifórmis*, dahinter eine Ordenssternblüte von *Stapélia grandiflóra*

Steinbrech

Judenbart

Saxífraga stolonífera
S. stolonífera 'Tricolor'

Der Judenbart ziert als Ampelpflanze weniger durch die unscheinbaren Blüten als durch die wie an einem Vorhang herabhängenden Ausläufer mit der Vielzahl von Tochterpflanzen.

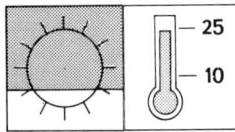

Im Winter werden die Strahlen der tiefstehenden Sonne vertragen, im Sommer sollte dagegen ein halbschattiger Platz gewählt werden. Besondere Temperaturansprüche bestehen nicht.

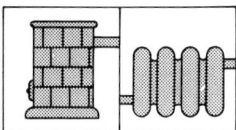

Die Pflanzen gedeihen bei Ofenheizung besser. Bei zu hoher Lufttrockenheit leiden die Ausläufer, die Mutterpflanze überdauert. Man hängt den Judenbart am besten an ein kühleres Fenster.

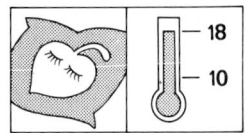

Die Wintertemperaturen sollen möglichst unter 18 °C liegen. Bei der buntblättrigen Form 'Tricolor' dürfen sie aber nicht unter 15 °C absinken.

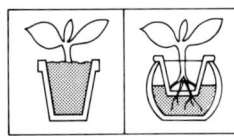

Komposterde, Torf und Sand (3:1:1) oder Blumenerde dienen als Kultursubstrat. Hydrokultur ist in 0,1%iger Nährlösung möglich, dabei den Flüssigkeitsstand im Winter stark absenken.

Das Substrat ist immer gleichmäßig feucht zu halten. Im Sommer verbrauchen die Pflanzen mit den üppig wuchernden Ausläufern viel Wasser. Im Winter würde ein zu nasser Stand jedoch zu Fäulnis führen.

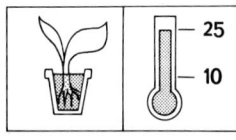

Die Tochterpflanzen werden direkt in Erde eingepflanzt oder in einem Hydrogefäß mit vorübergehend hohem Wasserstand zur Bewurzelung gebracht.

Am natürlichen Standort würden sich die Ausläufer auf der Erde ausstrecken und zur Verbreitung der Pflanzen beitragen. In einer Ampel gehalten, wird der Judenbart jedoch zur Hängepflanze, die ihr besonderes Gesicht von den ringsum herabquellenden langen Ausläufern erhält.

Der Name ist leicht abzuleiten: lat. sáxum = Stein oder Felsstück und frángere = brechen (weil die Wurzeln in Gesteinsspalten eindringen) sind zum Gattungsnamen Saxifraga zusammengefügt. Die Artbezeichnung stolonifera ist mit «Ausläufer treibend» zu übersetzen. Es existiert darüber hinaus eine buntblättrige Form 'Tricolor', deren Blätter weißgrün gefärbt und rot gerandet sind. Steinbrech verträgt tiefen Schatten und hält sich in Terrarien überaus gut.

Hortensien, *Hydrangéa macrophýlla*

Zur gleichen Familie der Steinbrechgewächse, wenn auch nicht zur Gattung Saxifraga, zählen die Hortensien. Es sind zwar keine eigentlichen Zimmerpflanzen, aber man erhält sie gelegentlich als hübsche Topfpflanze geschenkt und weiß oft nichts Rechtes damit anzufangen, weil sie sich im Zimmer auf die Dauer nicht halten. Die Pflanzen stammen aus China und Japan. Bevor sie um 1790 nach Europa (in den Garden von Kew) kamen, waren sie durch Porzellanmalereien hierzulande schon bekannt. Sie wurden zuerst unter dem Namen Hortensia geführt, dann in Viburnum umgetauft und schließlich zur Gattung Hydrangea gestellt. Da aber ihr ältester Name schon bald eingedeutscht worden war, heißen sie im Deutschen immer noch Hortensie.

Topfhortensien erhält man im Nachwinter bis Vorfrühling. Sie sind möglichst kühl, aber hell zu stellen und ab Mitte Mai an den endgültigen Platz im Freien zu gewöhnen. Sie bevorzugen windgeschützten Stand unter leichtem Baumschatten in humusreichem, ständig mild-feuchtem Erdreich, das mit Torfzugaben aufgewertet werden kann.

Hortensien sind normalerweise rosa gefärbt. In saurem Boden bzw. bei Anwesenheit von Kalialaun, Ammoniakalaun, Aluminiumsulfat oder Aluminiumchlorit färben sie sich schön hellblau. Man gibt deshalb eines der Salze (3 bis 5 g/l) gleich zur Nährlösung hinzu, die man vom Triebbeginn bis Mitte August wöchentlich verabreicht. Weiße Hortensien lassen sich allerdings nicht färben, und intensiv rote Züchtungen ergeben nur ein häßliches Blauviolett. Im Winter sind Hortensien mit einer Reisigabdeckung vor der Kälte zu schützen.

Judenbart, *Saxífraga stolonífera*

Pelargonien

Geranien
Pelargónium zonále,
P.-Zonále-Hybriden

Pelargonien bzw. Geranien sind seit alters her beliebte Zimmerpflanzen, die sich ebenso zur Bepflanzung von Schalen, Töpfen und Blumenkästen im Freiland und auf dem Balkon bewährt haben.

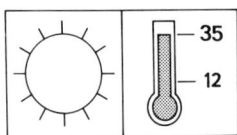

Pelargonien lieben volle Sonne und vertragen selbst heiße Standorte, wenn sie entsprechend gegossen werden. Nur von den vollblumigeren Züchtungen bei einem Stand hinter dem Fenster die heiße Mittagssonne abhalten.

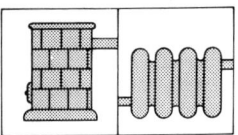

Sie gedeihen und blühen in jedem Raumklima, wenn nur ein kühlerer Winterstand gewährt werden kann.

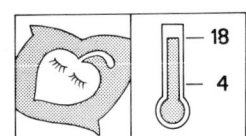

Während der lichtarmen Zeit sind Temperaturen von 6 bis 8 °C am besten. Bei Zentralheizung gebe man einen kühlen Platz: vor der Balkontür, im Schlafzimmer, sogar im dunklen, kühlen Keller.

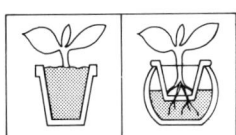

Pelargonien gedeihen in Blumenerde, der etwa ¼ Sand zugesetzt wird. Hydrokultur lohnt nicht, weil die Pflanzen bei der Überwinterung relativ trocken stehen müssen.

Während des Sommers ist reichlich zu gießen, aber erst mit Blühbeginn zu düngen. Im Winter trocken halten; lieber ein Zurücktrocknen der Triebe tolerieren als die Pflanzen durch Wurzelfäule verlieren!

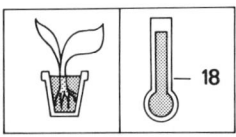

Vermehrt wird durch Triebstecklinge mit 3 bis 4 Blättern am besten im Hochsommer. Sie bewurzeln sich in etwa 3 Wochen und werden in der Regel erst nach der Winterruhe vereinzelt bzw. umgetopft.

Als im 17. Jahrhundert die Segelschiffahrt immer weiter entfernte Regionen der Ozeane erkundete, führte der Weg nach Ostafrika und Asien um das Kap der Guten Hoffnung. Dort begegneten den Seeleuten beim Landgang nach teils monatelanger Seefahrt die schönen Pelargonium-Wildarten, die im dortigen Frühling herrlich blühten. Auf der Rückreise mit nach Europa gebracht, entdeckten wohl die Engländer als erste die Liebe für diese Pflanzen. Linné hatte sie seinerzeit unter die Gattung Geranium eingereiht. Erst L'Héritier de Brutelle (1746 bis 1800) begründete später die Unterschiede zwischen Geranium und Pelargonium, so daß wir bis heute beide Namen für die gleichen Pflanzen verwenden.

Inzwischen hat die Züchtung immer großblumigerer und blühwilligerer Kulturformen Bedeutung erlangt, vor allem in Europa und in den USA. *Pelargónium zonále* ist jedoch nach wie vor in allen für das Zimmer geeigneten Hybriden enthalten, wie jedermann leicht an der dunkler gefärbten Zone auf den rundlichen bis nierenförmigen, flaumig behaarten Blättern sehen kann. Ihre Blüten stehen zu einer Dolde vereinigt über dem Laub und leuchten, gleichgültig ob gefüllt oder ungefüllt, in den verschiedensten Farbtönen von rot, rosa, über violett bis weiß.

Den züchterischen Fortschritt kann nur der ermessen, der die Wildarten, so wie sie den Seefahrern damals vor Augen kamen, in einem botanischen Garten bestaunt. Eine dieser Arten hat die Jahrhunderte in den Stuben überdauert! Es ist die erfrischend und intensiv nach Zitronen duftende Zitronengeranie *Pelargónium odoratíssimum.* Sie erinnert an die ferne Zeit, in der man auch duftende Pflanzen ohne auffälligen Blütenschmuck als Besonderheit pflegte und sich am Duft berauschte und ergötzte. Gleiches gilt für die beiden Arten *Pelargónium gravéolens* und *P. rádula,* die wegen ihres «balsamischen» Duftes nach Rosen beliebte Pfleglinge in den Stuben gewesen sind.

Zur Stecklingsvermehrung schneidet man Triebe mit etwa 4 Blättern unmittelbar unter einem Blattknoten, entfernt die Nebenblättchen der beiden unteren Blätter, läßt die Schnittflächen einige Stunden im Schatten abtrocknen und steckt die Triebe am besten zu mehreren am Rande eines Tontopfes in übliches Stecklingssubstrat (Torf/Sand 1:1). Man stellt das Ganze halbschattig und überbraust, wenn es erforderlich ist. Nach der Überwinterung sind Pelargonien stark zurückzuschneiden.

Geranie, *Pelargónium-Zonále-Hybríde*

Kamellie

Caméllia japónica

Kamellien galten seinerzeit als eine der wertvollsten Entdeckungen des ganzen 18. Jahrhunderts. Diesen Reiz des Fremdländisch-Eleganten haben sie sich bis heute erhalten, auch wenn ihre Haltbarkeit in den zunehmend wärmeren Wohnräumen immer mehr leidet.

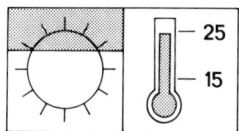

Kamellien wollen kühl, luftig und hell, aber niemals unter greller, direkter Sonneneinstrahlung stehen. An heißen Tagen sollte ab und zu mit Wasser übersprüht werden.

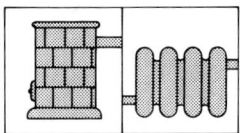

Wenn der kühle Winterstand gewährt werden kann, ist die Art der Heizung ohne Belang. Ein ofengeheizter Raum oder eine kühle Veranda bieten jedoch bessere Existenzbedingungen.

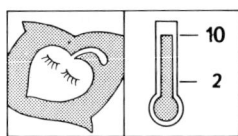

Während des Winters müssen die Kamellien, wenn sie ihre Knospen behalten sollen, in einem möglichst ungeheizten Raum bei etwa 6 bis 8 °C Wärme stehen. Höhere Lufttrockenheit führt zum Knospenfall!

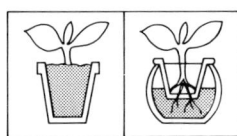

Lauberde, Moorerde, gut abgelagerte Rasenerde und Sand zu gleichen Teilen mischen. Nur alle 3 bis 4 Jahre umtopfen! Auf den Grund gehört eine Schicht grober Sand oder Kies. Hydrokultur empfiehlt sich nicht.

Die Pflanzen dürfen nie trocken werden, aber zu viel Nässe schadet ebenfalls. Vor allem im Winter gieße man sehr vorsichtig. Ab Triebbeginn bis Anfang Juli wöchentlich mit schwacher Nährsalzlösung (0,05%ig) düngen.

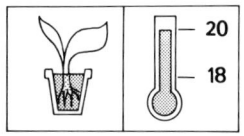

Im März Kopf- oder Stammstecklinge mit 2 Blättern am Rande eines Tontopfes von 8 cm Durchmesser in Substrat aus feuchtem Torfmull und körnigem Sand (1:2) fest einstecken, gut angießen und feuchtwarm aufstellen.

Der mährische Jesuitenpater Georg Josef Camellius brachte im Jahre 1739 die erste Pflanze von einer Weltreise nach Ostasien und den Philippinen nach Europa. Linné gab den Neuankömmlingen den Gattungsnamen des Entdeckers mit der auf die Herkunft deutenden Artbezeichnung. Da sich Georg Kamell wenigstens in der latinisierten Form seines Namens mit zwei l schrieb, wollen auch wir dabei bleiben.

So gern sich jedermann an der Pracht der Kamellienblüten erfreut, so heikel sind die Pflanzen über den Winter zu bringen! Falls sie nach den letzten Nachtfrösten über Sommer an halbschattigem Platz im Freien standen, werden sie im Oktober wieder ins Haus geräumt. Krasse Temperaturdifferenzen soll man dabei vermeiden, und auch am neuen Standort sind die Pflanzen wieder mit der Seite zum Licht auszurichten, die schon zuvor zur Haupteinfallsrichtung gewiesen hatte. Bis Ende Dezember dürfen sie bei möglichst nur 4 bis 6 °C gehalten werden, ab Ende Januar kann man die Temperatur auf 10 bis 15 °C steigern. Danach setzt allmählich der Blütenflor ein. Wenn man alle Übergänge in der Kultur allmählich gestaltet und den Pflanzen «keinen Schrecken einjagt», werden sie auch beim Liebhaber blühen. Deshalb sind Kamellien auch im Juli ganz allmählich an die anschließende Zeit geringerer Wassergaben zu gewöhnen. In dieser «Trockenzeit» sollen sie nämlich die Blütenknospen ausbilden. Ebensowenig vertragen Kamellien sengende Sonnenbäder oder Gießen mit kalkhaltigem oder gar kaltem Leitungswasser. Wenn aber zu Hause wieder einmal die Knospen am Boden liegen, dann lasse man für dieses Jahr die Finger ganz von den Kamellien und schaue sich statt dessen lieber die prächtige Kamellie in Schloß Pillnitz an! Sie wird nämlich so wie beschrieben behandelt und blüht auch Jahr für Jahr.

Die Pillnitzer Kamellie kam 1770 in die Orangerie. Sie ist mittlerweile die älteste in Europa stehende Pflanze, denn die damals zur gleichen Zeit in Schönbrunn bei Wien, Herrenhausen bei Hannover und dem Kew-Garden bei London angepflanzten Kamellien sind alle eingegangen. 1801 wurde die Kamellie in Pillnitz frei in den Garten ausgepflanzt und während des Winters durch einen heizbaren Holzbau vor Frost bewahrt, später aber von einem Stahlgerüst umgeben, in das im Winter Glasscheiben eingeschoben werden.

Den einfachen Blüten der ältesten Pflanzen hat die Züchtung längst gefüllte entgegengesetzt. Unter den bislang rotblühenden Kamellien wurde 1979 in China erstmalig eine gelbe gefunden. Ob sie vielleicht einmal ebenso gefragt sein wird wie im 18. und 19. Jahrhundert die roten Kamellien?

Kamellie, *Caméllia japónica*

Weihnachtsstern

Poinsettie

Euphórbia pulchérrima
Poinséttia pulchérrima

Nach dem Artnamen pulcherrima sind Weihnachtssterne die allerschönsten unter den Euphorbiengewächsen, und in der Tat sind sie eine besondere Zierde der dunkelsten Tage um die Jahreswende.

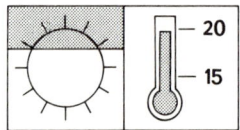 Während der winterlichen Blütezeit hell, auch sonnig, aber bei mäßiger Wärme halten. Im Sommer bei halbschattigem Stand und normalen Temperaturen zu neuem Wachstum anregen.

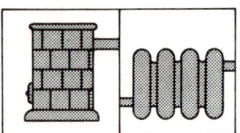 Die Raumqualität und der empfohlene Temperaturbereich sind nur dann von Bedeutung, wenn die Pflanzen nach der Blüte weitergepflegt werden sollen.

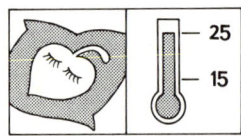 Nach der Blüte 4 bis 6 Wochen trocken halten. Nach dem Abfallen der Blätter den Stengel auf 15 cm Länge zurückschneiden. Im Mai wieder gießen und zum Austreiben bringen.

 Im Mai alte Erde ausschütteln und in leichtes, humoses Substrat aus Blumenerde, Torf, Sand (3:2:1) eintopfen. Hydrokultur lohnt nicht.

 Nach dem Austrieb reichlich gießen, bis Mitte August regelmäßig einmal wöchentlich düngen (1 g/l) und bei Trockenheit die Luftfeuchtigkeit durch Sprühen erhöhen. Stauende Nässe führt zu Wurzelfäule.

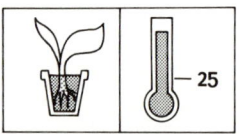 Die Stecklingsvermehrung bei hoher Wärme und Luftfeuchtigkeit sollte man den Gärtnern überlassen.

Weihnachtssterne zählen nicht zu den dauerhaften Zimmerpflanzen, weil sie der Zimmergärtner nur mit großer Mühe zu erneuter Blüte bringen wird. Im modernen Zimmerklima kommen sie ohnehin nicht gut fort. Liebhaber mögen dennoch die Weiterkultur versuchen.

Weihnachtssterne stammen aus Mittelamerika. Nach der Meinung der Ureinwohner haben die Pflanzen ihr attraktives Aussehen einer aztekischen Göttin zu verdanken, der wegen einer unglücklichen Liebe das Herz brach. Aus den Tropfen ihres Blutes sollen die Feuerblumen mit den tiefgrünen Laubblättern und den blutroten «Blüten» gewachsen sein. Heute wissen wir, daß die vermeintlichen Blüten sogenannte Hochblätter (Brakteen) sind, die die unscheinbaren Blütenstände umgeben, aber gerade den Wert der weihnachtlichen Dekorationspflanze ausmachen. Sie wurde wie Christusdorn und Passionsblume in die Symbolik der christlichen Religion einbezogen, nur daß die Züchter die ursprüngliche blutrote Farbe der Hochblätter inzwischen auch in Rosa, Creme und Weiß abgewandelt haben.

Bei einigermaßen zusagenden Bedingungen hält der Blütenschmuck über Wochen unvermindert an, und selbst in der Vase halten sich abgeschnittene Triebe sehr lange frisch. Mit dem Ende der Blütezeit wird man sich in der Regel von den Pflanzen trennen. In der Heimat folgt nach der Blüte eine Trockenperiode mit hohen Temperaturen. Danach setzt bei reichlicher Feuchtigkeit der Neutrieb ein, und die Blütenbildung folgt mit der Abnahme der Tageslänge unter 10 Stunden. Den Gärtnern ist es deshalb möglich, durch entsprechendes Verdunkeln zu verschiedener Jahreszeit blühende Weihnachtssterne anbieten zu können. Der Liebhaber räume seine Pflanze im September ans volle Licht, setze mit dem Düngen aus und verdunkle ab Ende Oktober die Pflanzen vom Nachmittag bis zum nächsten Morgen durch entsprechende lichtundurchlässige Abdeckung 3 Wochen lang.

Die Pflanzen wurden 1834 vom Berliner Botaniker Klotsch benannt. 1836 hat sie Graham in Edinburg in Unkenntnis der bereits erfolgten Beschreibung Poinsettia genannt. Dieser Name ist bis heute im englischen Schrifttum gebräuchlich. Der Name Euphorbia aber bezieht sich auf Euphorbus, den Leibarzt des numidischen Königs Juba, der als erster den giftigen Milchsaft der Wolfsmilchgewächse für Heilzwecke verwendet haben soll. Die Anwendung in der Medizin ist uns heute nicht mehr bekannt. Vor dem giftigen Pflanzensaft muß man sich jedoch vorsehen, er darf nicht in die Augen gelangen.

Weihnachtsstern, *Euphórbia pulchérrima*

Wunderstrauch

Codiaeum
Croton

Codiaēum variegátum
C. variegátum 'Pictum'
Crôton variegátus

Wundersträucher gehören durch die überaus bunte Blattfärbung und die vielfältig geformten Blätter zu den schönsten tropischen Einwanderern in die Stuben des nördlichen Europa.

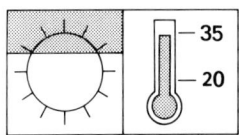

Der Wunderstrauch verlangt einen sonnigen, nur leicht beschatteten Platz, höhere Luftfeuchtigkeit und gleichmäßige Temperatur, möglichst über 20 °C.

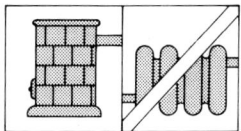

Die Pflanzen sind gegenüber Lufttrockenheit und Temperatursturzen sehr empfindlich. Nur in der Pflanzenvitrine kann ihren Umweltanforderungen entsprochen werden.

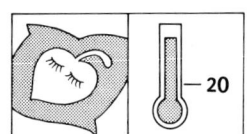

Auch im Winter müssen 20 °C bei höherer Luftfeuchte gewährleistet sein! Eine eigentliche Ruhezeit ist nicht ausgeprägt.

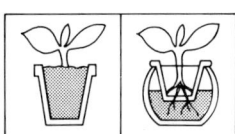

Als Erde eignet sich die handelsübliche Blumenerde. Zu empfehlen ist die Haltung in Hydrokultur (Nährsalz ganzjährig 0,1%ig).

Man gieße regelmäßig, aber niemals zu viel, und dünge während des Sommers jede Woche mit aufgelöstem Nährsalz (0,1%ig).

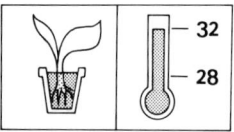

Die Gärtner schneiden Stecklinge und bewurzeln sie bei hoher Bodenwärme im Vermehrungsbeet. Der Liebhaber verjüngt verkahlende Pflanzen durch Abmoosen.

Die überaus prächtigen Pflanzen verlocken, wenn sie frisch aus dem Gewächshaus kommen, tatsächlich jedermann zum Kauf. Die Schwierigkeiten stellen sich erst in der eigenen Wohnung ein, denn so schön und dekorativ die Wundersträucher auch aussehen, gegen trockene Luft und absinkende Temperaturen sind sie sehr empfindlich. Auf Dauer wird man sie nur in einer Pflanzenvitrine pflegen können.

Codiaeum ist überall in den Tropen verbreitet, die engere Heimat unserer Art sind die Malaiischen Inseln und die Südseeinseln. Vertreter der Gattung, die etwa 14 Arten enthält, waren schon lange bekannt und zum Teil in der Volksmedizin verwendet worden, z. B. mehrere Sorten «Drachenblut» in der Medizin (aber auch in der Malerei), Kopalcherinde gegen Malaria, Purgircroton bei Verstopfungen, Crotonöl als schweißtreibendes Mittel. Frische Blätter verwendete man bei Wunden und Geschwüren als heilende Auflage.

Noch vor reichlich 100 Jahren hielt man einige der Arten des Schmuckes wegen nur hier und da in europäischen Gewächshäusern.

Der Siegeszug von Croton, jetzt *Codiaēum variegátum* genannt, ist erst ein Ereignis unseres Jahrhunderts. Die Gärtner versuchen, nicht nur die Schauwirkung, sondern auch die Zimmerhärte zu steigern. Wollen wir hoffen, daß sie hierin bald Erfolg haben mögen!

Der ursprüngliche Name Croton = Hundszecke geht auf Linné zurück. Die Ableitung ist unklar. Ob der giftige Saft gegen die Zecken verwendet wurde, ist nicht überliefert, bei den vielen Anwendungsmöglichkeiten der Pflanzen aber denkbar. Schließlich wurden ja auch Mittel gegen Schlangenbisse gewonnen sowie aus Blättern und Trieben sogar «Liqueur» destilliert. Er ist also nicht nur der Blattfärbung wegen ein wahrer Wunderstrauch.

Zurück zur Blattfärbung: Angestammtes Grün, Gelb in mehreren Abstufungen, Rosa und Rot bis Braun färben die Blätter als Säume, Streifen und Flecken bei kontrastierender Blattaderung. Häufig ist jedes Blatt anders gefärbt; den Variationen in der Färbung stehen ebensolche in der Blattform zur Seite.

Im Zimmer wird unser Wunderstrauch früher oder später die unteren Blätter verlieren. Man verjünge die Pflanze durch Abmoosen. Wenn die ersten Wurzeln durchs Moos hindurchschauen, wird der Kopf abgeschnitten und ohne das Moos abzulösen in Blumenerde eingetopft. Im Winter wirken sich zusätzliche Beleuchtung und gleichmäßige Wärme günstig aus. Nächtliche Abkühlung und Zugluft werden nicht vertragen.

Wunderstrauch, *Codiaēum variegátum*

Christusdorn

Euphórbia mílii var. spléndens
E. mílii var. mílii

Durch interessante Gestalt, langanhaltenden Flor und Widerstandsfähigkeit gegenüber dem modernen Raumklima ein anscheinend zeitloser «Evergreen» unter den Zimmerpflanzen.

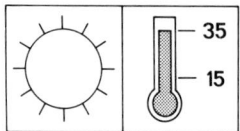

Ihren natürlichen Umweltbedingungen entsprechend, verlangen die Pflanzen volle Sonne und einen warmen Stand. Sie vertragen trockene Luft auch während des Winters.

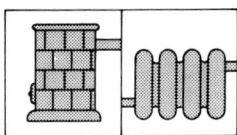

Entscheidend für eine erfolgreiche Haltung sind bei sonnigem Stand allein die Temperaturen am winterlichen Standort.

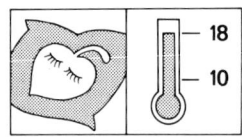

Bei zu warmem Stand vergeilender Neutrieb muß im Frühjahr zurückgeschnitten werden. Die Erde ist mäßig, aber gleichmäßig feucht zu halten.

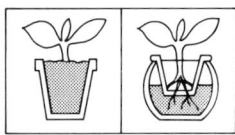

Blumenerde und Kakteenerde zu gleichen Teilen gemischt, dient als Substrat für Erdkultur. Christusdorne gedeihen auch prächtig in Hydrokultur.

Ganzjährig mäßig, aber gleichmäßig feucht halten. In Hydrokultur darf der Nährlösungsstand nur den Boden des Einsatzes erreichen.

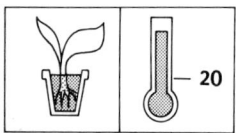

Ausgereifte vorjährige Triebe abtrennen, Schnittfläche in Wasser tauchen, um das Ausbluten zu unterbrechen und in «gespannter» Luft im Stecklingssubstrat bewurzeln lassen.

Nach Euphorbus, dem Leibarzt des numidischen Königs Juba, wurde die Pflanzengattung, zu der auch der Weihnachtsstern gehört, benannt. Der Artname milii (nach lat. miles = Soldat) weist auf die dornige Bewaffnung der Pflanzen hin und die Bezeichnung der Varietät splendens (von lat. splendidus = schimmernd, glänzend) auf die Blüten.

Die verzweigten und bedornten Triebe tragen an den Triebspitzen Blätter, die in «Notzeiten» oder unter extremen Bedingungen abgeworfen werden. Schon im Frühjahr erscheinen in den Blattachseln des Neutriebes Blüten, die bei der Wildform leuchtend rot, bei den Kulturformen auch gelb, dunkelrot oder in Zwischentönen gefärbt sind. Die neuen Züchtungen blühen schon ab 10 cm Höhe als sogenannte «Zwerg-Somona» besonders reich.

Die Pflege bereitet keine Schwierigkeiten. Zu empfehlen ist das Einsetzen bewurzelter Stecklinge in Hydrogefäße. Nach dem Anwachsen stutzt man den in die Höhe strebenden Trieb, um verzweigte Pflanzen zu erhalten.

Nach dem Stecklingsschnitt ist der Milchsaft von der Schnittfläche durch Eintauchen in Wasser oder Abtupfen zu entfernen. Wie bei jedem Sukkulentensteckling muß die Schnittfläche aber erst abgetrocknet sein, bevor man ihn im Substrat bewurzeln läßt. Umgetopft wird nach der Winterruhe; man wähle die Gefäße nicht zu groß.

Euphorbiengewächse

Unter den Euphorbiengewächsen gibt es eine ganze Reihe weiterer Pfleglinge, denen es lediglich an dekorativen Blüten fehlt. Da sich jedoch auch bizarre Gestalten mit guter Eignung zur Haltung in Wohnräumen hinter dem Namen Euphorbia verbergen, seien die interessantesten im folgenden vorgestellt. Ihre Pflege entspricht der des Christusdorns, nur daß die Wintertemperaturen im unteren angegebenen Bereich zu wählen sind und sich die Pflege bei den kleineren Arten in Hydrokultur nicht lohnt. Wir lehnen uns an die Einteilung an, wie sie Haage in seinem Band «Kakteen und Sukkulenten» vorgenommen hat.

Zweistachler

Sie tragen paarweise, meist nach unten gerichtete Dornen. Hierher gehören neben dem schon beschriebenen Christusdorn auch die folgenden Arten:
Euphórbia candelábrum: Es sind dekorative Sukkulenten, die in ihrer Form einem Säulenkaktus ähneln. Sie bilden ei-

Christusdorn, *Euphórbia mílii var.* spléndens

nen besonderen Zimmerschmuck, zumal sie höhere Wintertemperaturen vertragen und ganzjährig im Wohnzimmer stehen können. Im Alter verzweigen sich die Pflanzen kandelaberartig, wachsen jedoch in den Töpfen nicht allzu schnell.

Euphórbia grandicórnis: Eines der imposantesten und exotischsten Gewächse. Die einzelnen Triebe sind in regelmäßigen Abständen tief eingeschnürt, die Kanten des flachen Pflanzenkörpers stark gewellt und mit sehr kräftigen Dornenpaaren besetzt.

Euphórbia anguláris: Der *E. grandicórnis* ähnliche, jedoch zierlichere Art mit viel kürzeren und schwächeren Dornen und regelmäßiger gegliedertem Körper.

Euphórbia coerulléscens: Sie bildet bläulich bereifte vier- bis sechskantige Äste von etwa 3 cm Durchmesser. Die Dornenpaare erreichen bis 12 mm Länge. Ähnliche Arten sind u. a. die milchige *Euphórbia láctea, E. grándidens,* die großgezähnte Euphorbie, *E. griséola,* die graugezähnte Euphorbie.

Euphórbia canariénsis: Eine dekorative Euphorbie mit ganz dicht stehenden Dornenpaaren an vier- bis sechskantigen Ästen. *E. échinus* wächst ähnlich verzweigt, ist aber schwächer bedornt. *E. fruticósa* hat abstehende, bis 2 cm lange Dornen, und bei *E. avasmontána* stehen die Dornen auf einer hornigen Randleiste.

Dornenblüher

Aus unentwickelten Blütenständen entwickeln sich lange, teils verzweigte Dornen. Zu dieser Gruppe gehören:

Euphórbia fimbriáta: gesäumte oder gefelderte Euphorbie, deren hellgrüne Rippen in sechseckige Felder mit weißen Blattnarben aufgeteilt sind. Ähnlich sieht *E. mammilláris* aus. Ihre Kanten sind von waagerechten Furchen unterbrochen. Die Pflanzen sind ebenfalls sechseckig gefeldert, nur dunkler gefärbt als *E. fimbriáta.*

Melonenförmige Euphorbien

Der Name leitet sich von der Form des Pflanzenkörpers ab. Die kugelförmigen Gebilde verkörpern nicht nur maximales Rückhaltevermögen der lebensnotwendigen Feuchtigkeit, sondern auch größtmögliche Sukkulenz.

Euphórbia obésa: Sie zeigt sich mit der Rundung einer Kugel als das Endglied einer langen Entwicklungsreihe zur Sukkulenz und damit der Anpassung an ungünstige Lebensumstände. Färbung hell graugrün, meist 8 nur angedeutete Furchen und dazwischenliegende Punktmarkierung der früheren Rippen.

Durchmesser des Pflanzenkörpers etwa 10 cm.

Euphórbia melofórmis: Der Körper ist noch tief gerippt, mit rötlichen Querbändern versehen. Durchmesser der Pflanze wiederum etwa 10 cm. Ähnlich ist die rein grüne, nur etwas «dickere» *E. válida.*

Blätterkronen

Sie haben verdickte Stämme oder kugelförmige Körper, aus deren Scheitel ein Blätterschopf entsprießt. Die Ansatzstellen der früher gebildeten, mittlerweile abgefallenen Blätter stehen als schuppenförmige Narben spiralig rings um den Pflanzenkörper.

Euphórbia bupleurifólia ist der schönste Vertreter dieser Gruppe. Sie sieht aus wie eine Ananas, nur daß der Blattschopf auch noch den Christusdornen ähnliche Blüten trägt und die ganze Pflanze giftig ist. Im Winter, wenn der Blattschopf abfällt, ist das Gießen völlig einzustellen.

Medusenköpfe

Hier entspringen einem dicken Haupttrieb am Scheitel schlangenartige Arme, die sich gleich den Haaren der sagenhaften Medusen nach unten winden.

Euphórbia cáput-medúsae: Sie verkörpert diese Wuchsform am ausgeprägtesten. Dem bis zu 20 cm dicken Pflanzenkörper entspringen viele «Medusenäste», die am Ende wieder aufgerichtet sind. Ähnlich ist *E. esculénta,* die überraschenderweise «eßbare» Euphorbie, die in Afrika vom Weidevieh und vom Wild gefressen wird. Bei ihr sind die Medusenäste nur gering beblättert.

Euphórbia pugnifórmis: Sie wird auch als Scheinmeduse bezeichnet, weil die Medusenarme kurz sind. Ähnlich ist die *E. gorgónis* mit nur bis zu 25 mm langen Ästchen auf knolligem Hauptsproß.

Die Liebhaber unterscheiden weiterhin Flügelripper, Fingerblüher und Stäbchenglieder.

Noch einige Sätze zum giftigen Milchsaft: Schon auf den ersten Blick ist auffällig, daß Wolfsmilchgewächse kaum von Schädlingen befallen werden. Aus unserer Heimat ist zwar der Wolfsmilchschwärmer mit seinen dekorativen Raupen bekannt, aber an den Zimmereuphorbien werden wir kaum Parasiten zu befürchten haben.

Den Arzt Euphorbus nannten wir bereits, der um 50 v. u. Z. die Droge vielleicht als Purgans verwendet hat. Das Gift wird übrigens im Magen nicht abgebaut und darf auch nicht in die Augen gelangen.

Wolfsmilchgewächse:
hintere Reihe von links nach rechts:
Euphórbia enópla, E. grandicórnis, E. candelábrum
vordere Reihe von links nach rechts:
Euphórbia melofórmis, E. obésa, E. bupleurifólia

Rote Spinnen ballen sich nur bei sehr starkem Befall zu einer solchen Traube zusammen.

Blattlaus (als einzige unter den Schadinsekten lebendgebärend) mit zwei Jungtieren.

Schildläuse sind als Erwachsene immer unter einem widerstandsfähigen, je nach Art mehr oder weniger hohen, extrem kommaförmigen bis kreisrunden Schild versteckt. Nur die Erstlarven sind beweglich und in der Lage, einen eigenen Aufenthaltsort zu suchen.

Springschwanz mit der typischen, hier nach unten abgeklappten Springgabel (nach einem mikroskopischen Präparat).

Weiße Fliegen sind neben den Blattläusen die auffälligsten Schädlinge an Zimmerpflanzen.

Schwarze Fliegen, nur die Alttiere sind schwarz, die Larven dagegen sind sehr hell gefärbt.

Woll- oder Schmierläuse befallen vor allem Kakteen und andere Sukkulenten.

Kellerasseln schädigen vor allem im Überwinterungsquartier.

Standortempfehlungen
für Zimmerpflanzen

Pflanzen für kühle Räume bzw. kühle Überwinterung bei 5 bis 12 °C:

Agaven 34
Alpenveilchen 202
Aloe 160
Aukube 116
Azalee 118
Balsamine 92
Blutblume 44
Brunfelsie 180
Calla 74
Clivie 42
Dickblattgewächse 96
Dracaēna dráco 36
Efeu 60
Efeuaralie 64
Elefantenohr 44
Erika 120
Farne 100
Frauenschuh 186
Fruchtfeige 174
Gasterie 160
Geranien 228
Glockenblumen 114
Haworthie 160
Hibiskus 168
Hohlnarbe 188
Kakteen 126
Kamellie 230
Kokardenblumen 224
Korallenkirsche 182
Korallenraute 120
Lachenalie 156
Lebende Steine 176
Meerzwiebeln 152
Mittagsblumen 176
Myrte 178
Oleander 124
Ordenssterne 224

Palmen 196
Pantoffelblume 94
Passionsblume 198
Pelargonien 228
Primeln 204
Ritterstern 46
Rosmarin 178
Russischer Wein 208
Schiefteller 106
Schnappmäulchen 94
Schönmalve 166
Schopflilie 154
Tibetorchidee 188
Vallote 48
Veltheimie 156
Yucca-Palmlilie 34
Zierpaprika 182
Zimmeraralie 64
Zimmerlinde 166
Zimmertanne 66
Zinerarie 148

Pflanzen für temperierte Räume bei 12 bis 18 °C

Ährenstöckchen 88
Balsamine 92
Begonien 214
Billbergia 54
Buntnessel 164
Christusdorn 236
Dracaēna dráco 36
Dracaēna frágrans 36
Drehfrucht 106
Efeu 60
Farne 100
Geranien 228
Glanzkölbchen 88
Grünlilie 150
Gummibaum 172

Hibiskus 168
Kahnlippe 188
Kolumnea 110
Königin der Nacht 142
Leuchterblumen 224
Monstera 78
Palmen 196
Pelargonien 228
Ritterstern 46
Russischer Wein 208
Säulenkakteen (einige Arten) 140
Schiefblatt 214
Schiefteller 106
Schopflilie 154
Steinbrech 226
Wachsblumen 222
Yucca-Palmlilie 34
Zierspargel 158
Zypergras 212

Pflanzen für Wohnräume mit gleichmäßiger Wärme um 20 °C

Aglaoneme 68
Ananas 54
Anthurien 70
Billbergia 54
Blattfahne 74
Buntwurz 72
Christusdorn 236
Dieffenbachie 76
Drachenbaum 36
Euphorbien 236
Fingeraralie 62
Flammendes Schwert 58
Grünlilie 150
Gummibaum 172
Guzmanie 56
Gynura 146
Jakobslilie 50

Keulenlilie 36
Kokospälmchen 196
Kolbenfaden 68
Lanzenrosette 54
Marante 170
Monstera 78
Pachystachys 90
Pfeffer 200
Pfeffergesicht 200
Philodendron 80
Sansevieria 40
Schraubenbaum 220
Skindapsus 84
Syngonium 86
Usambaraveilchen 112
Wachsblumen 222
Weihnachtsstern 232
Wunderstrauch 234
Yucca-Palmlilie 34
Zypergras 212

Empfindliche Gewächse für Pflanzenfenster oder -vitrinen bei höherer Luftfeuchte und Temperaturen um 20 °C

Anthurien 70
Begonien 214
Bromelien 54
Buntwurz 72
Calathea 170
Dracaéna goldieána 38
Dracaéna sanderiána 38
Drehfrucht 106
Fícus púmila 174
Fingeraralie 62
Fittonien 90
Geweihfarn 100
Keulenlilie 38
Klimme 210
Kolumnea 110
Marante 170
Orchideen 192
Pfeffer 200
Philodendron 80
Ruellien 90
Schiefblatt 214
Tillandsien 56

Usambaraveilchen 112
Versteckblüte 56
Wunderstrauch 234

Pflanzen für warme und lufttrockene Räume bei Temperaturen von 20 bis 25 °C:

Aglaoneme 68
Begonia korallina 216
Christusdorn 236
Euphorbien 236
Dracaéna 36
Flammendes Schwert 58
Grünlilie 150
Guzmanie 56
Gynura 146
Lanzenrosette 54
Madagaskar-Palme 122
Monstera 78
Neoregelia 56
Philodendron 80
Ritterstern 46
Sansevieria 40
Skindapsus 84
Syngoníum 86
Usambaraveilchen 112
Wachsblumen 222
Yucca-Palmlilie 34
Zypergras 212

Zimmerpflanzen für schattigen Standort am Nordfenster oder im Inneren sonnenseitiger Räume:

Aglaoneme 68
Alpenveilchen 202
Aukube 116
Begonien 214
Brunfelsie 180
Dieffenbachie 76
Efeu 60
Efeuaralie 64
Farne 100
Fittonien 90
Grünlilie 150

Kolbenfaden 68
Schildblume 116
Schiefblatt 214
Schusterpalme 116
Skindapsus 84
Steinbrech 226
Syngonium 86
Usambaraveilchen 112
Zierspargel 158
Zimmeraralie 64

Zimmerpflanzen mit besonderer Eignung für Hydrokultur:

Aglaoneme 68
Blattfahne 74
Buntnessel 164
Buntwurz 72
Christusdorn 236
Cissus rhombifolia 210
Dieffenbachie 76
Drachenbaum 36
Efeu 60
Ficus 172
Gynura 146
Hibiskus 168
Jakobslilie 50
Keulenlilie 38
Kolbenfaden 68
Königin der Nacht 142
Monstera 78
Passionsblume 198
Philodendron 80
Ritterstern 46
Schraubenbaum 220
Skindapsus 84
Strauchbegonien 216
Syngonium 86
Usambaraveilchen 112
Vallote 48
Wachsblumen 222
Wunderstrauch 234

Literaturverzeichnis

Quellenangabe und Verzeichnis der hauptsächlich verwendeten Literatur

Autorenkollektiv: Paray's Blumengärtnerei, Berlin und Hamburg 1958 (1)

Autorenkollektiv: «Strasburger» – Lehrbuch der Botanik, Stuttgart 1954 (2)

Bernus, A. von und Hans Franke (Herausgeber): Alt-Kräuterbüchlein, nach dem «New-Kreüterbüchlein» des Leonhart Fuchs (1543), Heilbronn 1935 (3)

Böhmig, F.: Topfpflanzen, Radebeul 1958 (4)

Encke, Buchheim, Seybold: Zander – Handwörterbuch der Pflanzennamen, Berlin 1980

Gaerdt, H. und E. Neide: Wredow's Gartenfreund, Berlin 1864

Haage, W.: Das praktische Kakteenbuch, Leipzig-Radebeul 1980

Holm, H.: Zimmerpflanzen richtig pflegen, Radebeul 1960

Holm, H.: Zimmerpflanzen richtig pflegen, 16. und 17., von H. Thomas bearbeitete Auflage, Radebeul 1976 und 1979

Kühle, G.: Zimmerpflanzen in Hydrokultur, Leipzig-Radebeul 1980

Krause, L.: Die Blumentreiberei, Quedlinburg und Leipzig 1844

Marzell, H. (Herausgeber): Alte Heilkräuter, Jena 1926

Marzell, H.: Wörterbuch der deutschen Pflanzennamen, Leipzig um 1958

Richter, W.: Schöne und seltene Pflanzen, Radebeul 1959

Richter, W.: Zimmerpflanzen von heute und morgen: Bromeliaceen, Radebeul 1962

Richter, W.: ... die schönsten aber sind Orchideen, Melsungen-Basel-Wien 1975

Richter, W.: Blattpflanzen vielgestaltig und bunt, Melsungen-Berlin-Basel-Wien 1980

Röth, J.: Orchideen, Berlin 1983

Schubert, R. und G. Wagner: Pflanzennamen und botanische Fachwörter, Melsungen-Berlin-Basel-Wien 1975

Sommer, S.: Blumen- und Pflanzenfenster, Berlin 1983

Thrower, P.: Gewächshauspraxis für Hobbygärtner, Leipzig-Radebeul 1975

Register

Die Symbole bedeuten:

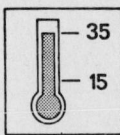
Angabe des optimalen Temperaturbereiches in °C

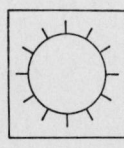
vollsonniger Stand

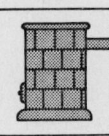
günstigste Heizungsart: Ofenheizung

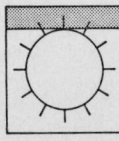
die sommerliche Mittagssonne abschirmen

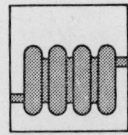
günstigste Heizungsart: Zentralheizung

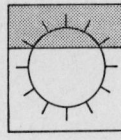
leichten Schatten hinter einer Gardine gewähren

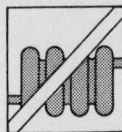
für Zentralheizung nicht geeignet

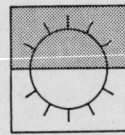
halbschattiger Stand hinter einer dichteren Gardine, Jalousie oder ähnlichem

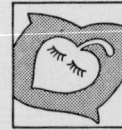
Behandlung während der Ruhezeit

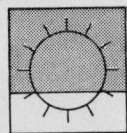
nur Morgen- oder Abendsonne wird vertragen

Angabe einer geeigneten Erdmischung

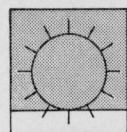
heller Stand unmittelbar an einem Fenster, ohne von den Sonnenstrahlen getroffen zu werden

Hinweis auf die Haltung in Hydrokultur

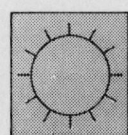
Stand nach Norden oder im Inneren südseitiger Räume

für Hydrokultur nicht geeignet